1er texte : *Morgane, soigneuse de loups*

NOUVELLE ÉDITION
PROGRAMME 2018

La grammaire au jour le jour

CE2-CM1 CM1-CM2 CE2-CM1-CM2

Françoise Picot
Inspectrice de l'Éducation nationale honoraire

Lea.fr Nathan

Une méthode testée en classe

Cette méthode de grammaire conçue par Françoise Picot a été testée par 17 enseignants.
Inscrits sur le portail pédagogique Lea.fr, ils ont mis en œuvre dans leur classe les séquences proposées, suggéré des modifications, complété les exercices. Ce travail collaboratif a donné lieu à de nombreux échanges entre pairs, par exemple au sujet de la démarche de transposition de texte, de collecte, ou autour des résultats obtenus par leurs élèves lors des évaluations.

L'auteure et l'éditeur tiennent à remercier :
Marc Beining, Jean-Philippe Briand, Valérie Dechaume, Charlotte Delsart, Céline Desnave, Jérémy Gouin, Isabelle Lefol-André, Adam Niesser, Julie Ozanne, Gaëlle Pinheiro, Christelle Romer, Samira Toumji, Corinne Viala, Élodie Vincendeau.

Lea.fr

Avec cet ouvrage, vous bénéficiez d'une offre découverte (voir au verso de la couverture) : un mois d'accès illimité offert à Lea.fr, le réseau pédagogique et collaboratif des enseignants du primaire et des professionnels de la communauté éducative. Ce portail permet : d'exploiter des milliers de fiches pédagogiques ; de participer à des activités originales pour dynamiser votre classe ; de rejoindre des groupes de travail collaboratifs pour tester des méthodes pédagogiques innovantes ; de bénéficier des meilleurs conseils de nos auteurs experts en pédagogie.

@ Retrouvez les documents de l'ouvrage à télécharger sur le portail Lea.fr

Rendez-vous sur le portail Lea.fr / Travail collaboratif / Lab' pédagogique

Vous pourrez y découvrir toutes les **ressources complémentaires** (au format Word) mises à votre disposition.

- les textes de chaque période ;
- les textes transposés ;
- les exercices ;
- les évaluations.

Vous pourrez également dialoguer avec l'auteure et l'interroger.

Direction éditoriale : Pascaline Citron
Coordination éditoriale : Sophie Husson-Gohé, Aurore Champavère
Conception graphique : Sophie Auvin / Richard Takvorian

 ISBN : 978-209-124726-7 • ISSN : 2558-3905

Sommaire

Guide pédagogique

Séquences

Les cahiers de l'élève

Présentation de l'ouvrage

***La Grammaire au jour le jour* comporte trois volumes.** Ce deuxième volume a été conçu pour offrir une autre année d'activités avec de nouveaux textes et exercices suivant la démarche suivie dans le premier volume publié. Les trois volumes peuvent donc être utilisés indifféremment dans l'ordre choisi par l'enseignant(e).

Cet ouvrage est conçu pour les classes ayant des cours multiples.

Il s'adresse aux élèves de cycle 2 (CE2) et de cycle 3 (CM1-CM2).

Il s'appuie sur les connaissances et compétences associées des nouveaux programmes 2016 du cycle 2 et du cycle 3, et prend en compte la démarche suggérée pour chacun des cycles.

Une démarche très structurée pour travailler jour par jour

Cette démarche regroupe des activités de grammaire, de morphologie verbale et d'orthographe grammaticale, en lien étroit avec la lecture et l'écriture.
Chaque séance, prévue sur quatre jours, dure entre 45 minutes et une heure.

Cinq périodes de six semaines pour le travail grammatical, et une évaluation sur la septième semaine

- **Les différentes activités sur une semaine :** lecture d'un texte ; transposition du texte en changeant le temps ou la personne ; activités sur les phrases ; activités sur les groupes nominaux ; travail de vocabulaire ; travail de production écrite.
- **Des étapes spécifiques :** la transposition de texte pour consolider la compréhension ; les collectes pour catégoriser ; les activités pour structurer les apprentissages.

Les niveaux des activités sont clairement différenciés

à l'aide d'un code couleur simple

■ **CE2** ■ **CM1** ■ **CE2 / CM1** ■ **CM2** ■ **CM1 / CM2** ■ **CE2 / CM1 / CM2**

Cet ouvrage est conforme à la nouvelle orthographe
www.**orthographe-recommandee**.info

Guide
pédagogique

L'ouvrage concerne les classes ayant des cours multiples et s'adresse aux élèves de cycle 2 (CE2) et de cycle 3 (CM1 - CM2). Ce sont les connaissances et compétences associées du programme de cycle 2 et du programme de cycle 3 ainsi que la démarche suggérée pour chacun des cycles qui sont reprises dans cet ouvrage.

I. L'étude de la langue dans les programmes de 2018

Mieux lire et mieux écrire

Dans les programmes 2018[1], **les objectifs de l'étude de la langue** sont clairement énoncés. Ils sont liés à la lecture et à l'écriture. Au cycle 2, « les connaissances acquises permettent de traiter des problèmes de compréhension et des problèmes orthographiques ». Au cycle 3, « l'étude de la langue est mise au service des activités de compréhension de textes et de l'écriture des textes. L'objectif est de mettre en évidence des régularités et de commencer à envisager le système de la langue ».

Des compétences en lien avec le socle commun

L'étude de la langue n'est pas déclinée dans ses composantes traditionnelles (grammaire – conjugaison – vocabulaire – orthographe) mais en **compétences** correspondant aux domaines du **socle commun**. Des **connaissances grammaticales** sont associées à chacune des compétences et ce sont ces connaissances et compétences associées qui sont étudiées dans cet ouvrage.

1 http://eduscol.education.fr/programmes-rentree-2018

Cinq compétences des domaines 1 et 2 du socle sont travaillées au cycle 2

Comprendre le fonctionnement de la langue.
- Passer de l'oral à l'écrit.
- Construire le lexique.
- S'initier à l'orthographe lexicale.
- Se repérer dans la phrase simple.
- Maitriser l'orthographe grammaticale de base.

Cinq compétences des domaines 1 et 2 du socle sont travaillées au cycle 3

Comprendre le fonctionnement de la langue.
- Maitriser les relations entre l'oral et l'écrit.
- Identifier les constituants d'une phrase simple, se repérer dans la phrase complexe.
- Acquérir l'orthographe grammaticale.
- Enrichir le lexique.
- Acquérir l'orthographe lexicale.

La répartition par cours

Les différentes connaissances associées aux compétences sont données pour l'ensemble du cycle. Néanmoins des repères de progression au cycle 2 distinguent bien ce qui relève plus particulièrement du CP, du CE1, du CE2. De même, au cycle 3, les repères de progression distinguent ce qui concerne le CM1, le CM2 et la 6e.
Ces repères de progression sont publiés sur Éduscol. Pour chaque cours, ils comprennent une répartition des contenus, les attendus de fin d'année et des exemples de réussite.

Une démarche

Les principes énoncés et les activités proposées en regard des compétences et connaissances associées induisent une démarche active de construction des connaissances grammaticales basée sur la manipulation de la langue, la mémorisation, la structuration et le réemploi en situation de lecture et d'écriture.
Ainsi, au cycle 2, comme au cycle 3 les élèves constituent des corpus, trient, classent, comparent, manipulent les énoncés, établissent des régularités, catégorisent, mémorisent, structurent leurs connaissances et acquièrent des mots du langage spécialisé, s'entrainent et consolident leurs acquis dans des situations de lecture et de productions d'écrits.

Les attendus de fin de cycle

Les activités proposées dans l'ouvrage et la démarche mise en œuvre contribuent à la maitrise des attendus de fin de cycle. Il conviendra cependant de proposer aux élèves des activités complémentaires d'orthographe lexicale notamment autour de la mémorisation de mots.

Cycle 2

- Orthographier les mots les plus fréquents (notamment en situation scolaire) et les mots invariables mémorisés.
- Raisonner pour réaliser les accords dans le groupe nominal d'une part (déterminant, nom, adjectif), entre le verbe et son sujet d'autre part (cas simples : sujet placé avant le verbe et proche de lui ; sujet composé d'un groupe nominal comportant au plus un adjectif).
- Utiliser ses connaissances sur la langue pour mieux s'exprimer à l'oral, pour mieux comprendre des mots et des textes, pour améliorer des textes écrits.

Cycle 3

- En rédaction de textes dans des contextes variés, maitriser les accords dans le groupe nominal (déterminant, nom, adjectif), entre le verbe et son sujet dans des cas simples (sujet placé avant le verbe et proche de lui, sujet composé d'un groupe nominal comportant au plus un adjectif ou un complément du nom ou sujet composé de deux noms, sujet inversé suivant le verbe) ainsi que l'accord de l'attribut avec le sujet.
- Raisonner pour analyser le sens des mots en contexte et en prenant appui sur la morphologie.
- Être capable de repérer les principaux constituants d'une phrase simple et complexe.

L'orthographe de cet ouvrage est conforme aux rectifications orthographiques publiées par le Journal officiel de la République française le 6 décembre 1990.

II. Apports théoriques en grammaire

Ces apports théoriques sont nécessaires pour comprendre la grammaire que les programmes demandent d'enseigner, une grammaire centrée sur des régularités à mettre en évidence et le système de la langue qu'il faut comprendre. Dans ces apports théoriques, seul ce qui est au programme du cycle 2 et du CM est mentionné et développé.

1. Des définitions de la phrase

- Une phrase, à l'oral, est délimitée par deux pauses importantes et marquée par une intonation qui varie avec le type et la forme de la phrase.
- Une phrase, à l'écrit, est une suite de mots délimitée par une majuscule initiale et se terminant par un point.
- La phrase peut être définie par sa cohérence sémantique : de quoi on parle, ce qu'on en dit.
- La phrase est une suite de mots entretenant entre eux des relations conformes à des règles de grammaire.
- Trois types de phrases sont associés chacun à un acte de langage déterminé avec une structure syntaxique, une morphologie et une intonation spécifique : déclarer, questionner, donner un ordre…
- Une phrase a différentes formes : affirmative, négative, exclamative.

2. Les constituants la phrase simple

a) Sur le plan sémantique

Le chat | attrape une souris

Le chat → de quoi on parle ; attrape une souris → ce qu'on en dit

On peut ajouter des précisions indiquant *où, quand, comment,* etc.

Le chat | attrape une souris | dans le grenier

dans le grenier → où le chat guette une souris

b) Sur le plan de la syntaxe

Le **sujet** et le **verbe**

Le chat | dort

Le chat → sujet ; dort → verbe

- Le verbe peut être accompagné de groupes de mots que l'on ne peut ni supprimer, ni déplacer :
- les **compléments d'objet**.

Le chat | attrape | une souris

une souris → complément d'objet

- **l'attribut du sujet** qui est lié au verbe mais qui donne une information sur **le sujet** ;

Le chat | est | rusé

rusé → attribut du sujet

- Un ou plusieurs groupes supprimables et déplaçables peuvent compléter la phrase : **les compléments circonstanciels.**

Le chat | attrape | une souris, | dans le grenier

dans le grenier → complément circonstanciel

3. Les caractéristiques du sujet

Les caractéristiques du sujet sont les suivantes :

- le sujet indique de quoi on parle dans la phrase ;
- le sujet est le premier constituant de la phrase simple ;
- il régit l'accord du verbe en personne et en nombre (en genre dans les temps composés) ;
- le sujet peut être encadré par *c'est… qui* ;
- le sujet peut être un nom propre, un groupe nominal ou un pronom.
- le sujet est le plus souvent placé juste avant le verbe mais il peut être plus ou moins éloigné du verbe ou être situé derrière le verbe.

4. Le verbe

- Le verbe se reconnait par ses variations de forme : c'est un mot qui se conjugue, il reçoit des marques liées au nombre, au temps, à la personne, au genre (temps composés). Le verbe connait des variations de radical.
- Dans les programmes les verbes sont classés par rapport à leur groupe : 1er groupe (verbes dont l'infinitif se termine par *-er* - sauf aller), 2e groupe (verbes dont l'infinitif se termine par *-ir* et dont le participe présent se termine par *-issant*) et 3e groupe (les autres verbes).
- Suivant sa construction, un même verbe peut avoir des sens différents : *jouer avec – jouer à – manquer à – manquer de* – etc.

5. Les compléments d'objet

- Les compléments d'objet ne peuvent être ni placés en début de phrase ni supprimés sans changer le sens de la phrase, ou alors il faut les remplacer par des pronoms. Les compléments d'objet sont liés au verbe directement (le complément d'objet direct) ou indirectement (le complément d'objet indirect). Le verbe peut être suivi d'un ou deux compléments d'objet.

Le chat guette [une souris].

La fillette téléphone [à son frère].

Ce garçon *offre* [des fleurs] [à sa mère].

6. L'attribut du sujet

- Les verbes d'état dont le plus fréquent est le verbe *être* peuvent être suivis d'un adjectif ou d'un groupe nominal **attribut** qui fournit un renseignement sur le sujet.

Les baleines sont [des mammifères].

Les baleines sont [énormes].

- Les autres verbes suivis d'un attribut du sujet sont : *paraitre*, *sembler*, *avoir l'air*, *demeurer*, *rester*, *devenir*, etc.

7. Les compléments circonstanciels

- Les compléments circonstanciels sont mobiles et effaçables.
- Ils indiquent les circonstances qui accompagnent l'action verbale le plus souvent le temps et le lieu mais parfois aussi la cause.
- Le complément circonstanciel est un groupe nominal introduit ou non par une préposition (*dans la nuit*), un adverbe (*aujourd'hui*) ou une proposition (*quand il fait nuit*).

8. Les classes de mots

Chaque mot appartient à une classe. La classe de mots est un ensemble qui comporte tous les mots pouvant se substituer les uns aux autres dans une phrase même si on en change le sens.

Le	garçon	découpe	une	étoile	dans	un	carton	blanc.
Cette	fille	accroche	la	décoration	à	la	branche	cassée.
Elle		attache	la	boule	avec	une	ficelle	solide.

Les programmes parlent au cycle 2, de noms, verbes, articles définis, indéfinis, adjectifs qualificatifs, pronoms personnels, mots invariables, au cycle 3 de noms, verbes, déterminants possessifs et démonstratifs, adjectifs qualificatifs, pronoms personnels, adverbes, articles définis et indéfinis.

9. Le nom

Le nom est l'élément central du groupe nominal. Il est en général précédé d'un déterminant.
On distingue les **noms propres** et les **noms communs**.
Les noms propres désignent des êtres, des objets, des lieux particuliers. Ils s'écrivent avec une majuscule. Souvent, ils n'ont pas de déterminant ou alors ils se construisent avec *le – la – les* :
la Terre, *le Rhin*, *les Alpes*.
Le genre d'un nom est déterminé dans le lexique.

10. Le déterminant

Le déterminant est le mot qui précède un nom pour constituer un groupe nominal.
Le déterminant porte les marques de genre et de nombre du groupe nominal.
Parmi les déterminants, on distingue les **articles définis ou indéfinis**, les **déterminants démonstratifs** et les **déterminants possessifs**.

11. Le groupe nominal

- Le groupe nominal est composé d'un déterminant et d'un nom. Ce nom noyau peut être accompagné d'un adjectif ou d'un autre groupe nominal qui complète le nom noyau : *une bouteille pleine – une bouteille d'eau.*
- Le groupe nominal peut être sujet, complément circonstanciel, COD ou COI, attribut du sujet, complément d'un nom.
- Le groupe nominal porte les marques de genre et de nombre du nom.

12. L'adjectif qualificatif

L'adjectif est un mot dont la forme peut varier en genre et en nombre, suivant le nom auquel il se rapporte. Il est juxtaposé au nom pour le qualifier : il est épithète du nom ; il est relié au nom ou au pronom par un verbe d'état : il est attribut du sujet.

13. Le pronom personnel

On distingue :

- les pronoms qui sont l'équivalent d'un groupe nominal :
Les enfants goutent. ***Ils*** *mangent une tartine.* ***Celui-ci la*** *dévore avec appétit.* ***Celui-là la*** *grignote.*
- les pronoms qui dans une situation de communication, identifient la ou les personnes qui parlent ou à qui on s'adresse ou de qui on parle : *je – tu – nous – vous – il / elle – ils / elles.*

Le pronom *on* est un pronom indéfini mais il est souvent considéré comme un pronom personnel quand il est employé à la place de *nous*.

14. Les manipulations syntaxiques

Les manipulations syntaxiques permettent d'analyser la phrase et de mettre en évidence les caractéristiques des éléments qui la composent.
Il y a cinq manipulations syntaxiques fondamentales auxquelles les programmes ajoutent la pronominalisation :
effacement – déplacement – remplacement – addition – encadrement.

L'effacement permet de repérer si un groupe de la phrase est obligatoire ou facultatif, si un mot du groupe nominal est obligatoire ou non. Le complément circonstanciel est effaçable. L'adjectif épithète et le complément du nom sont effaçables.

Anaïs a fêté son anniversaire à l'école.
Anaïs a fêté son anniversaire.
un large chapeau de soleil – un chapeau

L'addition consiste à ajouter un mot ou un groupe de mots dans une phrase pour l'enrichir.

Anaïs a fêté son anniversaire.
La semaine dernière, Anaïs a fêté son anniversaire à l'école.
un chapeau – un joli chapeau de paille

Le déplacement permet de savoir si un groupe ou un mot peut être changé de place (notamment placé en début de phrase) dans une phrase sans nuire à la syntaxe de celle-ci. Le complément circonstanciel est déplaçable. Le complément d'objet (COD, COI) ne peut pas être placé en début de phrase.

La semaine dernière, Anaïs a fêté son anniversaire.

Anaïs a fêté son anniversaire la semaine dernière.

Le remplacement consiste à remplacer un mot ou un groupe de mots dans une phrase ou un groupe de mots afin de mieux l'analyser.
Il permet de déterminer les fonctions et les classes de mots et de délimiter un groupe.

La semaine dernière, la jeune Anaïs a fêté son anniversaire.

Mardi, Anaïs a fêté Mardi gras.

Mardi, elle s'est déguisée.

Dans le groupe nominal, il permet de mettre en évidence les expansions du nom.

une large fenêtre avec des rideaux
une grande fenêtre à trois vitrages
une grande fenêtre vitrée

L'encadrement consiste à encadrer un groupe par *c'est... qui* (*ce sont... qui*) et permet ainsi d'identifier le sujet.

La chienne des voisins aboie toute la journée.

C'est la chienne des voisins qui aboie toute la journée.

La pronominalisation consiste à remplacer un groupe nominal par un pronom. Elle aide à l'identification du sujet et des compléments d'objet.

La corne des rhinocéros pousse sur l'os du nez.

Elle pousse sur l'os du nez.

Il connait cette chanson. Il la connait.

Elle parle à ses frères. Elle leur parle.

15. La morphologie du verbe (conjugaison)

- **Une forme verbale** se décompose en deux parties : le radical et la terminaison.
parlait : *parl-* radical, *-ait* terminaison
- **Le radical** est l'élément qui porte le sens lexical du verbe. Certains verbes ont un radical unique comme la plupart des verbes du 1er groupe, mais beaucoup de verbes, et ce sont les plus fréquents, ont un radical qui prend plusieurs formes.
- **La terminaison** (désinence) qui se « colle » au radical apporte des informations sur la personne, le nombre et le temps. Ainsi dans chantait, *–ai–* marque de l'imparfait, *–t* marque de la 3e personne du singulier.
- **Les formes simples** du verbe sont constituées d'un radical et d'une terminaison ; les formes composées sont formées d'un auxiliaire (*être* ou *avoir*) et d'un participe passé (radical du verbe et une voyelle suivie ou non d'une consonne : *é – u – i – it – is*). Quelques verbes ont un participe comme *fait* terminé par une consonne sans voyelle caractéristique.
- **L'aspect verbal** (valeur des temps) n'est plus approché en étude de la langue mais en lecture. Dans cet ouvrage, il est abordé lors de la séquence de compréhension de texte du jour 1.

Le présent indique un événement ou un état de choses contemporain du moment où il est énoncé par l'auteur, le narrateur ou un personnage. Le présent est employé aussi pour exprimer des faits toujours vrais ou des faits répétitifs :
En hiver, il fait froid. Je me lève à six heures tous les jours.
Le présent historique ou de narration est utilisé pour évoquer des faits passés, qu'ils soient réels ou fictifs :
Au temps de la Préhistoire, les hommes chassent et pêchent pour se nourrir.
Le présent de narration est utilisé pour raconter une histoire réelle ou fictive afin de la rendre plus vivante.

L'imparfait est un temps du passé. Il présente l'arrière-plan d'un récit : la description du décor, la présentation, le portrait des personnages. Il est employé aussi pour raconter des actions répétées ou habituelles, pour donner des explications ou pour raconter des actions qui ne sont pas délimitées dans le temps.

Le passé composé est utilisé pour raconter un événement vécu et terminé. Il est aussi employé dans les récits de fiction à la place du passé simple pour les rendre plus vrais et plus proches du lecteur.

Le plus-que-parfait est utilisé pour exprimer un fait antérieur à un fait exprimé au passé composé, au passé simple ou à l'imparfait.

Le passé simple est un temps du passé, il est employé dans un récit essentiellement à la 3e personne, il présente les actions ou les états de premier plan dans le récit.

Le futur situe l'évènement dans l'avenir.

III. Ce que l'on étudie au cycle 2 (CE2) et au cycle 3 (CM)

CE2

La phrase simple : de qui on parle et ce qu'on en dit

La forme affirmative, la forme négative, la forme exclamative

Le verbe et **le sujet** (un groupe nominal ou un pronom)

Les compléments

L'accord sujet/verbe (sujet placé juste avant le verbe)

Le groupe nominal (GN) : nom et déterminant (article défini ou indéfini), genre et nombre

Les accords dans le groupe nominal

Le présent des verbes du 1er groupe et des verbes :

être – avoir – aller – faire – prendre – voir – dire – venir – vouloir – pouvoir

L'adjectif qualificatif et **l'accord** dans le groupe nominal

Le futur des verbes du 1er groupe et des verbes :

être – avoir – aller – faire – prendre – voir – dire – venir – vouloir – pouvoir

L'imparfait des verbes du 1er groupe et des verbes :

être – avoir – aller – faire – prendre – voir – dire – venir – vouloir – pouvoir

Le **passé composé** des verbes du 1er groupe et des verbes ***être – avoir – aller – faire – prendre – voir – dire – venir – vouloir – pouvoir***

CM1 – CM2

Les constituants de la phrase simple : sujet / verbe / complément d'objet direct, indirect / attribut du sujet / compléments circonstanciels de temps, de lieu et de cause

Le sujet : un pronom ou un ou plusieurs noms

L'accord sujet/verbe (sujet placé juste avant ou derrière le verbe)

L'accord de l'attribut

Le groupe nominal (GN) : le déterminant (articles définis/indéfinis, déterminants possessifs, déterminants démonstratifs), le nom / l'adjectif qualificatif épithète / le complément du nom / genre et nombre

Les accords dans le groupe nominal

Le présent des verbes *être*, *avoir*, des verbes du 1er et du 2e groupe, des verbes les plus fréquents du 3e groupe :
aller – faire – prendre – voir – dire – vouloir – pouvoir – venir

Le futur des verbes *être*, *avoir*, des verbes du 1er et du 2e groupe, des verbes les plus fréquents du 3e groupe :
aller – faire – prendre – voir – dire – venir – vouloir – pouvoir

L'imparfait des verbes *être*, *avoir*, des verbes du 1er et du 2e groupe, des verbes les plus fréquents du 3e groupe :
aller – faire – prendre – voir – dire – venir – vouloir – pouvoir

Le passé composé des verbes *être*, *avoir*, des verbes du 1er et du 2e groupe, des verbes les plus fréquents du 3e groupe :
aller – faire – prendre – voir – dire – venir – vouloir – pouvoir

Le passé simple des verbes *être*, *avoir*, des verbes du 1er et du 2e groupe, des verbes les plus fréquents du 3e groupe :
aller – faire – prendre – voir – dire – venir – vouloir – pouvoir

Le plus-que-parfait des verbes *être*, *avoir*, des verbes du 1er et du 2e groupe, des verbes les plus fréquents du 3e groupe :
aller – faire – prendre – voir – dire – venir – vouloir – pouvoir

IV. Une démarche d'apprentissage d'étude de la langue

La démarche d'apprentissage en étude de la langue est suggérée dans les programmes :

Au cycle 2

« L'étude de la langue s'appuie essentiellement sur des tâches de tri et de classement, donc de comparaison, des activités de manipulation d'énoncés (substitution, déplacement, ajout, suppression) à partir de corpus soigneusement constitués, afin d'établir des régularités.
Les connaissances se consolident dans des exercices et des situations de lecture et de production d'écrits. La mémoire a besoin d'être entretenue pour que les acquis constatés étape par étape se stabilisent dans le temps. Des activités ritualisées fixent et accroissent les capacités de raisonnement sur des énoncés et l'application de procédures qui s'automatisent progressivement. »

Au cycle 3

« L'étude de la langue s'appuie, comme au cycle 2, sur des corpus permettant la comparaison, la transformation (substitution, déplacement, ajout, suppression), le tri et le classement afin d'identifier des régularités.
Au cycle 3, les élèves confortent les savoirs du cycle 2 et les complètent grâce à la mise en place d'un faisceau d'activités : des séances de réflexion et d'observation pour chercher ; des séances d'entrainement pour structurer les savoirs ; des séances de réinvestissement pour les consolider.
Ils développent les activités de manipulations syntaxiques (remplacement, déplacement, pronominalisation, encadrement, réduction, expansion) déjà pratiquées au cycle 2. »

La démarche d'apprentissage proposée dans l'ouvrage repose sur plusieurs principes.

Un lien fort entre lecture et étude de la langue

Le point départ est un texte qu'on lit en adoptant une démarche de compréhension de texte. Les textes choisis sont de types différents : récits, saynète de théâtre, fiches de fabrication, textes informatifs, compte rendu d'expérience, interview.
Avec les indicateurs de temps et d'espace qu'ils relèvent régulièrement et les substituts qu'ils interprètent, les élèves comprennent comment **la cohérence du texte est assurée**.
Le vocabulaire est expliqué en contexte mais à la fin de la semaine, on revient sur la construction et le sens de certains mots.

La manipulation de la langue

Une transposition du texte lu, à l'oral puis à l'écrit en changeant la personne ou le temps, permet d'acquérir des connaissances sur la langue en observant, raisonnant, mobilisant ses acquis antérieurs ; en réalisant chaque semaine, les accords entre le sujet et le verbe, à l'intérieur du groupe nominal, les élèves raisonnent.
Les manipulations syntaxiques au niveau de la phrase et des groupes nominaux aident à l'**identification des éléments grammaticaux**.

La catégorisation avec des collectes

Les éléments grammaticaux importants observés lors de la transposition, du travail sur les phrases ainsi que les groupes nominaux sont **collectés et classés dans un cahier**. Ils servent de supports aux séances de structuration (nommées synthèses dans l'ouvrage). Au fil de ces collectes, semaine par semaine, se dégagent des régularités, des procédures d'identification et des principes de fonctionnement.

La structuration lors des synthèses

Après un temps d'apprentissage implicite, de classements, les connaissances sont structurées.
Les mots du langage spécifiques sont donnés, des **exercices d'entrainement** sont proposés.

Le réinvestissement en production écrite

Chaque semaine, une courte situation de production écrite en lien avec le texte lu est proposée pour mobiliser et utiliser en contexte les connaissances acquises dans la semaine. La séance de production écrite est précédée d'une séance de vocabulaire en lien avec la lecture mais qui peut aussi permettre de rechercher les mots et expressions utiles à la production.

V. La mise en œuvre jour par jour

Le travail grammatical est organisé sur cinq périodes de sept semaines, la septième semaine étant réservée à la réalisation d'exercices et à l'évaluation.

L'organisation sur une semaine

L'organisation de la semaine se calque la plupart du temps sur celle-ci.

SEMAINE	JOUR	SÉQUENCES
1 Autour d'un conte	1	• Lecture du texte *Le travail de Morgane, soigneuse de loups* ; transposition à la 3e personne du pluriel du présent de l'indicatif.
	2	• Activités sur les phrases.
	3	• Activités sur les groupes nominaux.
	4	• Vocabulaire et production écrite.

Quand il y a une leçon de structuration (synthèse), celle-ci se déroule à la place d'une activité prévue ordinairement.

SEMAINE	JOUR	SÉQUENCES
5 Autour de devinettes	1	• Lecture du texte *Devinettes* ; transposition à la 1re personne du singulier du présent de l'indicatif.
	2, 3 et 4	• **Structuration : le verbe et son sujet.**

Dès le début de l'année, les activités pour les CE2-CM1-CM2 sont différenciées au niveau de la longueur des textes et des transpositions ainsi que de la complexité des activités et des exercices. Certaines leçons de structuration (synthèses) sont différentes suivant les cours comme on le voit ci-dessous en semaine 5.

■ CE2 ■ CM1 ■ CE2 / CM1 ■ CM2 ■ CM1 / CM2 ■ CE2 / CM1 / CM2

SEMAINE	JOUR	SÉQUENCES
3 Autour d'un conte	1	• Lecture du texte *Premier voyage de Sinbad* ; transposition de la 3e personne du singulier à la 3e personne du pluriel du passé composé.
	2	• Activités en autonomie sur les phrases. **Structuration : le complément du nom.**
	3	• **Structuration : la phrase négative.** Exercices sur le complément du nom.
	4	• Vocabulaire et production écrite.

SEMAINE	JOUR	SÉQUENCES
1 Autour d'un article de journal	1	• Activités sur le texte *Les JO de 2020*. Transposition du texte au futur.
	2	• Activités en autonomie sur les phrases. **Structuration : l'attribut.**
	3	• Activités sur les groupes nominaux. Exercices sur l'attribut.
	4	• Vocabulaire et production écrite.

Les différentes activités sur une semaine

Lecture du texte

Il s'agit d'un véritable moment de lecture au cours duquel on apprend à comprendre un texte.

- La **présentation** du texte est observée, les paragraphes sont repérés.
- **Le texte** est lu silencieusement, puis oralisé. Le professeur pose des questions pour s'assurer de la compréhension globale du texte. Les questions sont généralement de trois types : la réponse peut être trouvée dans le texte, la réponse est trouvée en mettant en relation des éléments du texte, la réponse est trouvée grâce à ses connaissances sur le sujet traité.
  – Pour **un récit**, les personnages, le lieu et le moment de l'action, les différentes actions sont repérées ;
  – Pour **un texte documentaire**, les différentes informations apportées sont dégagées ;
  – Pour **un texte expliquant une fabrication**, les différentes étapes sont mises en évidence.
- Ensuite, **les mots** que les élèves ne comprennent pas sont explicités grâce au contexte ou à un rapprochement avec un mot de la même famille.
- **La ponctuation** est repérée et interprétée. Les paroles rapportées sont distinguées du récit.
- S'il s'agit d'un récit, **le narrateur** est identifié.
- Les différents éléments qui bloquent en général la compréhension d'un texte sont pris en compte : recherche des référents des substituts, relevé et **explicitation** des indicateurs de temps, de lieu, logiques.
- **Résumé** de chaque paragraphe du texte.

Transposition du texte en changeant le temps ou la personne

- **Recherche** du ou des temps employés dans le texte.
- **Conduite de la transposition.** *(Se reporter à la rubrique suivante.)*
- **Collecte** des phrases nécessaires aux structurations de conjugaison.
- **Exercice :** une courte transposition à réaliser en autonomie.

Activités sur les phrases

- Recherche du nombre de phrases dans un paragraphe, identification des phrases de types et formes différents.
- Transformation de phrases en passant de la forme négative à la forme affirmative ou vice versa.
- Constitution d'une phrase avec des groupes de mots donnés afin d'asseoir la notion de phrase.
- Manipulations syntaxiques pour identifier les groupes dans la phrase.
- Collecte des phrases nécessaires aux structurations.
- Exercices à réaliser en autonomie.

Activités sur les groupes nominaux

- Dans des groupes nominaux du texte, **identification** de leurs constituants.
- Manipulations au niveau des constituants des groupes nominaux.
- Classement de groupes nominaux en genre et en nombre.
- Écriture de groupes nominaux en changeant le nombre.
- Collecte des groupes nominaux nécessaires aux synthèses.
- Exercices à réaliser en autonomie.

Travail de vocabulaire

Il comporte toujours une recherche dans le dictionnaire d'un des mots du texte.
En fonction du texte lu, il porte sur les points développés dans les programmes : champ lexical, synonymes, antonymes, famille de mots, le sens d'un mot en contexte, les différents sens d'un mot, des préfixes et des suffixes.

Travail de production écrite

Il s'agit de produire un court texte en réinvestissant les connaissances grammaticales, orthographiques et lexicales acquises implicitement ou explicitement.

Une activité spécifique : la transposition de textes

Le texte a été lu, l'histoire ou les informations données ont été comprises.

Phase orale

- Le texte est écrit ou projeté au tableau avec une ligne vierge entre chaque ligne.
- Faire lire le texte oralement par plusieurs élèves, chacun lit une phrase (cette activité conforte la notion de phrase).
- Expliquer que l'on va dire le texte en changeant la personne ou le temps, le professeur commence.
- Poursuivre collectivement (au début de l'année surtout) ou faire poursuivre par des élèves à tour de rôle, chacun disant une ou deux phrases.
- Lire ainsi le texte plusieurs fois pour parvenir à une lecture fluide.
- Faire le point sur les éléments dont on perçoit le changement à l'oral, souligner ces éléments, faire expliciter certains changements par les élèves s'ils en sont capables : *Le* tu *est changé en vous parce que on parle à deux personnes au lieu d'une,* etc.

Phase écrite

- Sur tout ou partie du texte (en fonction des capacités des élèves), écrire collectivement ces changements ; écrire toujours le verbe avec son sujet (si le sujet est un groupe nominal que l'on a déjà écrit, faire pronominaliser le sujet avant de l'écrire avec le verbe) et l'intégralité d'un groupe nominal.
- Le professeur dit le groupe de mots à écrire. Avant que chacun ne l'écrive, la classe réfléchit sur son orthographe et explicite les relations entre les mots : sujet/verbe, déterminant/nom/adjectif.
- Quand, dans le texte, on retrouve plusieurs fois le même type de changements, les élèves peuvent alors l'écrire en autonomie quand il a déjà été écrit une fois.
- Constater que certains changements existent à l'écrit, mais qu'ils ne se prononcent pas.
- Donner le texte transposé reproduit. Le lire et demander de surligner les changements dans la partie du texte qui n'a pas été faite collectivement par écrit.
- Le soir, les élèves ont à relire le texte d'origine et le texte transposé.

Pour catégoriser : les collectes

En début d'année, prévoir un cahier de collectes-synthèses. Se reporter aux différents cahiers.
À la suite des collectes, les traces écrites réalisées après les synthèses sont collées sur ce cahier.
Les textes étudiés et leurs transpositions peuvent être collés sur ce même cahier en le prenant à l'envers ou à partir du milieu.

Les collectes sont réalisées après chaque transposition de texte, après les activités sur les phrases et celles sur les groupes nominaux. On collecte les éléments sur lesquels on a travaillé et qui seront utiles lors de la structuration.
Voici ce que l'on collecte au fil de l'année. (Ce qui est en italique est le titre de la page du cahier.)

■ CE2 / CM1 / CM2 ■ CE2 ■ CM2 ■ CM1 / CM2

Présent 1 : Des phrases avec des verbes du 1er groupe conjugués au présent.
Présent 2 : Des phrases avec les verbes faire, prendre, *voir*, *dire*, *venir*, *vouloir* et *pouvoir* et des verbes du 2e groupe conjugués au présent.
Présent 3 : Des phrases avec *être*, *avoir*, *aller* conjugués au présent.
Passé 1 : Des phrases avec les verbes du 1er groupe, les verbes *être*, *avoir*, *aller*, *faire*, *prendre*, *voir*, *dire*, *venir*, *vouloir* et *pouvoir* et des verbes du 2e groupe conjugués à l'imparfait.
Passé 2 : Des phrases avec les verbes du 1er groupe et le verbe *être* au passé composé conjugué avec l'auxiliaire *avoir*.
Passé 3 : Des phrases avec les verbes *avoir*, *faire*, *prendre*, *voir*, *dire*, *vouloir* et *pouvoir* et des verbes du 2e groupe conjugués au passé composé avec l'auxiliaire *avoir*.
Passé 4 : Des phrases avec les verbes du 1er groupe, *aller*, *venir* au passé composé conjugués avec l'auxiliaire *être*.
Passé 5 : Des phrases avec des verbes du 1er groupe et le verbe *aller* conjugués au passé simple
Passé 6 : Des phrases avec les verbes du 2e groupe, *avoir*, *être*, *faire*, *prendre*, *voir*, *dire*, *venir*, *vouloir* et *pouvoir* conjugués au passé simple.
Passé 7 : Des phrases avec les verbes du programme au plus-que-parfait.
Futur 1 : Des phrases avec des verbes du 1er groupe conjugués au futur.
Futur 2 : Des phrases avec les verbes *être*, *avoir*, *aller*, *faire*, *prendre*, *voir*, *dire*, *venir*, *vouloir*, *pouvoir* et des verbes du 2e groupe conjugués au futur.
Phrases négatives et phrases affirmatives correspondantes
Compléments 1 (circonstanciels)

Attributs
Compléments 2 (compléments d'objet : COD, COI)
Groupes nominaux 1 (déterminant /nom ou nom propre)
Groupes nominaux 2 (déterminant/nom/adjectif)
Groupes nominaux 3 (déterminant/nom/complément du nom)

Il n'est pas question pour des problèmes de temps mais aussi pour des problèmes de correction orthographique indispensable de faire recopier les éléments collectés sur le cahier par les élèves.
On peut donc écrire les phrases ou les groupes nominaux que l'on collecte sur une feuille, la photocopier en autant d'exemplaires que d'élèves et la donner en début de semaine.
Ci-contre, un exemple de cette feuille pour la semaine de collectes pour le texte *Morgane, soigneuse de loups*.

Après la transposition du texte, les élèves découpent la première bande et le professeur indique sur quelle page du cahier il faut la coller. Et ainsi de suite pour la deuxième et la troisième bande. Le lendemain de l'activité sur les phrases, les élèves collent les 4e, 5e et 6e bandes puis, le jour suivant, les autres bandes.

Comme les élèves ont travaillé sur ce qui est collecté, ils comprennent très vite pourquoi on met ensemble tel élément avec tel autre et très vite, ils n'ont plus besoin qu'on leur donne le numéro de la page, ils ont alors compris implicitement la notion grammaticale contenue dans ce qui est collecté. Le temps est venu de structurer.

COLLECTES de la semaine 1

La soigneuse inspecte les clôtures.
Elle entre le moins possible dans l'enclos.
Morgane nettoie aussi les enclos.
Les soigneuses inspectent les clôtures.
Elles entrent le moins possible dans l'enclos.
Morgane et Tiphaine nettoient aussi les enclos.

Chaque matin, Morgane fait le tour de l'enclos.
Elle veut laisser les loups tranquilles.
La soigneuse nourrit les loups tous les deux jours.
Chaque matin, Morgane et Tiphaine font le tour de l'enclos.
Elles veulent laisser les loups tranquilles.
Les soigneuses nourrissent les loups tous les deux jours.

Et elle ne va jamais près de la tanière.
Et elles ne vont jamais près de la tanière.

Et elle ne va jamais près de la tanière. Et elle va toujours près de la tanière.

Chaque matin, les soigneuses font le tour de l'enclos.
Tous les deux jours, les soigneuses nourrissent les loups.
Peu à peu, elles habituent les loups à leur présence.

Le soigneur est prudent. La soigneuse est prudente. Les soigneurs sont prudents. Les soigneuses sont prudentes.
Le loup reste calme. La louve reste calme. Les loups restent calmes. Les louves restent calmes.

---

chaque matin
les soigneuses
la meute
les loups
la tanière
une naissance
Morgane – Tiphaine

Les activités pour structurer les apprentissages

On peut dire qu'une notion a été comprise et qu'il est temps de faire le point pour expliciter, nommer et structurer les connaissances acquises implicitement :
- quand le nombre de phrases collectées est suffisant ;
- quand les élèves savent placer seuls, à la bonne page, la phrase, le groupe de mots collectés ;
- quand ils font systématiquement des observations pertinentes sur les éléments collectés.

Dans cet ouvrage, les séquences de structuration sont prévues à des moments précis dans l'année mais elles peuvent être avancées ou retardées en fonction des capacités et besoins des élèves. Certaines séquences de structuration sont placées plutôt au CM1 ou plutôt au CM2 mais il appartient au conseil de cycle d'effectuer ce choix.

■ CE2 / CM1 / CM2 ■ CE2 ■ CM2 ■ CM1 / CM2

PÉRIODES	STRUCTURATIONS
1	• **Le verbe et son sujet.** • **Le présent de l'indicatif des verbes du 1er groupe.**
2	• **Le présent des autres verbes des programmes.** • **Les compléments circonstanciels (lieu, temps, cause).** • **Les constituants du groupe nominal, le genre et le nombre.**
3	• **L'imparfait.** • **L'adjectif qualificatif épithète dans le groupe nominal.**
4	• **Le passé composé des verbes du 1er groupe et du verbe *être* avec l'auxiliaire *avoir*.** • **Le passé composé des autres verbes des programmes avec l'auxiliaire *avoir*, avec l'auxiliaire *être*.** • **Le complément du nom.** • **Le passé simple.** • **La phrase négative.**
5	• **L'attribut.** • **Le futur.** • **Le complément d'objet : direct et indirect.** • **Le plus-que-parfait.**

Il n'y a pas de séquences de structuration pour **la phrase** car la phrase est vue tout au long de l'année ainsi que le découpage en groupes au CE2 (de qui on parle/ce qu'on en dit), au CM (sujet/verbe/complément circonstanciel).
L'**attribut** est approché implicitement au CM1 et structuré au CM2.

Pour chaque leçon, la démarche est détaillée. Elle comprend plusieurs étapes :
- **lecture** des pages de collectes et reprise des observations faites lors de l'étude des textes ;
- **structuration** de la notion et élaboration d'une trace écrite ;
- **exercices** pour consolider l'acquisition de la notion.

VI. Programmation des connaissances et compétences associées par période

■ CE2 ■ CM1 ■ CE2 / CM1 ■ CM2 ■ CM1 / CM2 ■ CE2 / CM1 / CM2

Période 1

Passer de l'oral à l'écrit
Maitriser les relations entre l'oral et l'écrit
• Observation de la variation des marques morphologiques à l'oral et à l'écrit (noms, déterminants, adjectifs, pronoms, verbes). Prise de conscience et compréhension des homophonies grammaticales

Construire le lexique
Enrichir le lexique
• Utilisation du dictionnaire. Constitution de familles de mots. Formation de mots avec les suffixes *-eau*, *-ure/ture*. Compréhension des différents sens d'un mot. Recherche de mots synonymes

Se repérer dans la phrase simple
Identifier les constituants d'une phrase simple. Se repérer dans la phrase complexe
• Approche du nom, du déterminant, du groupe nominal, du pronom, du genre et du nombre
• Approche du verbe puis structuration des caractéristiques du verbe
• Classification des verbes suivant les groupes
• Identification et transformation de différents types et formes.
• Approche des groupes syntaxiques de la phrase : le sujet, le verbe, le complément supprimable et déplaçable (le complément circonstanciel)
• Structuration des constituants du sujet : un groupe nominal, un pronom ; sujet séparé du verbe, sujet inversé

Maitriser l'orthographe grammaticale de base
Acquérir l'orthographe grammaticale
• Manipulation de l'accord dans le groupe nominal, prise de conscience de régularités des marques de genre et de nombre
• Manipulation de l'accord du verbe avec le sujet, de l'attribut avec le sujet
• Approche de la conjugaison des verbes du programme au présent et prise de conscience des régularités
• Structuration de la conjugaison au présent des verbes du 1er groupe

Période 2

Passer de l'oral à l'écrit
Maitriser les relations entre l'oral et l'écrit
• Observation de la variation des marques morphologiques à l'oral et à l'écrit (noms, déterminants, adjectifs, pronoms, verbes). Prise de conscience et compréhension des homophonies grammaticales

Construire le lexique
Enrichir le lexique
• Utilisation du dictionnaire. Constitution de familles de mots. Formation de mots avec les suffixes *-al*, *-ation*, *-ateur/atrice*. Constitution du champ lexical de l'expression de la peur. Recherche de terme génériques et mots particuliers

Se repérer dans la phrase simple
Identifier les constituants d'une phrase simple. Se repérer dans la phrase complexe
• Identification du verbe, de son infinitif et de son groupe
• Structuration du nom, du déterminant (les articles définis, indéfinis, les déterminants possessifs et démonstratifs), du groupe nominal, du genre et du nombre
• Identification des pronoms personnels
• Approche d'une expansion du groupe nominal : l'adjectif qualificatif épithète
• Identification et transformation de différents types et formes
• Identification des groupes syntaxiques de la phrase : le sujet, le verbe, le complément supprimable et déplaçable (le complément circonstanciel)
• Structuration du complément supprimable et déplaçable (le complément circonstanciel de temps, lieu et cause)
• Identification des verbes à l'infinitif dans un texte.

Maitriser l'orthographe grammaticale de base.
Acquérir l'orthographe grammaticale

- Manipulation de l'accord dans le groupe nominal, prise de conscience de régularités des marques de genre et de nombre
- Manipulation de l'accord du verbe avec le sujet, de l'attribut avec le sujet
- Structuration de la conjugaison au présent des autres verbes du programme
- Approche de la conjugaison des verbes du programme à l'imparfait et prise de conscience des régularités

Période 3

Passer de l'oral à l'écrit
Maitriser les relations entre l'oral et l'écrit

- Observation de la variation des marques morphologiques à l'oral et à l'écrit (noms, déterminants, adjectifs, pronoms, verbes). Prise de conscience et compréhension des homophonies grammaticales

Construire le lexique
Enrichir le lexique

- Utilisation du dictionnaire. Compréhension des différents sens d'un mot. Recherche de mots synonymes. Manipulation de la comparaison avec *comme*. Formation de verbes à partir de noms terminés par *-on*. Formation de noms composés

Se repérer dans la phrase simple
Identifier les constituants d'une phrase simple. Se repérer dans la phrase complexe

- Identification du nom, du déterminant, du groupe nominal, du genre et du nombre, des pronoms personnels
- Structuration de l'adjectif qualificatif épithète et approche d'une autre expansion du GN : le complément du nom
- Identification du verbe, de son infinitif et de son groupe
- Identification et transformation de différents types et formes.
- Identification des groupes syntaxiques de la phrase : le sujet, le verbe, le complément supprimable et déplaçable (le complément circonstanciel)
- Approche du complément proche du verbe (complément d'objet direct, indirect)
- Identification des verbes à l'infinitif dans un texte.
- Approche de la phrase complexe par identification des verbes conjugués.

Maitriser l'orthographe grammaticale de base
Acquérir l'orthographe grammaticale

- Manipulation de l'accord dans le groupe nominal, prise de conscience de régularités des marques de genre et de nombre
- Manipulation de l'accord du verbe avec le sujet, de l'attribut avec le sujet
- Structuration de la conjugaison à l'imparfait des verbes du programme
- Approche de la conjugaison des verbes du programme au passé composé avec *avoir*, avec *être* et prise de conscience des régularités

Période 4

Passer de l'oral à l'écrit
Maitriser les relations entre l'oral et l'écrit

- Observation de la variation des marques morphologiques à l'oral et à l'écrit (noms, déterminants, adjectifs, pronoms, verbes). Prise de conscience et compréhension des homophonies grammaticales

Construire le lexique
Enrichir le lexique

- Utilisation du dictionnaire. Formation de verbes avec le préfixe *-en/-em*. Formation des adverbes avec le suffixe *-ment*
- Recherche de mots synonymes. Constitution de familles de mots

Se repérer dans la phrase simple
Identifier les constituants d'une phrase simple. Se repérer dans la phrase complexe

- Identification dans le groupe nominal : nom, déterminant, adjectif qualificatif épithète, genre et nombre
- Identification des pronoms personnels
- Structuration du complément du nom
- Identification du verbe, de son infinitif et de son groupe
- Identification et transformation de différents types et formes
- Structuration de la phrase négative
- Identification des groupes syntaxiques de la phrase : le sujet, le verbe, le complément supprimable et déplaçable (le complément circonstanciel)
- Approche du complément proche du verbe (complément d'objet direct, indirect)
- Identification des verbes à l'infinitif dans un texte.
- Approche de la phrase complexe par identification des verbes conjugués

Maitriser l'orthographe grammaticale de base
Acquérir l'orthographe grammaticale
- Manipulation de l'accord dans le groupe nominal, prise de conscience de régularités des marques de genre et de nombre
- Manipulation de l'accord du verbe avec le sujet, de l'attribut avec le sujet
- Structuration de la conjugaison des verbes du programme au passé composé avec *avoir*, avec *être*
- Approche de la conjugaison des verbes du programme au passé simple à la 3e personne et prise de conscience des régularités

Période 5

Passer de l'oral à l'écrit
Maitriser les relations entre l'oral et l'écrit
- Observation de la variation des marques morphologiques à l'oral et à l'écrit (noms, déterminants, adjectifs, pronoms, verbes). Prise de conscience et compréhension des homophonies grammaticales

Construire le lexique
Enrichir le lexique
- Utilisation du dictionnaire. Compréhension de signes et d'abréviations. Formation de mots avec les suffixes *-ie*, *-erie*, *-iste*, *-ée*

Se repérer dans la phrase simple
Identifier les constituants d'une phrase simple. Se repérer dans la phrase complexe
- Identification dans le groupe nominal : nom, déterminant, adjectif qualificatif épithète, complément du nom, genre et du nombre
- Identification des pronoms personnels
- Identification du verbe, de son infinitif et de son groupe
- Identification et transformation de différents types et formes
- Identification des groupes syntaxiques de la phrase : le sujet, le verbe, le complément supprimable et déplaçable (le complément circonstanciel)
- Structuration de l'attribut
- Manipulation et structuration du complément proche du verbe (complément d'objet direct ou indirect)
- Identification des verbes à l'infinitif dans un texte.
- Approche de la phrase complexe par identification des verbes conjugués.
- Identifier la nature des mots d'une phrase.

Acquérir l'orthographe grammaticale
- Maitriser l'orthographe grammaticale de base
- Manipulation de l'accord dans le groupe nominal, prise de conscience de régularités des marques de genre et de nombre
- Manipulation de l'accord du verbe avec le sujet, de l'attribut avec le sujet
- Approche puis structuration de la conjugaison des verbes du programme au futur
- Structuration du passé simple et du plus-que-parfait

Séquences

Période 1

Septembre - Octobre

Programmation

SEMAINE	JOUR	SÉQUENCES
1 Autour d'un texte documentaire	1 2 3 4	• Lecture du texte *Le travail de Morgane, soigneuse de loups* ; transposition à la 3e personne du pluriel du présent de l'indicatif. • Activités sur les phrases. • Activités sur les groupes nominaux. • Vocabulaire et production écrite.
2 Autour d'un conte	1 2 3 4	• Lecture du texte *Le vaillant petit tailleur* (2) ; transposition à la 3e personne du pluriel du présent de l'indicatif. • Activités sur les phrases. • Activités sur les groupes nominaux. • Vocabulaire et production écrite
3 Autour d'un conte	1 2 3 4	• Lecture du texte *Les vaillants petits tailleurs* ; transposition à la 1re personne du pluriel du présent de l'indicatif. • Activités sur les phrases. • Activités sur les groupes nominaux. • Vocabulaire et production écrite.
4 Autour d'un texte documentaire	1 2 3 4	• Lecture du texte *Des insectes pour protéger les plantes du jardin* ; transposition à la 2e personne du singulier du présent de l'indicatif. • Transposition de *Des insectes pour protéger les plantes du jardin* à la 2e personne du pluriel du présent de l'indicatif. • **Évaluation sur la « compréhension grammaticale » du texte.** • Activités sur les groupes nominaux.
5 Autour de devinettes	1 2, 3 et 4	• Lecture du texte *Devinettes* ; transposition à la 1re personne du singulier du présent de l'indicatif. • **Structuration : le verbe et son sujet.**
6	1, 2 et 3 4	• **Structuration : le présent de l'indicatif des verbes du 1er groupe.** • Vocabulaire et production écrite.
7		• **Évaluation sur la phrase, le verbe et son sujet ; le présent des verbes du 1er groupe.**

■ CE2 ■ CM1 ■ CE2 / CM1 ■ CM2 ■ CM1 / CM2 ■ CE2 / CM1 / CM2

Semaine 1 Au parc des loups

Autour d'un texte documentaire

Le travail de Morgane, soigneuse de loups

Chaque matin, Morgane fait le tour de l'enclos. La soigneuse inspecte les clôtures. Elle observe la meute : elle compte les loups et elle vérifie s'ils vont bien. Elle entre le moins possible dans l'enclos car elle veut laisser les loups tranquilles là où ils dorment, où ils jouent. Et elle ne va jamais près de la tanière. Après les naissances, Morgane attend la sortie des louveteaux pour les compter.
Tous les deux jours, la soigneuse nourrit les loups. Elle prépare la nourriture (4 kilos de viande par loup) et elle la dépose toujours au même endroit car les loups aiment la routine.
La soigneuse est prudente. Peu à peu, elle habitue les loups à sa présence. Elle les appelle par leur nom et elle leur dit : « Bonjour, je suis là ! ». Le loup doit s'approcher, toucher sa main et reconnaitre ses gestes. La soigneuse ne les dresse pas pour faire un spectacle ! Mais ainsi, si un jour ils sont malades, la soigneuse pourra les approcher et ils resteront calmes.
Morgane a beaucoup de travail car elle nettoie aussi les enclos. Et depuis quelques mois, elle a en charge des loups canadiens très différents des loups européens. Elle les surveille attentivement plusieurs fois par jour. Elle est également très présente dans le parc dans la journée et répond aux questions des visiteurs.

Lecture compréhension du texte

- Sur quoi, le texte apporte-t-il des informations ? Que fait la soigneuse tous les matins ? Pourquoi entre-t-elle le moins possible dans l'enclos ? Où ne va-t-elle jamais ? Pourquoi ? Comment fait-elle pour savoir combien la louve a de louveteaux ? Quand nourrit-elle les loups ? Pourquoi met-elle la nourriture toujours au même endroit ? Comment fait la soigneuse pour habituer les loups à sa présence ? Pourquoi les loups doivent-ils être habitués à sa présence ? Que fait la soigneuse à part soigner les animaux ?
- **Expliquer :** *l'enclos*, *la tanière*, *la routine*.
- **Interpréter** les différents signes de ponctuation : les deux points, le point d'exclamation, les guillemets.
- **Trouver** qui est désigné par les mots soulignés. Nommer les pronoms personnels sujets.
- **Relever** les mots ou groupes de mots qui donnent des indications de temps : *chaque matin*, *après…*, *tous les deux jours*, *peu à peu*, *depuis quelques mois*, *plusieurs fois par jour*. Relever les mots ou groupes de mots qui indiquent des lieux : *près de*, *au même endroit*. Relever les indicateurs logiques : *car*, *mais*. Souligner les mots relevés qui sont invariables.

JOUR 1 > Transposition du texte

- Faire remarquer que le texte est écrit au présent de l'indicatif à la 3e personne du singulier. Relever la partie de phrase (que l'on nomme proposition) au futur.
- Transposer en parlant des soigneuses Morgane et Tiphaine.
- Bien lire le texte à l'oral puis écrire les changements au tableau, les faire peu à peu écrire par les élèves sur leur cahier ou leur ardoise.
- Faire remarquer les changements :

– des pronoms : *elle* → *elles* ;
– des verbes au moment où on les écrit, les nommer en précisant leur infinitif ; attirer l'attention sur les terminaisons à la 3e personne du singulier et du pluriel ;
– *de la* → *leur*, *ses* → leurs. Rappeler que ce sont des déterminants.

Attirer l'attention sur les accords de *prudente* et *présente*.
Les CE2 s'arrêtent à *routine*.
Pendant que les CM continuent le texte avec l'enseignant, les CE2 recopient les deux premières phrases non transposées puis transposées et soulignent les deux verbes.

- Faire remarquer l'orthographe de *et* dans *Morgane et Tiphaine*, faire expliciter son rôle (relie deux noms), relever et constituer une affiche collective qui sera complétée au fil des semaines et mettra en évidence ce rôle.

CE2 CM1 CE2/CM1 CM2 CM1/CM2 CE2/CM1/CM2

Collecte

Présent 1

La soigneuse inspecte les clôtures.
Elle entre le moins possible dans l'enclos.
Morgane nettoie aussi les enclos.
Les soigneuses inspectent les clôtures.
Elles entrent le moins possible dans l'enclos.
Morgane et Tiphaine nettoient aussi les enclos.

Présent 2

Chaque matin, Morgane fait le tour de l'enclos.
Elle veut laisser les loups tranquilles.
La soigneuse nourrit les loups tous les deux jours.
Chaque matin, Morgane et Tiphaine font le tour de l'enclos.
Elles veulent laisser les loups tranquilles.
Les soigneuses nourrissent les loups tous les deux jours.

Présent 3

Et elle ne va jamais près de la tanière.
Et elles ne vont jamais près de la tanière.

Exercice

Transposer les phrases avec *Les louves*.

Ce matin, la louve va bien. Elle reste dans sa tanière. Elle nourrit ses petits.
La louve est calme. Elle a ses petits près d'elle, elle les surveille.

Texte transposé

Le travail de Morgane et Tiphaine, soigneuses de loups

Chaque matin, Morgane et Tiphaine font le tour de l'enclos. Les soigneuses inspectent les clôtures. Elles observent la meute : elles comptent les loups et elles vérifient s'ils vont bien. Elles entrent le moins possible dans l'enclos car elles veulent laisser les loups tranquilles là où ils dorment, où ils jouent. Et elles ne vont jamais près de la tanière. Après les naissances, Morgane et Tiphaine attendent la sortie des louveteaux pour les compter.

Tous les deux jours, les soigneuses nourrissent les loups. Elles préparent la nourriture (4 kilos de viande par loup) et elles la déposent toujours au même endroit car les loups aiment la routine.

Les soigneuses sont prudentes. Peu à peu, elles habituent les loups à leur présence. Elles les appellent par leur nom et elles leur disent : « Bonjour, nous sommes là ! ». Le loup doit s'approcher, toucher leur main et reconnaitre leurs gestes. Les soigneuses ne les dressent pas pour faire un spectacle ! Mais ainsi, si un jour ils sont malades, les soigneuses pourront les approcher et ils resteront calmes.

Morgane et Tiphaine ont beaucoup de travail car elles nettoient aussi les enclos. Et depuis quelques mois, elles ont en charge des loups canadiens très différents des loups européens. Elles les surveillent attentivement plusieurs fois par jour. Elles sont également très présentes dans le parc dans la journée et répondent aux questions des visiteurs.

CE2 CM1 CE2/CM1 CM2 CM1/CM2 CE2/CM1/CM2

JOUR 2 > Activités sur les phrases

- Compter le nombre de lignes, le nombre de phrases dans le premier paragraphe. Rappeler qu'une phrase commence par une majuscule et se termine par un point. Indiquer que toutes les phrases du texte sont des phrases déclaratives : on déclare ce que l'on sait du travail de Morgane.
- Lire la phrase déclarative à la forme exclamative et expliquer ce qu'elle exprime.
- Lire les deux phrases négatives du texte et faire dire pour chacune la phrase affirmative correspondante. Faire entourer les mots de la négation.
- Constituer une phrase à l'aide des éléments suivants :
nourrissent – *avec quatre kilos de viande* – *tous les jours* – *les soigneuses* – *chaque loup* – *déposent* – *tous les deux jours* – *les soigneuses* – *par loup* – *au même endroit* – *quatre kilos de viande*
Constater que « *tous les jours* » peut se trouver ou non en début de phrase, même remarque pour « *tous les deux jours* ».
- Dans chaque phrase, entourer le groupe qui indique de qui on parle, c'est le **sujet** et souligner le **verbe** (c'est le mot qui change quand on fait varier le sujet comme dans la transposition).
Chaque matin, les soigneuses font le tour de l'enclos.
Tous les deux jours, les soigneuses nourrissent les loups.
Elles inspectent les clôtures.
Peu à peu, elles habituent les loups à leur présence.
Remarquer que dans plusieurs phrases, il y a un autre groupe au début ; l'entourer. Redire les phrases en déplaçant ce groupe puis en le supprimant. Les écrire en mettant une virgule si le groupe de mots est placé en début de phrase, deux virgules, s'il est placé entre le sujet et le verbe.
Les CE2 recopient les phrases suivantes. Ils entourent le sujet et soulignent le verbe.
La meute reste dans la tanière.
Quelques jours après leur naissance, les louveteaux sortent de la tanière.
Avec les CM, trouver de qui ou de quoi on parle (le sujet) et le verbe. Récrire les phrases en respectant les consignes :
La soigneuse est prudente. Remplacer *la soigneuse* par *le soigneur* puis *les soigneurs* puis *les soigneuses*. Relever la présence du verbe *être* et l'accord de l'adjectif.
Faire de même avec *Les loups resteront calmes. Le loup…, La louve…, Les louves…* Relever la présence du verbe *rester* et l'accord de l'adjectif.

Collecte

Phrases négatives et phrases affirmatives correspondantes

Et elle ne va jamais près de la tanière. Et elle va toujours près de la tanière.

Compléments 1

Chaque matin, les soigneuses font le tour de l'enclos.
Tous les deux jours, les soigneuses nourrissent les loups.
Peu à peu, elles habituent les loups à leur présence.

Attributs

Le soigneur est prudent. La soigneuse est prudente. Les soigneurs sont prudents. Les soigneuses sont prudentes.
Le loup reste calme. La louve reste calme. Les loups restent calmes. Les louves restent calmes.

Exercices

Constituer une phrase à l'aide des éléments suivants :

le matin – de l'enclos – les grillages – la soigneuse – inspecte
le museau des autres loups – pendant leurs jeux – prennent – les loups dominants – dans leur gueule

Écrire à la forme négative :

Elle compte les loups.
Elle vérifie leur santé.
Le loup reste calme.

Écrire avec le sujet proposé :

Le loup est malade. Les louves…

CE2 · CM1 · CE2/CM1 · CM2 · CM1/CM2 · CE2/CM1/CM2

JOUR 3 > Activités sur les groupes nominaux

- Rechercher dans le texte des mots qui désignent des animaux, des choses. Rappeler que ce sont des noms. Les redire avec un déterminant : *le*, *la*, *les*, *un*, *une*, *des* ou *l'*. Indiquer que ces déterminants sont des articles. Remarquer les noms qui ont une majuscule : *Morgane*, *Tiphaine*. On les appelle des noms propres.
- Retrouver, dans le texte, des noms qui ne désignent ni des animaux ni des choses.

Collecte

Groupes nominaux 1

chaque matin
les soigneuses
la meute
les loups
la tanière
une naissance
Morgane – Tiphaine

Exercice

Recopier les mots suivants et classer les noms en trois colonnes : personnes/animaux/choses.

parc – arbre – marchand – navigateur – louveteau – girafe – viande – bateau – téléphone – bouteille – panier – livre – médecin – directrice – accordéon – flute – écrivain – maison

JOUR 4 > Vocabulaire et production écrite

Vocabulaire

- Dans le dictionnaire, chercher le mot *enclos*. **Rappeler qu'il faut partir de la première lettre du mot**, trouver si elle se situe au début, au milieu ou à la fin de l'alphabet et ouvrir le dictionnaire en conséquence. Utiliser les mots en haut de chaque double page pour se repérer.
Chercher ensuite : *meute*, *tanière*.
Pendant ce temps, les CM cherchent : *nocif*, *naissance*, *niveau* et interprètent les abréviations situées à côté de chaque mot.

- Travail sur les mots de la même famille.
Rechercher dans le texte les mots de la famille de : *nourrir*, *enclos*, *loup*.
Revoir la signification du suffixe *-eau* : un diminutif. Observer la formation du mot *louveteau* : à partir du mot *louve*. Utiliser le suffixe *-eau* à partir des noms suivants : *baleine*, *dindon*, *éléphant*, *lièvre*, *lion*, *pigeon*, *souris*, *éléphant*.
Isoler le suffixe *-ture* ; expliciter son sens (le résultat d'une action) et observer sa graphie. Indiquer que le suffixe *-ure* a le même sens. Trouver les mots comportant ces suffixes et formés à partir des verbes suivants : *fermer – ouvrir (ouvert) – coudre – fournir – écrire (écrit) – couvrir (couvert) – teindre (teint) – peindre (peint) – blessure – gravure – brulure – chaussure – sculpture – gelure – éraflure – égratignure – déchirure – foulure – morsure – moisissure – cassure*.
Le mot dérivé se forme en général à partir du participe passé du verbe.
Le suffixe *–ure* ajouté à un nom a un autre sens ; il désigne un ensemble : *dent* → *denture* ; *toit* → *toiture* ; *voile* → *voilure*.

Production écrite

Écrire un petit texte (deux phrases au CE2, trois au CM1 et quatre au CM2) sur la vie du loup dans le parc en reprenant les informations données dans le texte.
Utiliser les verbes et expressions suivants : voir, jouer, dormir, rester dans la tanière avec les petits, manger, etc.
Commencer le texte ainsi :
Chaque matin, les loups voient les soigneuses…
Faire relire les productions en vérifiant :
– la majuscule et le point à la fin des phrases ;
– l'accord des verbes et de l'attribut quand il y en a un.

COLLECTES de la semaine 1

La soigneuse inspecte les clôtures.
Elle entre le moins possible dans l'enclos.
Morgane nettoie aussi les enclos.
Les soigneuses inspectent les clôtures.
Elles entrent le moins possible dans l'enclos.
Morgane et Tiphaine nettoient aussi les enclos.

Chaque matin, Morgane fait le tour de l'enclos.
Elle veut laisser les loups tranquilles.
La soigneuse nourrit les loups tous les deux jours.
Chaque matin, Morgane et Tiphaine font le tour de l'enclos.
Elles veulent laisser les loups tranquilles.
Les soigneuses nourrissent les loups tous les deux jours.

Et elle ne va jamais près de la tanière.
Et elles ne vont jamais près de la tanière.

Et elle ne va jamais près de la tanière. Et elle va toujours près de la tanière.

Chaque matin, les soigneuses font le tour de l'enclos.
Tous les deux jours, les soigneuses nourrissent les loups.
Peu à peu, elles habituent les loups à leur présence.

Le soigneur est prudent. La soigneuse est prudente. Les soigneurs sont prudents. Les soigneuses sont prudentes.
Le loup reste calme. La louve reste calme. Les loups restent calmes. Les louves restent calmes.

chaque matin
les soigneuses
la meute
les loups
la tanière
une naissance
Morgane – Tiphaine

Semaine 2 Le vaillant petit tailleur (1)

Autour d'un conte

Un tailleur prépare une tartine de crème, mais elle attire les mouches. Le tailleur, énervé, frappe dans le tas avec une pièce d'étoffe. Il en tue sept d'un coup. Aussitôt, il fabrique une ceinture sur laquelle il brode ces mots : « Sept d'un coup ! ». Le tailleur est très fier de son exploit, il part alors voir le monde avec sa ceinture. Dans sa poche, il emporte un fromage et un oiseau.
Au sommet d'une montagne, le tailleur rencontre un géant et il lui dit :
– Bonjour, camarade ! Alors, tu admires le vaste monde ? C'est là que je vais. Est-ce que tu veux venir avec moi ?
Le géant voit la ceinture et il pense que le tailleur a tué sept hommes d'un coup. Le géant décide alors de mettre le tailleur à l'épreuve. Il prend une pierre et la serre si fort qu'il en fait sortir de l'eau.
Aussitôt, le tailleur plonge la main dans sa poche, il sort le fromage et le presse si fort qu'il en coule du jus.
Le géant prend une pierre et l'envoie si haut qu'on ne peut presque plus la voir.
– Bien lancé, dit le tailleur, mais la pierre est retombée par terre. Je vais en lancer une qui ne reviendra pas.
Il prend l'oiseau dans sa poche et le lance en l'air. Heureux d'être libre, l'oiseau monte vers le ciel et ne revient pas. Ensuite, le petit homme réussit à faire croire au géant qu'il peut sauter par-dessus un arbre.
Le géant tente de le faire, mais il n'y parvient pas.

Lecture compréhension du texte

- En quoi consiste le travail d'un tailleur ? Pourquoi le tailleur est-il énervé ? Alors que fait-il ? Qu'a-t-il brodé sur sa ceinture ? Qui rencontre-t-il ? Où ? Que pense le géant ? Pourquoi propose-t-il des épreuves au tailleur ? Quelles épreuves le géant propose-t-il au petit tailleur ?
- Expliquer : *vaillant*, *broder*, *exploit*, *mettre à l'épreuve*, *tenter*.
- Interpréter les différents signes de ponctuation : point d'exclamation, d'interrogation, deux points, tirets pour les paroles prononcées. Constater qu'il n'y a pas de guillemets pour les paroles rapportées mais seulement des tirets.
- Distinguer le récit des paroles rapportées.
- Relever les mots ou groupes de mots qui donnent des indications de temps : *aussitôt*. Relever les mots ou groupes de mots qui indiquent des lieux : *au sommet de…*, *là*. Relever les indicateurs logiques : *mais*, *alors*. Souligner les mots invariables.
- Trouver qui est désigné par les mots soulignés. Nommer les pronoms personnels sujets.

JOUR 1 > Transposition du texte

- Faire remarquer que le récit est écrit au présent de l'indicatif (présent de narration) par un narrateur extérieur. Relever la partie de phrase au passé, la phrase au futur.
- Transposer en parlant de *deux petits tailleurs*.
- Bien lire le texte à l'oral puis écrire les changements au tableau ; les faire peu à peu écrire par les élèves sur leur cahier ou leur ardoise.

Faire remarquer, au moment où on les écrit, les changements :
– des verbes : ils changent suivant la personne ; les nommer en précisant leur infinitif ;
– des pronoms (*il* → *ils* ; *je* → *nous*, *moi* → *nous*). Rappeler que ce sont des pronoms personnels ;
– des déterminants ;
– *sa* → *leur*, *son* → *leur* ;
– des noms, des adjectifs.
Les CE2 s'arrêtent à *d'un coup*.
Pendant que les CM continuent le texte avec l'enseignant, les CE2 recopient la transposition de l'extrait suivant :
Au sommet d'une montagne, le tailleur rencontre un géant et il lui dit :
– Bonjour, camarade ! Alors, tu admires le vaste monde ? C'est là que je vais. Tu veux venir avec moi ?
Ils entourent les changements par rapport au texte de départ.

- Faire remarquer l'orthographe de *et* dans *un fromage* et *un oiseau*, faire expliciter son rôle (relie deux noms), relever sur l'affiche collective.

Collecte

Présent 1

Un tailleur prépare une tartine de crème.
Deux tailleurs préparent une tartine de crème.
Tu admires le monde.
Le géant envoie la pierre très haut dans le ciel.

Présent 2

Le géant voit la ceinture.
Il lui dit : …
Ils lui disent : …

Présent 3

Le tailleur est très fier de son exploit.
Les tailleurs sont très fiers de leur exploit.
C'est là que je vais.
C'est là que nous allons.

Exercice

Transposer en parlant de deux tailleurs et deux géants.

Le tailleur est au sommet de la montagne. Il rencontre un géant. Il lui dit :
– Bonjour, je vais voir le monde.
Le tailleur invite le géant à venir avec lui. Ensuite, il sort le fromage de sa poche.
Le tailleur est content d'avoir réussi l'épreuve.

Texte transposé

Le vaillant petit tailleur (1)

Deux tailleurs préparent une tartine de crème, mais elle attire les mouches. Les tailleurs, énervés, frappent dans le tas avec une pièce d'étoffe. Ils en tuent sept d'un coup. Aussitôt, ils fabriquent une ceinture sur laquelle ils brodent ces mots : « Sept d'un coup ! ». Les tailleurs sont très fiers de leur exploit, ils partent alors voir le monde avec leur ceinture. Dans leur poche, ils emportent un fromage et un oiseau.
Au sommet d'une montagne, les tailleurs rencontrent un géant et ils lui disent :
– Bonjour, camarade ! Alors, tu admires le vaste monde ? C'est là que nous allons. Est-ce que tu veux venir avec nous ?
Le géant voit la ceinture et il pense que les tailleurs ont tué sept hommes d'un coup. Le géant décide alors de mettre les tailleurs à l'épreuve. Il prend une pierre et la serre si fort qu'il en fait sortir de l'eau. Aussitôt, les tailleurs plongent la main dans leur poche, ils sortent le fromage et le pressent si fort qu'il en coule du jus.
Le géant prend une pierre et l'envoie si haut qu'on ne peut presque plus la voir.
– Bien lancé, disent les tailleurs, mais la pierre est retombée par terre. Nous allons en lancer une qui ne reviendra pas.
Ils prennent l'oiseau dans leur poche et le lancent en l'air. Heureux d'être libres, les oiseaux montent vers le ciel et ne reviennent pas. Ensuite, les petits hommes réussissent à faire croire au géant qu'il peut sauter par-dessus un arbre. Le géant tente de le faire, mais il n'y parvient pas.

■ CE2 ■ CM1 ■ CE2/CM1 ■ CM2 ■ CM1/CM2 ■ CE2/CM1/CM2

JOUR 2 > Activités sur les phrases

- Identifier les phrases dans le premier paragraphe. Distinguer ligne et phrase.
- Lire les phrases interrogatives. Faire trouver ce que pourrait être la réponse : *oui*, *non*, *peut-être*, *sûrement*, etc. Dire la première phrase en utilisant *est-ce que* puis l'inversion du sujet. Indiquer que toutes les autres phrases sont déclaratives.
- Faire lire avec l'intonation qui convient les phrases à la forme exclamative.
- Constituer une phrase à partir des éléments suivants :
le vaillant petit tailleur – sept mouches – d'un seul coup – avec une pièce d'étoffe – tue
Observer les différentes positions dans la phrase de : *avec une pièce d'étoffe*, *d'un seul coup* ; penser à mettre les virgules.
- Dans chaque phrase, entourer le groupe qui indique de qui on parle, c'est le sujet et souligner le verbe (c'est le mot qui change quand on fait varier le sujet comme dans la transposition).
Dans leur poche, les deux petits tailleurs emportent un fromage et un oiseau.
Au sommet d'une montagne, les tailleurs rencontrent un géant.
Elle attire les mouches.
Aussitôt, les tailleurs prennent les oiseaux.
Remarquer que dans trois phrases, il y a un groupe supprimable et déplaçable ; l'entourer. Redire les phrases en déplaçant ce groupe puis en le supprimant.
Remarquer que dans deux phrases, il y a un groupe au début ; l'entourer. Redire les phrases en déplaçant ce groupe puis en le supprimant.
Les CE2 recopient les phrases suivantes. Ils entourent le sujet et soulignent le verbe.
Dans la cuisine, le tailleur prépare une tartine de crème.
En haut de la montagne, le géant regarde la ceinture du petit tailleur.
Avec les CM, trouver de qui ou de quoi on parle (le sujet) et le verbe. Récrire les phrases en respectant les consignes :
Les tailleurs sont très fiers de leur exploit. Remplacer *les tailleurs* par *le tailleur*.
Le tailleur est énervé. Remplacer *le tailleur* par *les tailleurs*, *la géante*, *les géantes*.
Constater les accords et la présence du verbe *être*.

Collecte

Compléments 1
Dans leur poche, les deux petits tailleurs emportent un fromage et un oiseau.
Au sommet d'une montagne, les tailleurs rencontrent un géant.

Attributs
Les tailleurs sont fiers de leur exploit. Le tailleur est fier de son exploit.
Le tailleur est énervé. Les tailleurs sont énervés. La géante est énervée. Les géantes sont énervées.

Exercices

Constituer une phrase avec les éléments suivants :
regarde – la ceinture – le géant – du vaillant petit tailleur – attentivement – et – qu'il a tué sept hommes – croit

Écrire à la forme interrogative en utilisant *est-ce que* :
Tu peux envoyer la pierre très haut.
Vous avez tué sept hommes.
Tu presses la pierre très fort.

JOUR 3 > Activités sur les groupes nominaux

• Rechercher dans le texte des mots qui désignent des animaux, des personnes, des choses. Rappeler que ce sont des noms. Les redire avec un article : *le*, *la*, *les*, *un*, *une*, *des* ou *l'*.
Faire classer les noms suivant leur genre : masculin ou féminin.

Collecte

Groupes nominaux 1
deux tailleurs
les mouches
un fromage
un oiseau
sa poche – leur poche
un géant
ces mots

Groupes nominaux 2
le vaillant petit tailleur
le vaste monde

Groupes nominaux 3
une tartine de crème
une pièce d'étoffe

Exercice

Recopier les noms dans la colonne qui convient en leur ajoutant *un* ou *une* :
soupe – pierre – rat – maillot – poubelle – fauteuil – soleil – brebis – neveu – jongleur – tourterelle – trapéziste – couturière – tailleur

personne	animal	chose

Puis les classer suivant leur genre.

JOUR 4 > Vocabulaire et production écrite

Vocabulaire

• Dans le dictionnaire, chercher le mot *tartine* ; constater qu'il n'a qu'un seul sens. Observer la définition : il y a d'abord une explication puis une phrase où le mot est employé. Chercher ensuite *tailleur*, constater qu'il a différents sens. Remarquer comment ces différents sens sont indiqués.
Écrire le mot qui vient avant, celui qui vient après.
Écrire le premier mot et le dernier mot de la page où on le trouve.

• Chercher ensuite *crème*. Constater que ce mot a aussi plusieurs sens.

• Faire de même avec *ceinture*, *montagne*, *monde*, *poche*.

CE2 CM1 CE2/CM1 CM2 CM1/CM2 CE2/CM1/CM2

Production écrite

Donner aux élèves les mots suivants avec leur définition et leur demander de faire une phrase au présent à la troisième personne du singulier ou du pluriel pour chaque sens du mot.

Préparer :
Faire tout ce qu'il faut pour qu'une chose soit prête.

....

Préparer un examen : travailler pour être prêt à passer un examen.

....

Lit :
Meuble sur lequel on se couche pour dormir.

....

Creux du sol dans lequel coule un cours d'eau.

....

Serrer :
Tenir fort en pressant.

....

Visser à fond.

....

Comprimer.

....

Faire relire les productions en vérifiant :
– la majuscule et le point à la fin des phrases ;
– l'accord des verbes.

COLLECTES de la semaine 2

Un tailleur prépare une tartine de crème.
Deux tailleurs préparent une tartine de crème.
Tu admires le monde.
Le géant envoie la pierre très haut dans le ciel.

Le géant voit la ceinture.
Il lui dit : …
Ils lui disent : …

Le tailleur est très fier de son exploit.
Les tailleurs sont très fiers de leur exploit.
C'est là que je vais.
C'est là que nous allons.

Dans leur poche, les deux petits tailleurs emportent un fromage et un oiseau.
Au sommet d'une montagne, les tailleurs rencontrent un géant.

Les tailleurs sont fiers de leur exploit. Le tailleur est fier de son exploit.
Le tailleur est énervé. Les tailleurs sont énervés. La géante est énervée. Les géantes sont énervées.

---

deux tailleurs
les mouches
un fromage
un oiseau
sa poche – leur poche
un géant
ces mots

---

le vaillant petit tailleur
le vaste monde

---

une tartine de crème
une pièce d'étoffe

CE2 CM1 CE2/CM1 CM2 CM1/CM2 CE2/CM1/CM2

Semaine 3 Le vaillant petit tailleur (2)

Autour d'un conte

Les vaillants petits tailleurs

Le géant dit aux deux vaillants petits tailleurs :
– Si vous voulez, vous pouvez venir dans notre caverne pour y passer la nuit.
Les petits tailleurs acceptent l'invitation. À leur arrivée dans la grotte, autour d'un feu, ils voient les autres géants. Ils avancent vers eux. Chaque géant dévore un monstrueux rôti. Les petits tailleurs mangent aussi. Puis le géant leur indique un lit et leur dit de s'y coucher et d'y dormir. Mais les petits tailleurs trouvent le lit trop grand et ils choisissent de coucher par terre, blottis dans un coin de la chambre. Vers minuit, le géant vient doucement vers le lit. Il essaie de tuer les petits hommes en abattant une barre de fer sur leur lit. Le lendemain, en voyant les tailleurs toujours en vie, les autres géants, effrayés, prennent la fuite.
Les petits tailleurs continuent leur chemin au hasard. Ils arrivent dans la cour d'un palais royal. Comme ils sont fatigués, ils se couchent et dorment. Des gens, pendant ce temps, s'approchent des petits tailleurs et lisent sur leur ceinture : « Sept d'un coup ! ».
– Eh ! disent-ils, que font ces guerriers dans notre pays ? Ce sont sûrement de puissants seigneurs !
Ils disent au roi :
– Si une guerre éclate, ces hommes seront utiles. Ils ne doivent repartir à aucun prix.
C'est ainsi que les vaillants petits tailleurs entrent au service du roi.

Lecture compréhension du texte

Préciser que l'on connait aussi le conte des frères Grimm sous les titres : *Le hardi petit tailleur ou Sept d'un coup.*

- Où se rendent les petits tailleurs avec le géant ? Que mangent les géants ? Pourquoi les petits tailleurs n'ont-ils pas été tués ? Pourquoi, le lendemain, les géants ont-ils peur ? Où arrivent les petits tailleurs ? Que pensent les gens en voyant les petits tailleurs ? Que leur a proposé le roi ?
- Expliquer : *caverne*, *accepte*, *monstrueux*, *blotti*, *en abattant*, *effrayé*, *prendre la fuite*, *palais royal*, *au service du roi*.
- Interpréter les différents signes de ponctuation : point d'exclamation, d'interrogation, deux points, guillemets, tirets.
- Faire lire les paroles rapportées et identifier qui les prononce.
- Trouver qui est désigné par les mots soulignés. Nommer les pronoms personnels sujets. Relever les différentes manières de nommer les tailleurs.
- Relever les mots ou groupes de mots qui donnent des indications de temps : *Lorsqu'…*, *puis*, *vers minuit*, *le lendemain*, *pendant ce temps*. Relever les mots ou groupes de mots qui indiquent des lieux : *dans…*, *autour du…*, *par terre*, *sur…* Relever les indicateurs logiques : *mais*, *c'est ainsi que*. Souligner les mots invariables.

JOUR 1 > Transposition du texte

- Faire remarquer que le récit est écrit au présent par un narrateur extérieur. Interpréter la partie de phrase au futur.
- Transposer en faisant raconter l'histoire par les tailleurs.

Bien lire le texte à l'oral puis écrire les changements au tableau, les faire peu à peu écrire par les élèves sur leur cahier ou leur ardoise.
Faire remarquer les changements au niveau des verbes, des déterminants, des pronoms… Attirer l'attention sur le *e* entre le radical *mang* et la terminaison *-ons*, le ç avant la terminaison *-ons* de *avançons*.
Pendant que les CM continuent le texte avec l'enseignant, les CE2 recopient la partie de texte non transposée puis transposée de « *Les petits tailleurs…* » à « *feu* ». Ils soulignent les verbes et indiquent le nombre de phrases.

- Faire remarquer l'orthographe de *à* dans « à la grotte » ; faire expliciter son rôle (introduit un groupe nominal), relever et constituer une affiche collective qui sera complétée au fil des semaines et mettra en évidence ce rôle.

Collecte

Présent 1

Les tailleurs arrivent à la grotte.
Ils avancent vers eux.
Les petits tailleurs mangent aussi.
Nous arrivons à la grotte.
Nous avançons vers eux.
Nous mangeons aussi.
Le géant essaie de tuer les petits hommes.

Présent 2

Ils choisissent de coucher par terre.
Nous choisissons de coucher par terre.
Vers minuit, le géant vient doucement vers le lit.
Si vous voulez, vous pouvez venir dans notre caverne.
Ils voient les autres géants autour du feu.
Nous voyons les autres géants autour du feu.

Exercice

Transposer les phrases suivantes en faisant raconter Enzo et Théo :

Enzo et Théo rencontrent Arthur, un ballon sous le bras, qui leur dit :
– Si vous voulez, vous pouvez venir chez moi.
Ils lancent le ballon contre le mur de la maison puis ils mangent une glace. Ensuite, ils choisissent un jeu.
Ils gagnent et ils perdent chacun leur tour.

Texte transposé

Nous, les vaillants petits tailleurs

Le géant nous dit :
– Si vous voulez, vous pouvez venir dans notre caverne pour y passer la nuit.
Nous acceptons l'invitation. À notre arrivée dans la grotte, autour d'un feu, nous voyons les autres géants. Nous avançons vers eux. Chaque géant dévore un monstrueux rôti. Nous mangeons aussi. Puis le géant nous indique un lit et nous dit de nous y coucher et d'y dormir. Mais nous trouvons le lit trop grand et nous choisissons de coucher par terre, blottis dans un coin de la chambre. Vers minuit, le géant vient doucement vers le lit. Il essaie de nous tuer en abattant une barre de fer sur notre lit. Le lendemain, en nous voyant toujours en vie, les autres géants, effrayés, prennent la fuite.
Nous continuons notre chemin au hasard. Nous arrivons dans la cour d'un palais royal. Comme nous sommes fatigués, nous nous couchons et dormons. Des gens, pendant ce temps, s'approchent de nous et lisent sur notre ceinture : « Sept d'un coup ! ».
– Eh ! disent-ils, que font ces guerriers dans notre pays ? Ce sont sûrement de puissants seigneurs !
Ils disent au roi :
– Si une guerre éclate, ces hommes seront utiles. Ils ne doivent repartir à aucun prix.
C'est ainsi que nous entrons au service du roi.

JOUR 2 > Activités sur les phrases

- Lire des phrases déclaratives à la forme exclamative et trouver ce qu'elles expriment.
- Faire remarquer l'interjection : *Eh !*
- Lire la phrase interrogative avec l'intonation qui convient.
- Constituer une phrase à l'aide des mots suivants :

acceptons – nous – avec joie – l'invitation du géant
gentiment – les petits tailleurs – le géant – invite – à venir dans sa caverne
Observer les différentes positions dans la phrase de : *gentiment* ; penser à mettre les virgules.

- Dans chaque phrase, entourer le groupe qui indique de qui on parle, c'est le sujet, et souligner le verbe (c'est le mot qui change quand on fait varier le sujet comme dans la transposition).

Nous acceptons l'invitation.
Autour du feu, les géants dévorent un monstrueux rôti.
À notre arrivée dans la grotte, autour du feu, nous voyons les autres géants.
Remarquer que dans deux phrases, il y a un ou deux groupes supprimables et déplaçables ; les entourer. Redire les phrases en déplaçant ces groupes puis en les supprimant.
Les CE2 recopient les phrases suivantes. Ils entourent le sujet et soulignent le verbe. *Les petits tailleurs mangent. Pendant la nuit, le géant assomme les petits tailleurs.*
Avec les CM, trouver de qui ou de quoi on parle (le sujet) et le verbe. Récrire les phrases en respectant les consignes :
Il est fatigué. Remplacer *il* par *ils*, *elle*, *elles*.
Constater les accords et la présence du verbe *être*.

Collecte

Compléments 1
Autour du feu, les géants dévorent un monstrueux rôti.
À notre arrivée dans la grotte, autour du feu, nous voyons les autres géants.

Attributs
Il est fatigué. Elle est fatiguée. Ils sont fatigués. Elles sont fatiguées.

Exercice

Constituer une phrase à l'aide des mots suivants :
regardent – avec curiosité – les gens – à la cour du roi – les vaillants petits tailleurs
pensent – les serviteurs du roi – que – de puissants seigneurs – les vaillants petits tailleurs – sont

JOUR 3 > Activités sur les groupes nominaux

- Rechercher dans le texte en noir des mots qui désignent des animaux, des personnes, des choses (au sens large). Rappeler que ce sont des noms. Les redire avec un article : *le*, *la*, *les*, *un*, *une*, *des* ou *l'*.

Faire classer les noms suivant leur genre : masculin ou féminin.

Collecte

Groupes nominaux 1
la grotte
leur lit – notre lit
notre caverne
ces guerriers

Groupes nominaux 2
un monstrueux rôti
les petits hommes

Groupes nominaux 3
un coin de la chambre
une barre de fer

Exercices

Recopier les noms dans la colonne qui convient en leur ajoutant *un* ou *une* :
téléphone – mouchoir – éléphant – feuille – forêt – fête – ski – région – dauphin – animatrice – crayon – ordinateur – médecin – écrivaine

personne	animal	chose

Puis les classer suivant leur genre.

Recopier les noms de la partie en vert du texte « Les vaillants petits tailleurs ». Recopier les noms de la partie en rouge du texte « Les vaillants petits tailleurs ».

JOUR 4 > Vocabulaire et production écrite

Vocabulaire

• Dans le dictionnaire chercher le mot *grotte* puis le mot *caverne*. Constater que **ces mots ont le même sens**. Remarquer que dans le dictionnaire, les mots de même sens (synonymes) sont indiqués.
Les CM cherchent le mot *monstrueux* et précisent aux élèves de CE2 dans quel sens il est employé dans le texte : *gigantesque*. Chercher *gigantesque* et donner les synonymes : *énorme*, *géant*, *immense*. Faire donner des synonymes de *effrayés* puis en chercher à l'aide du dictionnaire apeuré, *effaré, terrifier, terroriser, épouvanté*. Récrire les phrases du texte contenant *monstrueux*, *effrayés* en choisissant un des termes trouvés et constater que ces mots ont le même sens mais à des degrés différents : *terrorisé* est plus fort que *apeuré*. Faire de même avec *vaillant* (*brave*, *courageux*, *hardi*…), *manger* (*dévorer*, *avaler*, *dîner*, *souper*, *déjeuner*, *ingurgiter*…) et *fatigué* (*épuisé*, *éreinté*, *exténué*…).

Production écrite

Lire la fin du conte. Elle se trouve à la fin de la période.
Demander aux élèves de dessiner un épisode du conte et de légender leur dessin.
Écrire deux phrases au CE2, trois au CM1, et quatre au CM2 à la 3e personne du singulier du présent.
Faire relire les productions en vérifiant :
– la majuscule et le point à la fin des phrases ;
– l'accord des verbes et de l'attribut quand il y en a un.

COLLECTES de la semaine 3

Les tailleurs arrivent à la grotte.
Ils avancent vers eux.
Les petits tailleurs mangent aussi.
Nous arrivons à la grotte.
Nous avançons vers eux.
Nous mangeons aussi.
Le géant essaie de tuer les petits hommes.

Ils choisissent de coucher par terre.
Nous choisissons de coucher par terre.
Vers minuit, le géant vient doucement vers le lit.
Si vous voulez, vous pouvez venir dans notre caverne.
Ils voient les autres géants autour du feu.
Nous voyons les autres géants autour du feu.

Autour du feu, les géants dévorent un monstrueux rôti.
À notre arrivée dans la grotte, autour du feu, nous voyons les autres géants.

Il est fatigué. Elle est fatiguée. Ils sont fatigués. Elles sont fatiguées.

la grotte
leur lit – notre lit
notre caverne
ces guerriers

un monstrueux rôti
les petits hommes

un coin de la chambre
une barre de fer

Semaine 4 Des insectes pour protéger les plantes du jardin

Autour d'un texte documentaire

Si on veut lutter contre les pucerons, ces insectes ravageurs du jardin, on choisit souvent la solution la plus simple. On va dans une jardinerie. Là, on prend des produits efficaces contre les prédateurs. Mais ceux-ci sont nocifs pour l'environnement. On a pourtant une autre solution : on utilise des insectes carnivores qui vont dévorer ces petites bêtes agressives pour les plantes. Ainsi on rétablit l'équilibre naturel dans son jardin. Mais comment attirer ces insectes ?
On peut inciter des coccinelles à fréquenter son jardin. Pour cela, on y installe une belle plante vivace aux fleurs jaunes : la tanaisie. Les jolies petites bêtes rouges à pois noirs adorent y pondre leurs œufs. On plante aussi de la menthe, de la camomille. Les guêpes viendront virevolter autour et elles attaqueront les pucerons et les chenilles.
On peut aussi fabriquer un hôtel à insectes et le mettre dans le fond du jardin. Les petites bêtes seront sensibles à cette gentille attention.

Lecture compréhension du texte

- Que fait-on généralement pour lutter contre les pucerons dans le jardin ? Quelles sont les autres solutions ? Comment s'appelle la plante que les coccinelles aiment ? Pourquoi est-ce intéressant d'installer un hôtel à insectes dans son jardin ?
- Expliquer : *ravageurs*, *efficaces*, *prédateurs*, *nocif*, *environnement*, *carnivores*, *agressives*, *l'équilibre naturel*, *inciter*, *vivace*, *virevolter*, *sensible*, *attention*.
- Trouver à quoi renvoient les mots soulignés. Nommer les pronoms personnels sujets.
- Relever les mots ou groupes de mots qui indiquent des endroits : *dans* …, *au fond de*.
- Relever les indicateurs logiques : *pourtant*, *pour cela*, *ainsi*. Préciser que ces mots sont des mots invariables.

JOUR 1 > Transposition du texte

- Relever la partie de phrase et les deux phrases au futur.
- Transposer à la 2e personne du singulier du présent de l'indicatif.

Bien lire le texte à l'oral puis écrire les changements au tableau ; les faire peu à peu écrire par les élèves sur leur cahier ou leur ardoise.
Faire remarquer les changements au moment où on les écrit.
Pendant que les CM continuent le texte avec l'enseignant, les CE2 recopient la sixième phrase non transposée, puis transposée.

- Faire remarquer l'orthographe de son dans *son jardin* ; faire expliciter son rôle (déterminant devant un nom), relever et constituer une affiche collective qui sera complétée au fil des semaines et mettra en évidence ce rôle.e.

Collecte

Présent 1
On utilise des insectes carnivores.
Tu utilises des insectes carnivores.

Présent 2
Si on veut lutter contre les pucerons…
Si tu veux lutter contre les pucerons…
On choisit souvent la solution la plus simple.
Tu choisis souvent la solution la plus simple.
On prend des produits efficaces contre les prédateurs.
Tu prends des produits efficaces contre les prédateurs.

Présent 3
On va dans une jardinerie.
On a pourtant une autre solution.
Tu vas dans une jardinerie.
Tu as pourtant une autre solution.

CE2 CM1 CE2/CM1 CM2 CM1/CM2 CE2/CM1/CM2

Exercice

Transposer les phrases suivantes avec *tu*.

On va au marché. On a besoin d'oranges pour une salade de fruits. On prend des oranges non traitées. Ensuite on prépare la salade de fruits et on la place au réfrigérateur.
On la déguste avec ses amis.

Texte transposé

Des insectes pour protéger les plantes du jardin

Si tu veux lutter contre les pucerons, ces insectes ravageurs du jardin, tu choisis souvent la solution la plus simple. Tu vas dans une jardinerie. Là, tu prends des produits efficaces contre les prédateurs. Mais ceux-ci sont nocifs pour l'environnement. Tu as pourtant une autre solution : tu utilises des insectes carnivores qui vont dévorer ces petites bêtes agressives pour les plantes. Ainsi tu rétablis l'équilibre naturel dans ton jardin. Mais comment attirer ces insectes ?
Tu peux inciter des coccinelles à fréquenter ton jardin. Pour cela, tu y installes une belle plante vivace aux fleurs jaunes : la tanaisie. Les jolies petites bêtes rouges à pois noirs adorent y pondre leurs œufs. Tu plantes aussi de la menthe, de la camomille. Les guêpes viendront virevolter autour et elles attaqueront les pucerons et les chenilles.
Tu peux aussi fabriquer un hôtel à insectes et le mettre dans le fond du jardin. Les petites bêtes seront sensibles à cette gentille attention.

JOUR 2 > Transposition à la 2e personne du pluriel

Des insectes pour protéger les plantes du jardin

Si tu veux lutter contre les pucerons, ces insectes ravageurs du jardin, tu choisis souvent la solution la plus simple. Tu vas dans une jardinerie. Là, tu prends des produits efficaces contre les prédateurs. Mais ceux-ci sont nocifs pour l'environnement. Tu as pourtant une autre solution : tu utilises des insectes carnivores qui vont dévorer ces petites bêtes agressives pour les plantes. Ainsi tu rétablis l'équilibre naturel dans ton jardin. Mais comment attirer ces insectes ?
Tu peux inciter des coccinelles à fréquenter ton jardin. Pour cela, tu y installes une belle plante vivace aux fleurs jaunes : la tanaisie. Les jolies petites bêtes rouges à pois noirs adorent y pondre leurs œufs. Tu plantes aussi de la menthe, de la camomille. Les guêpes viendront virevolter autour et elles attaqueront les pucerons et les chenilles.
Tu peux aussi fabriquer un hôtel à insectes et le mettre dans le fond du jardin. Les petites bêtes seront sensibles à cette gentille attention.

- Transposer à la 2e personne du pluriel du présent de l'indicatif.

Bien lire le texte à l'oral puis écrire les changements au tableau ; les faire peu à peu écrire par les élèves sur leur cahier ou leur ardoise.
Faire remarquer les changements au moment où on les écrit.
Les CM continuent le texte avec l'enseignant, pendant ce temps les CE2 recopient la sixième phrase non transposée puis transposée.

Collecte

Présent 1

Vous utilisez des insectes carnivores.

Présent 2

Si vous voulez lutter contre les pucerons…
Vous choisissez souvent la solution la plus simple.
Vous prenez des produits efficaces contre les prédateurs.

Présent 3

Vous allez dans une jardinerie.
Vous avez pourtant une autre solution.

Exercice

Transposer en utilisant le pronom *vous.*

On va au marché. On a besoin d'oranges pour une salade de fruits. On prend des oranges non traitées.
Ensuite on prépare la salade de fruits et on la place au réfrigérateur.
On la déguste avec ses amis.

Texte transposé

Des insectes pour protéger les plantes du jardin

Si vous voulez lutter contre les pucerons, ces insectes ravageurs du jardin, vous choisissez souvent la solution la plus simple. Vous allez dans une jardinerie. Là, vous prenez des produits efficaces contre les prédateurs. Mais ceux-ci sont nocifs pour l'environnement. Vous avez pourtant une autre solution : vous utilisez des insectes carnivores qui vont dévorer ces petites bêtes agressives pour les plantes. Ainsi vous rétablissez l'équilibre naturel dans votre jardin. Mais comment attirer ces insectes ?

Vous pouvez inciter des coccinelles à fréquenter votre jardin. Pour cela, vous y installez une belle plante vivace aux fleurs jaunes : la tanaisie. Les jolies petites bêtes rouges à pois noirs adorent y pondre leurs œufs. Vous plantez aussi de la menthe, de la camomille. Les guêpes viendront virevolter autour et elles attaqueront les pucerons et les chenilles.

Vous pouvez aussi fabriquer un hôtel à insectes et le mettre dans le fond du jardin. Les petites bêtes seront sensibles à cette gentille attention.

JOUR 3 > Évaluation sur la « compréhension grammaticale » du texte

Évaluation CE2

Il s'agit d'évaluer si les élèves savent :
- identifier, constituer une phrase simple ;
- interpréter les substituts ;
- identifier le futur, le présent, le passé dans un texte.

Évaluation CM1

Il s'agit d'évaluer si les élèves savent :
- identifier, constituer une phrase simple ;
- interpréter les substituts ;
- identifier le futur, le présent, le passé dans un texte.

Évaluation CM2

Il s'agit d'évaluer si les élèves savent :
- identifier, constituer une phrase ;
- interpréter les substituts ;
- identifier le futur, le présent, le passé dans un texte.

CE2 CM1 CE2/CM1 CM2 CM1/CM2 CE2/CM1/CM2

Évaluation CE2

1. Lis le texte

Aujourd'hui, le vaillant tailleur est content. La semaine prochaine, il épousera la fille du roi. Il y a deux jours, il a tué sept mouches d'un coup. Il en est fier. Mais ce matin, il part combattre deux géants. Il les aperçoit enfin. Ils dorment sous un arbre et ils ronflent si fort que les feuilles en tremblent.

Le petit homme remplit ses deux poches de cailloux, il monte dans l'arbre, se glisse sur une branche au-dessus des dormeurs et laisse tomber quelques cailloux sur l'estomac du géant roux. Celui-ci s'éveille et pousse le géant brun en disant :

– Pourquoi me frappes-tu ?

– Tu rêves, dit l'autre, je ne t'ai pas touché.

Et ils se rendorment.

a. Indique le nombre de phrases du premier paragraphe (jusqu'à *tremblent*) : ....

b. Recopie la septième phrase de ce paragraphe. ....

....

c. Recopie la phrase de ce paragraphe qui est au passé. ....

....

d. Recopie une phrase de ce paragraphe qui est au présent de l'indicatif : ....

....

e. Recopie la phrase qui est au futur dans ce paragraphe. ....

....

f. Relie qui, dans le texte, est désigné par les pronoms et le groupe de mots soulignés :

il : ....

Ils : ....

des dormeurs : ....

Celui-ci : ....

tu : ....

je : ....

2. Constitue une phrase avec les groupes de mots suivants :

au pied d'un arbre – deux géants – le vaillant petit tailleur – aperçoit

....

....

Évaluation CM1

1. Lis le texte

Aujourd'hui, le vaillant tailleur est content. La semaine prochaine, il épousera la fille du roi. Il y a deux jours, il a tué sept mouches d'un coup. Il en est fier. Mais ce matin, il part combattre deux géants. Il les aperçoit enfin. Ils dorment sous un arbre et ils ronflent si fort que les feuilles en tremblent.

Le petit homme remplit ses deux poches de cailloux, il monte dans l'arbre, se glisse sur une branche au-dessus des dormeurs et laisse tomber quelques cailloux sur l'estomac du géant roux. Celui-ci s'éveille et pousse le géant brun en disant :

– Pourquoi me frappes-tu ?

– Tu rêves, dit l'autre, je ne t'ai pas touché.

Et ils se rendorment. Le tailleur jette alors une pierre sur le géant brun.

– Qu'y a-t-il ? s'écria ce dernier, qu'est-ce que tu me jettes?

a. Indique le nombre de phrases du premier paragraphe (jusqu'à *tremblent*) : ....

b. Recopie la septième phrase de ce paragraphe : ....

....

c. Recopie la phrase de ce paragraphe qui est au passé..........

....

d. Recopie une phrase de ce paragraphe qui est au présent de l'indicatif. ....

....

e. Recopie la phrase qui est au futur dans ce paragraphe. ....

....

f. Relie qui est désigné, dans le texte, par les pronoms et le groupe de mots soulignés :

il : ....

les : ....

Ils : ....

des dormeurs : ....

Celui-ci : ....

tu : ....

je : ....

ce dernier : ....

me : ....

2. Constitue une phrase avec les groupes de mots suivants :

au pied d'un arbre – deux géants – le vaillant petit tailleur –aperçoit – ce matin

....

....

Évaluation CM2

1. Lis le texte

Aujourd'hui, le vaillant tailleur est content. La semaine prochaine, il épousera la fille du roi. Il y a deux jours, il a tué sept mouches d'un coup. Il en est fier. Mais ce matin, il part combattre deux géants. Il les aperçoit enfin. Ils dorment sous un arbre et ils ronflent si fort que les feuilles en tremblent.

Le petit homme remplit ses deux poches de cailloux, il monte dans l'arbre, se glisse sur une branche au-dessus des dormeurs et laisse tomber quelques cailloux sur l'estomac du géant roux. Celui-ci s'éveille et pousse le géant brun en disant :

– Pourquoi me frappes-tu ?

– Tu rêves, dit l'autre, je ne t'ai pas touché.

Et ils se rendorment. Le tailleur jette alors une pierre sur le géant brun.

– Qu'y a-t-il ? s'écria ce dernier, qu'est-ce que tu me jettes ?

– Tu rêves, dit l'autre, je ne t'ai pas touché.

Ils se disputent encore quelque temps ; mais, comme ils sont fatigués, ils se rendorment. Cependant le tailleur recommence son jeu, il choisit le plus gros de ses cailloux, il le jette de toutes ses forces sur l'estomac du géant blond.

a. Indique le nombre de phrases du premier paragraphe (jusqu'à *tremblent*) : ....

b. Recopie la septième phrase de ce paragraphe. ....

....

c. Recopie la phrase de ce paragraphe qui est au passé. ....

....

d. Recopie une phrase de ce paragraphe qui est au présent de l'indicatif. ....

....

e. Recopie la phrase qui est au futur dans ce paragraphe. ....

....

f. Relie qui est désigné, dans le texte, par les pronoms et le groupe de mots soulignés :

il : ....

en : ....

les : ....

Ils : ....

des dormeurs : ....

Celui-ci : ....

tu : ....

je : ....

ce dernier : ....

me : ....

l'autre : ....

le : ....

2. Constitue une phrase avec les groupes de mots suivants :

au pied d'un arbre – deux géants – peu après son départ – le vaillant petit tailleur – aperçoit – ce matin

....

....

JOUR 4 > Activités sur les groupes nominaux

- Rechercher dans le texte (en noir) des mots qui désignent des animaux, des personnes, des choses (au sens large). Rappeler que ce sont des noms. Les redire avec un article : *le*, *la*, *les*, *un*, *une*, *des* ou *l'*.

Faire classer les noms suivant leur genre : masculin ou féminin.

Collecte

Groupes nominaux 1

ces insectes

Groupes nominaux 2

l'équilibre naturel

Groupes nominaux 3

ces insectes ravageurs du jardin
des produits efficaces contre les prédateurs
une belle plante vivace aux fleurs jaunes
les jolies petites bêtes rouges à pois noirs
un hôtel à insectes

Exercices

Recopier les noms dans la colonne qui convient en leur ajoutant *un* ou *une* :

libellule – supermarché – agrafeuse – pelouse – clown – téléviseur – tulipe – girafe – pharmacienne – crayon – étagère – hirondelle – infirmier

personne	animal	chose

Puis les classer suivant leur genre.

Recopier les noms de la partie en vert du texte « Les vaillants petits tailleurs ». Recopier les noms de la partie en rouge du texte « Les vaillants petits tailleurs ».

COLLECTES de la semaine 4

On utilise des insectes carnivores.
Tu utilises des insectes carnivores.

Si on veut lutter contre les pucerons…
Si tu veux lutter contre les pucerons…
On choisit souvent la solution la plus simple.
On prend des produits efficaces contre les prédateurs.
Tu choisis souvent la solution la plus simple.
Tu prends des produits efficaces contre les prédateurs.

On va dans une jardinerie.
On a pourtant une autre solution.
Tu vas dans une jardinerie.
Tu as pourtant une autre solution.

Vous utilisez des insectes carnivores.

Vous choisissez souvent la solution la plus simple.
Vous prenez des produits efficaces contre les prédateurs.
Si vous voulez lutter contre les pucerons…

Vous allez dans une jardinerie.
Vous avez pourtant une autre solution.

---

ces insectes

---

l'équilibre naturel

---

ces insectes ravageurs du jardin
des produits efficaces contre les prédateurs
une belle plante vivace aux fleurs jaunes
les jolies petites bêtes rouges à pois noirs
un hôtel à insectes

CE2 · CM1 · CE2/CM1 · CM2 · CM1/CM2 · CE2/CM1/CM2

Semaine 5 Devinettes

Autour de devinettes

Quand elle est jeune, elle est grande.
Plus elle vieillit et plus elle rapetisse.
Elle vit la nuit ou dans les endroits sombres.
Les courants d'air sont ses ennemis.
Qui est-elle ?
Indice : Elle vit parfois le jour, quand elle chasse les mauvaises odeurs.

Il a un chapeau mais il n'a pas de tête.
Il est debout sur son pied mais il n'a pas de jambe.
Il n'a pas de ventre ni de bras.
Qui est-il ?
Indice : Il pousse dans les bois.

Elle est dans le mot « tant »
et au fond du jardin.
Elle commence la nuit
et elle finit le matin.
Elle apparait deux fois dans l'année.
Qui est-elle ?
Indice : C'est une lettre.

Il semble bizarre puisque chez lui,
il examine l'accouchement avant la grossesse,
il envisage l'adolescence avant l'enfance,
il propose la course avant la marche,
il considère l'écriture avant la lecture,
il analyse les devoirs avant les leçons
et présente la mort avant la vie.
Qui est-il ?
Indice : C'est un livre.

Lecture compréhension du texte

- Donner ou non les indices.
- Lire les devinettes et en trouver la réponse (champignon, la lettre « n », la bougie, le dictionnaire) puis expliciter chacune d'elle.

JOUR 1 > Transposition du texte

- Transposer à la 1re personne du singulier.

Bien lire le texte à l'oral puis écrire les changements au tableau, les faire peu à peu écrire par les élèves sur leur cahier ou leur ardoise. Faire remarquer les changements au niveau des verbes mais aussi dans les groupes nominaux. Les CM2 transposent la devinette en rouge en autonomie.
Faire prendre conscience de l'accord avec le sujet dans les phrases avec attribut. Constater la présence du verbe *être*.

- Faire remarquer l'orthographe de *et* dans *elle commence la nuit et elle finit le matin* ; faire expliciter son rôle (relie deux parties de phrases), relever sur l'affiche collective.

Collecte

Présent 1
Il pousse dans les bois.
Je pousse dans les bois.

Présent 2
Elle finit le matin.
Je finis le matin.

Présent 3
Il a un chapeau.
J'ai un chapeau.
Je suis debout sur mon pied.
Je suis dans le mot « tant ».
Qui suis-je ?

Groupes nominaux 1
un chapeau
son pied – mon pied
les bois
l'année

CE2 CM1 CE2/CM1 CM2 CM1/CM2 CE2/CM1/CM2

Texte transposé

J'ai un chapeau mais je n'ai pas de tête.
Je suis debout sur mon pied mais je n'ai pas de jambe.
Je n'ai pas de ventre ni de bras.
Qui suis-je ?
Indice : Je pousse dans les bois.

Je suis dans le mot « tant »
et au fond du jardin.
Je commence la nuit
et je finis le matin.
J'apparais deux fois dans l'année.
Qui suis-je ?
Indice : C'est une lettre.

Quand je suis jeune, je suis grande.
Plus je vieillis et plus je rapetisse.
Je vis la nuit ou dans les endroits sombres.
Les courants d'air sont mes ennemis.
Qui suis-je ?
Indice : Je vis parfois le jour, quand je chasse les mauvaises odeurs.

Je semble bizarre puisque chez moi,
j'examine l'accouchement avant la grossesse,
j'envisage l'adolescence avant l'enfance,
je propose la course avant la marche,
je considère l'écriture avant la lecture,
j'analyse les devoirs avant les leçons
et je présente la mort avant la vie.
Qui suis-je ?
Indice : Je suis un livre.

Exercices

Remplacer *elle* par *je*.
Elle est la femelle du cerf.
Elle n'a pas de bois.
Elle veille sur son petit faon avec beaucoup d'attention.
Elle le cache dans d'épais fourrés.
Qui est-elle ?

Remplacer *il* par *je*.
Il est le plus grand mammifère terrestre.
Il a une peau épaisse et ridée.
Avec sa trompe, il attrape de la nourriture ou il aspire de l'eau.
Il se déplace en famille.
Qui est-il ?

JOURS 2, 3, 4 > Structuration : le verbe et son sujet

- Il s'agit de mettre en évidence :

– les critères de reconnaissance du verbe :
  - le verbe est le mot qui change quand le temps et/ou la personne changent : il se conjugue ;
  - à la forme négative, le verbe est encadré par les mots de la négation.

– les critères de reconnaissance du sujet :
  - le sujet indique de qui ou de quoi on parle dans une phrase ;
  - le sujet est un pronom (pronom personnel : *je*, *tu*, *il*, *elle*, *nous*, *vous*, *ils*, *elles* d'autres pronoms sujets seront vus au cours de l'année) ;
  - quand le sujet est un groupe nominal, pour le trouver, on peut l'encadrer avec *C'est … qui*, ou poser la question : « *qui est-ce qui… (fait l'action)* ? »
  - le sujet commande le verbe.

– que le sujet peut être séparé du verbe par un groupe de mots ou être placé derrière le verbe.

Séance 1

Identifier le verbe

- Rappeler ce que l'on a appris sur le verbe après les transpositions : c'est le mot qui change avec la personne.
- Retrouver le verbe dans ces phrases :

La soigneuse inspecte les clôtures. Les soigneuses inspectent les clôtures.
Tu prends des produits efficaces. On prend des produits efficaces. Vous prenez des produits efficaces.
Chaque matin, Morgane fait le tour de l'enclos. Chaque matin, Morgane et Tiphaine font le tour de l'enclos.
Il a un chapeau. J'ai un chapeau.
Je suis dans le mot « tant ». Elle est dans le mot « tant ».
Ils voient les autres géants autour du feu. Nous voyons les autres géants autour du feu.

- Employer les différentes personnes dans ces phrases pour trouver le verbe :

On regarde un jeu télévisé. Je, tu, nous, vous, ils ou elles.
Vous montez les escaliers. Je, tu, nous, on ou elle ou il, ils ou elles.
Nommer les différentes personnes : 1re, 2e, 3e, et indiquer leur nombre.
Remarquer qu'avec *nous* et *vous*, les changements des verbes sont toujours perceptibles à l'oral.
Redire ces phrases au passé, au futur pour constater que le verbe change aussi avec le temps.

- Donner aux élèves les phrases suivantes, faire souligner le verbe.

Dans leur poche, [*les deux petits tailleurs*] <u>*emportent*</u> *un fromage et un oiseau.*

Au sommet d'une montagne, [*les tailleurs*] <u>*rencontrent*</u> *un géant.*

[*Elle*] <u>*attire*</u> *les mouches.*

Chaque matin, [*les soigneuses*] <u>*font*</u> *le tour de l'enclos.*

Tous les deux jours, [*Morgane*] <u>*nourrit*</u> *les loups.*

[*Elles*] <u>*inspectent*</u> *les clôtures.*

- Dire ces phrases à la forme négative. En écrire une et constater que le verbe est encadré par les mots de la négation.

Identifier le sujet

- Dans les phrases précédentes, faire indiquer les sujets (de qui ou de quoi on parle, dans la phrase). Montrer que pour trouver le sujet, on peut aussi utiliser l'encadrement avec : « *c'est… qui* » ou « *ce sont… qui* » ou poser la question « *Qui est-ce qui ?* »
- Constater dans les phrases précédentes que le sujet commande l'accord du verbe. Indiquer la terminaison de chaque verbe en fonction du sujet.
- Faire constater, dans les phrases précédentes que le sujet peut être un groupe de mots autour d'un ou plusieurs noms, un ou plusieurs noms propres ou un pronom. Lister les pronoms personnels sujets.
Indiquer qu'il y a d'autres pronoms qui peuvent être sujets (*on* ou d'autres pronoms qui seront vus au cours de l'année).
- Faire recopier les phrases, entourer le sujet en l'encadrant avec *c'est qui* ou *ce sont… qui*.

La vieille dame avance péniblement.
Dans le champ, un lièvre détale.
Les camions de livraison encombrent la chaussée.

CE2 · CM1 · CE2 / CM1 · CM2 · CM1 / CM2 · CE2 / CM1 / CM2

- Montrer dans les phrases suivantes que le sujet est composé de deux groupes nominaux ou de deux noms propres :

Le tailleur et les géants mangent autour du feu.

Morgane et Tiphaine font le tour de l'enclos.

Observer les phrases suivantes pour montrer que le sujet peut être séparé du verbe.

Les soigneuses, chaque matin, font le tour de l'enclos.

Le géant leur indique un lit.

Dans les phrases suivantes, faire trouver le sujet et le verbe. Constater que le verbe peut être avant le sujet.

Tout à coup, sous un arbre, apparaissent deux géants.

Qui suis-je ?

Exercices

Dans chaque phrase, entourer le sujet et souligner le verbe.

Une fusée part vers Pluton. Des fusées partent vers Pluton.
La voiture roule trop vite. Les voitures roulent trop vite.
À la télévision, je regarde des films. À la télévision, nous regardons des films.
Elle accroche des guirlandes. Vous accrochez des guirlandes.
Il fait de la mousse au chocolat. Ils font de la mousse au chocolat.
Je prends le métro. Nous prenons le métro.
Nous disons merci. Je dis merci.
Dans la rue, les promeneurs, regardent une voiture ancienne.
J'attends le bus.
Au printemps, pour nourrir leurs petits, les renards entrent dans les poulaillers.

Récrire les phrases à la forme négative et souligner le verbe.

Devant le cinéma, des personnes discutent.
On joue dans la cour.
J'avance à petits pas.
Au parc, ils grimpent sur le toboggan.
Le jeune lionceau reste près de sa mère.
Dans le sable, les petits crabes creusent des trous.
Le dauphin, lentement, remonte à la surface.
Ce chien observe les enfants depuis plusieurs minutes.
De petits astres très légers tournent autour du Soleil.

Récrire la phrase en remplaçant le groupe nominal sujet de chaque phrase par le pronom personnel qui convient.

Les autruches habitent dans la savane.
Ces ciseaux coupent bien.
La cloche sonne.
Des kangourous traversent la route.
Le louveteau quitte la tanière.
Emma et Samira vont au collège.
La souris des champs creuse des trous dans les prés.
Les pommes de ce pommier sont bien rouges.
Les remparts de la ville sont en mauvais état.
Le noyau des cerises est dur.

Séance 2

Il s'agit de montrer que :
– le verbe a un nom : l'infinitif ;
– les verbes sont classés en trois groupes.
– certains verbes très irréguliers sont classés à part : *être*, *avoir*.

- Donner aux élèves une feuille comportant des phrases tirées des textes étudiés :

Verbes du .... groupe.
Les petits hommes arrivent à la grotte. Nous arrivons à la grotte. **Verbe** ....
Tu utilises des insectes carnivores. Vous utilisez des insectes carnivores. **Verbe** ....
Le géant envoie la pierre très haut dans le ciel. Vous envoyez la pierre très haut dans le ciel. **Verbe** ....
Le géant essaie de tuer les petits hommes. Les géants essaient de tuer les petits hommes. **Verbe** ....
Morgane et Tiphaine nettoient les enclos. Morgane nettoie les enclos. **Verbe** ....
Verbes du .... groupe.
Tous les deux jours, la soigneuse nourrit les loups. Elles nourrissent les loups. **Verbe** ....
Tu choisis la solution la plus simple. Vous choisissez la solution le plus simple. **Verbe** ....
Verbes du .... groupe.
Les tailleurs voient les autres géants. Nous voyons les autres géants. **Verbe** ....
Si vous voulez, vous pouvez venir dans notre caverne. Si tu veux, tu peux venir dans notre caverne.
Verbes .... et ....
Ils lui disent. Il lui dit. **Verbe** ....
Chaque matin, Morgane fait le tour de l'enclos. Morgane et Tiphaine font le tour de l'enclos. **Verbe** ....
Tu prends des produits efficaces. Vous prenez des produits efficaces. On prend des produits efficaces.
Verbe ....
On va dans une jardinerie. Vous allez dans une jardinerie. **Verbe** ....
le géant vient vers le lit. les géants viennent vers le lit. **Verbe** ....
Autres verbes
Il est fatigué. Nous sommes fatigués. Je suis debout sur mon pied. **Verbe** ....
J'ai un chapeau. Il a un chapeau. **Verbe** ....

- Pour chaque groupe de phrases, souligner le mot qui change : c'est **le verbe.** Rappeler qu'il change suivant la personne qui parle (*je*, *nous*) ou à qui on parle (*tu*, *vous*) ou de qui on parle (*il*, *Jack*, *on*, etc.). Préciser que « on » est un pronom de 3e personne du singulier.
- Sur la feuille, faire écrire **l'infinitif** des verbes, c'est le nom du verbe. Indiquer que les verbes sont classés en trois groupes : le 1er groupe comprend les verbes dont l'infinitif se termine par *-er* (sauf le verbe *aller* qui appartient au 3e groupe) ; le 2e groupe comprend les verbes dont l'infinitif se termine par *-ir* et ont un radical terminé par *-iss* aux trois personnes du pluriel du présent ; le 3e groupe correspond aux verbes *aller*, *faire*, *prendre*, *voir*, *vouloir*, *pouvoir*, *dire*, *venir*.
- Préciser aux élèves que dans le dictionnaire, les verbes sont écrits à l'infinitif (voir la leçon de vocabulaire de la semaine suivante). Indiquer que dans une phrase, on trouve aussi des verbes qui sont à l'infinitif : *Vous pouvez venir.*
- Demander aux élèves de dire oralement des verbes à l'infinitif.
- Jouer à pigeon vole : est-ce un verbe ?
casser – boire – donner – région – petit – allumer – écrire – danser – découper – fabriquer – bâtir – verre – arbre – barbouiller – amuser – gémir – vaisselle – printemps – agir – médecin – souffrir – vaincre
- Les verbes *être* et *avoir* sont classés à part car leur conjugaison est très irrégulière. Ce sont des auxiliaires, ils servent à former les temps composés.
- Garder une trace écrite.

Le verbe

- **Le verbe change avec la personne :**

Ils arrivent. Nous arrivons.
Tu prends. Vous prenez.
Elle fait le tour. Elles font le tour.
Ils voient les géants. Nous voyons les géants.

- **Le verbe, à la forme négative, est encadré par les mots de la négation :**

Il voit le géant.

*Il **ne** voit **pas** le géant.*

- **Le verbe change avec le temps :**

Elle fait le tour des enclos. Hier, elle a fait le tour des enclos. Demain, elle fera le tour des enclos.

- **Le verbe a un infinitif :** *avoir*, *aller*, *être*, *arriver*, *prendre*…

- **Les verbes peuvent être classés suivant leur groupe :**

– verbes du 1er groupe : *manger*, *observer*, *arriver*, *utiliser*, etc.
– verbes du 2e groupe : *choisir*, *nourrir*, etc.
– verbes du 3e groupe : *aller*, *venir*, *prendre*, *faire*, *dire*, *voir*, *pouvoir*, *vouloir*, *entendre*, *vendre*, *lire*, *sourire*, *écrire*, *connaitre*, etc.

- **Les verbes** *être* et *avoir* sont des verbes dont la conjugaison est très irrégulière. Ce sont des auxiliaires.

Le sujet

- **Le sujet indique de qui ou de quoi on parle dans une phrase :**

La soigneuse *nourrit les loups.*

- **On peut encadrer le sujet avec *c'est … qui, ce sont … qui* ou poser la question *Qui est-ce qui ?***

C'est la soigneuse qui nourrit les loups.
Qui est-ce qui nourrit les loups ?

- **Le sujet commande l'accord du verbe :**

La soigneuse *nourrit les loups.* ***Les soigneuses*** *nourrissent les loups.*

- **Le sujet peut être séparé du verbe par un mot ou un groupe de mots :**

Les soigneuses*, chaque matin, font le tour de l'enclos.*

Le géant leur indique un lit.

- **Le sujet peut être situé derrière le verbe :**

Tout à coup, sous un arbre, apparaissent deux géants.

Qui suis-je ?

- **Le sujet peut être composé de :**

– **un groupe nominal :** *le petit tailleur – les géants*
– **un nom propre :** *Morgane*
– **deux groupes nominaux :** *les soigneurs et les soigneuses*
– **deux noms propres :** *Morgane et Tiphaine*
– **un pronom personnel :** *je, tu, il, elle, nous, vous, ils, elles*
– **un autre pronom :** *on*

Exercices

Dans les phrases des exercices précédents, écrire l'infinitif de chaque verbe.

Dans chaque phrase ci-dessous, souligner le verbe et donner son infinitif : *être, avoir, aller.*

Le loup est un animal craintif. Les loups sont des animaux craintifs.
Tu vas en vacances. Ils vont en vacances.
Alice a un masque de plongée. Ils ont un masque de plongée.
Nous avons faim. Vous avez faim.
Son frère va au collège. Vous allez au collège.
Certaines espèces de poissons sont en danger. Il est en danger.

COLLECTES de la semaine 5

Il pousse dans les bois.
Je pousse dans les bois.

Elle finit le matin.
Je finis le matin.

Il a un chapeau.
J'ai un chapeau.
Je suis debout sur mon pied.
Je suis dans le mot « tant ».
Qui suis-je ?

---

un chapeau
son pied – mon pied
les bois
l'année

Semaine 6

JOURS 1, 2, 3 > Structuration : le présent des verbes du 1er groupe

- Il s'agit de :

– rappeler le rôle du présent ;
– faire le point sur les terminaisons au présent des verbes du 1er groupe ;
– distinguer radical et terminaison.

- Lire les phrases de la page « Présent 1 » dans le cahier. Rappeler le rôle du présent de l'indicatif tel qu'il a été vu dans les textes : pour raconter, donner des informations, expliquer.
- Constater que les verbes sont des verbes du 1er groupe conjugués au présent de l'indicatif.

Faire entourer la terminaison de chaque verbe (elle a été vue lors des transpositions). Souligner le radical du verbe. Constater que plusieurs terminaisons ne s'entendent pas à l'oral. Faire redire la terminaison de chaque verbe à chaque personne.

- Compléter la conjugaison des verbes suivants que l'on gardera sur le cahier. Attirer l'attention des élèves sur le *e* de *nous mangeons* et le *ç* de *nous avançons* :

UTILISER	MANGER	AVANCER
j'utilis…	je mang…	j'avanc…
tu utilis…	tu mang…	tu avanc…
il/elle, on utilis…	il/elle/on mang…	il/elle/on avanc…
nous utilis...	nous mang…	nous avanc…
vous utilis	vous mang…	vous avanc…
ils/elles utilis…	ils/elles mang…	ils/elles avanc…

Les CE2 font des exercices.
Poursuivre la séquence avec les CM en faisant observer la conjugaison du verbe distinguer :

DISTINGUER
je distingue
tu distingues
il/elle, on distingue
nous distinguons
vous distinguez
ils/elles distinguent

Souligner le radical et entourer les terminaisons.
Faire constater que le radical est le même à toutes les personnes et remarquer la présence du « u » devant le « *on* » de *distinguons*.
Les CM1 font des exercices.

Poursuivre la séance avec les CM2 en observant et complétant les tableaux suivants :

ACHETER	JETER	PELER	APPELER
j'ach…	je j.…	je p.…	j'app.…
tu ach…	tu j.…	tu p.…	tu app…
il/elle, on ach.…	il/elle/on j…	il/elle/on p.…	il/elle, app.…
nous ach…	nous j.…….	nous p.…	nous app...
vous ach…	vous j.…	vous p.….	vous app…
ils/elles ach…	ils/elles j.…	ils/elles p…	ils/elles app…

NETTOYER – ESSUYER – ESSAYER		
je nettoi…	j'essu…	j'essa.…
tu netto.….	tu essui…	tu essa…
il/elle/on netto.…	il/elle/on essu…	il/elle/on essa…
nous netto	nous essu…	nous essa…
vous netto.….	vous essu	vous essa…
ils/elles nettoi	ils/elles essu…	ils/elles essa…

Faire remarquer les particularités de la conjugaison des verbes en *-eter* et *-eler* :
– pour *acheter* : présence d'accent quand on entend è ; pas d'accent mais doublement de consonnes pour *jeter* ; préciser que tous les verbes en *-eter* se conjuguent comme acheter, seul *jeter* (et ses dérivés) prennent deux « t ».
– pour *peler* : présence d'accent quand on entend è ; pas d'accent mais doublement de consonnes pour *appeler* ; préciser que tous les verbes en *-eler* se conjuguent comme *chanceler*, seul *appeler* (et ses dérivés) prennent deux « l ».

Il est surtout important de savoir conjuguer *appeler*, *jeter* qui sont fréquents ainsi que le verbe *acheter*. Les autres verbes en *-eler* et *-eter* sont peu fréquents.
Faire remarquer les particularités de la conjugaison des verbes en *-yer*.
On ne distinguera pas des autres verbes en *-yer*, les verbes en *-ayer* qui peuvent garder le « y » Afin de bien insister sur les régularités, on considèrera qu'ils se conjuguent comme les autres verbes en *-yer*.
Laisser les tableaux de conjugaison des verbes en *-eler*, *-eter*, *-yer* à disposition des élèves afin qu'ils s'y réfèrent lors des exercices.
Garder en trace écrite la conjugaison des verbes étudiés.

Présent

UTILISER j'utilise tu utilises il, elle, on utilise nous utilisons vous utilisez ils, elles utilisent	**MANGER** je mange tu manges il, elle, on mange nous mangeons vous mangez ils, elles mangent	**AVANCER** j'avance tu avances il, elle, on avance nous avançons vous avancez ils, elles avancent	**DISTINGUER** je distingue tu distingues il, elle, on distingue nous distinguons vous distinguez ils, elles distinguent
ACHETER j'achète tu achètes il, elle, on achète nous achetons vous achetez ils, elles achètent	**JETER** je jette tu jettes il, elle, on jette nous jetons vous jetez ils, elles jettent	**PELER** je pèle tu pèles il, elle, on pèle nous pelons vous pelez ils, elles pèlent	**APPELER** j'appelle tu appelles il, elle, on appelle nous appelons vous appelez ils, elles appellent
NETTOYER je nettoie tu nettoies il, elle, on nettoie nous nettoyons vous nettoyez ils, elles nettoient	**ESSUYER** j'essuie tu essuies il, elle, on essuie nous essuyons vous essuyez ils, elles essuient	**ESSAYER** j'essaie tu essaies il, elle, on essaie nous essayons vous essayez ils, elles essayent	

Exercices

Écrire au présent avec le pronom sujet proposé :

Tu fronces les sourcils. Nous…
Vous ramassez des fruits. Il …
Nous vérifions la commande. Tu …
Elles embrassent le bébé. J'…
Tu annonces une bonne nouvelle. Nous …
Nous plions les draps. Les élèves ….
Il publie un nouveau roman. Ils ….
Elle asperge tout le monde d'eau froide. Nous …
Je lance la balle. Nous ….
Vous conjuguez des verbes. Nous …
Nous balayons le couloir. Il …

Récrire la phrase à toutes les personnes :

On lance le ballon et on patauge dans les flaques.
J'observe du plancton et je distingue des microbes.
Il paye le timbre et il envoie la lettre.

Récrire le texte en commençant par *Les chanteurs* puis par *Nous* et enfin par *Tu* :

Le chanteur arrive sous le chapiteau. Il avance jusqu'à sa loge et il enfile son costume. Puis il monte sur la scène, il salue le public et il commence à chanter. Il chante une dizaine de chansons puis, sous les applaudissements, retourne dans sa loge. Il entre dans sa loge et il quitte ses vêtements de scène.

JOUR 4 > Vocabulaire et production écrite

Vocabulaire

- Dans le dictionnaire, chercher le mot *avancer*. Observer l'abréviation qui indique qu'il s'agit d'un verbe.
Relever tous les verbes à l'infinitif qui sont dans la définition.
Ouvrir le dictionnaire à une page donnée (par exemple sur le *Robert Junior* 2005, page 346) et faire recopier les verbes.
Pendant ce temps, les CM cherchent et relèvent, dans le dictionnaire, un verbe commençant par *c*, un verbe commençant par *t*, un verbe commençant par *i*. Ils indiquent le numéro de la page.

- Constituer des listes de verbes ayant le même sens. Pour cela chercher les verbes suivants dans le dictionnaire et noter les synonymes : *construire*, *monter*, *enlever*, *frapper*, *habiter*, *ordonner*, *penser*.

construire : *bâtir*, *édifier*, *élever*
monter : *gravir*, *grimper*
enlever : *retirer*, *ôter*, *supprimer*, *éliminer*, *kidnapper*
frapper : *battre*, *taper*, *heurter*
habiter : *loger*, *résider*, *demeurer*, *vivre*
ordonner : *commander*, *prescrire*
penser : *raisonner*, *réfléchir*, *songer*, *envisager*

Production écrite

Il s'agit de faire employer des verbes à l'infinitif. Demander aux élèves de continuer le texte et /ou d'écrire une suite d'actions (plus ou moins longue) sur un autre sujet deux phrases au CE2, trois au CM1, et quatre au CM2 :

Emploi du temps du chat
Le matin, je dois :
*– **sauter** sur le lit de mes maitres et les **réveiller**,*
*– **miauler** devant mon bol de croquettes,*
*– **prendre** un air malheureux pour avoir des caresses,*
etc.

Pour cela, dire oralement les verbes à utiliser et donner les mots dont les élèves peuvent avoir besoin. Si les élèves ne savent pas écrire l'infinitif d'un verbe, ils peuvent utiliser le dictionnaire pour le trouver.
Relire le texte produit en veillant à la bonne orthographe des infinitifs.

Semaine 7

Évaluation sur la phrase, le verbe et son sujet

Évaluation CE2

Il s'agit d'évaluer si les élèves savent :
- dans une phrase, identifier le sujet, le verbe et son infinitif.

Évaluation CM1

Il s'agit d'évaluer si les élèves savent, dans une phrase, identifier le sujet, trouver le verbe et donner son infinitif, indiquer la nature du sujet.

Évaluation CM2

Il s'agit d'évaluer si les élèves savent, dans une phrase, identifier le sujet, trouver le verbe et donner son infinitif, indiquer la nature du sujet.

Évaluation CE2

Dans chaque phrase, entoure le sujet, souligne le verbe et écris son infinitif.

Le vaillant petit tailleur monte dans l'arbre. ....

Un peu plus tard, le petit homme ramasse un gros caillou. ....

Nous avons de la chance. ....

Sous un arbre, un homme énorme ronfle. ....

Évaluation CM1

1. Dans chaque phrase, entoure le sujet, souligne le verbe et indique son infinitif.

Aujourd'hui, le vaillant tailleur est content. ....

Il monte dans l'arbre. ....

Un peu plus tard, le petit homme choisit un gros caillou. ....

Nous avons de la chance. ....

Sous un arbre, un homme énorme ronfle. ....

Tous les samedis, vous jouez au foot. ....

2. Recopie les sujets dans la colonne qui convient :

Groupe nominal	Pronom personnel

Évaluation CM2

1. Dans chaque phrase, entoure le sujet, souligne le verbe et indique son infinitif.

Aujourd'hui, le vaillant tailleur est content. ....

Il monte dans l'arbre. ....

Un peu plus tard, le petit homme choisit un gros caillou. ....

Nous avons de la chance. ....

Sous un arbre, un homme énorme ronfle. ....

Tous les samedis, vous jouez au foot. ....

Dans la maison, avec les autres géants, les deux petits tailleurs mangent de la viande. ....

2. Recopie les sujets dans la colonne qui convient :

Groupe nominal	Pronom personnel

Évaluation sur le présent des verbes du 1er groupe

Évaluation CE2

Il s'agit d'évaluer si les élèves savent :
- conjuguer les verbes du 1er groupe au présent de l'indicatif ;
- réaliser l'accord sujet verbe dans un texte.

Évaluation CM1

Il s'agit d'évaluer si les élèves savent :
- conjuguer les verbes du 1er groupe au présent de l'indicatif ;
- réaliser l'accord sujet verbe dans un texte.

Évaluation CM2

Il s'agit d'évaluer si les élèves savent :
- conjuguer les verbes du 1er groupe au présent de l'indicatif ;
- réaliser l'accord sujet verbe dans un texte.

Évaluation CE2

1. Récris la phrase avec le sujet proposé :

Nous rêvons d'un pays imaginaire. Je ....

Vous expédiez du courrier. Tu ....

Le garçon efface le tableau. Nous ....

Des savants étudient les baleines. Un savant.................................

Le plat mijote sur le feu. Les plats ....

La souris entre dans un trou. Les souris ....

Elle plonge dans la piscine. Nous ....

Tu fêtes un anniversaire. Vous ....

2. Conjugue les verbes entre parenthèses au présent de l'indicatif :

Les enfants (marcher) sur la plage. ....

Tu (porter) un panier bien trop lourd. ....

Nous ne (ronger) plus nos ongles. ....

Vous (coller) une feuille sur le cahier. ....

Le chien (respirer) bruyamment. ....

Je (prêter) un stylo à mon voisin. ....

Nous (déplacer) les tables. ....

3. Récris ce texte au présent avec *je* puis *nous* et enfin *Mattéo et Max*.
Mattéo arrive en retard à l'école. Vite, il entre dans la cour. Il avance en courant vers la porte de la classe. Il frappe et il entre.

Évaluation CM1

1. Récris la phrase avec le sujet proposé :

Nous rêvons d'un pays imaginaire. Je ....

Vous expédiez du courrier. Tu ....

Le garçon efface le tableau. Nous ....

Des savants étudient les baleines. Un savant ....

Le plat mijote sur le feu. Les plats ....

La souris entre dans un trou. Les souris ....

Elle plonge dans la piscine. Nous ....

Tu fêtes un anniversaire. Vous ....

Il distingue une faible lumière au loin. Nous ....

2. Conjugue les verbes entre parenthèses au présent de l'indicatif :

Les enfants (marcher) sur la plage. ....

Tu (porter) un panier bien trop lourd. ....

Nous ne (ronger) plus nos ongles. ....

Vous (coller) une feuille sur le cahier. ....

Le chien (respirer) bruyamment. ....

Je (prêter) un stylo à mon voisin. ....

Nous (déplacer) les tables. ....

3. Récris ce texte au présent avec *je* puis *nous* et enfin *Mattéo et Max*.
Mattéo arrive en retard à l'école. Vite, il entre dans la cour. Il avance en courant vers la porte de la classe. Il frappe et il entre. Il salue le maitre. Il file vers sa place, tête baissée.

Évaluation CM2

1. Récris la phrase avec le sujet proposé :

Nous rêvons d'un pays imaginaire. Je ....

Vous expédiez du courrier. Tu ....

Le garçon efface le tableau. Nous ....

Des savants étudient les baleines. Un savant.................................

Le plat mijote sur le feu. Les plats ....

La souris entre dans un trou. Les souris ....

Elle plonge dans la piscine. Nous ....

Tu fêtes un anniversaire. Vous ....

Il distingue une faible lumière au loin. Nous ....

2. Conjugue les verbes entre parenthèses au présent de l'indicatif :

Les étoiles (étinceler) sur la plage. ....

Tu (appuyer) sur la feuille pour la coller. ....

Nous ne (ronger) plus nos ongles. ....

Vous (jeter) une feuille dans la poubelle. ....

Le chien (haleter) bruyamment. ....

J'(appeler) un camarade. ....

Nous (balayer) la classe. ....

Quand (réciter) vous la poésie ? ....

3. Récris ce texte au présent avec *je* puis *nous* et enfin *Mattéo et Max*.
Mattéo arrive en retard à l'école. Vite, il entre dans la cour. Il avance en courant vers la porte de la classe. Il frappe et il entre. Il salue le maitre. Il file vers sa place, tête baissée. Là, il débarrasse ses affaires, il les range dans sa case, il croise les bras sur la table et il écoute le maitre.

Suite et fin : *Le vaillant petit tailleur* des frères Grimm

Mais les militaires étaient jaloux de lui et auraient voulu le voir à mille lieues plus loin. « Qu'est-ce que tout cela deviendra ? se disaient-ils entre eux. Si nous avons quelque querelle avec lui, il se jettera sur nous et en abattra sept à chaque coup. Pas un de nous ne survivra. » Ils se résolurent d'aller trouver le roi et de lui demander tous leur congé. « Nous ne pouvons pas, lui dirent-ils, rester auprès d'un homme qui en abat sept d'un coup. »

Le roi était bien désolé de voir ainsi tous ses loyaux serviteurs l'abandonner ; il aurait souhaité de n'avoir jamais vu celui qui en était la cause et s'en serait débarrassé volontiers. Mais il n'osait pas le congédier, de peur que cet homme terrible ne le tuât ainsi que son peuple pour s'emparer du trône.

Le roi, après y avoir beaucoup songé, trouva un expédient. Il envoya faire au petit tailleur une offre que celui-ci ne pouvait manquer d'accepter en sa qualité de héros. Il y avait dans une forêt du pays deux géants qui commettaient toutes sortes de brigandages, de meurtres et d'incendies. Personne n'approchait d'eux sans craindre pour ses jours. S'il parvenait à les vaincre et à les mettre à mort, le roi lui donnerait sa fille unique en mariage, avec la moitié du royaume pour dot. On mettait à sa disposition cent cavaliers pour l'aider au besoin. Le petit tailleur pensa que l'occasion d'épouser une jolie princesse était belle et ne se retrouverait pas tous les jours. Il déclara qu'il consentait à marcher contre les géants, mais qu'il n'avait que faire de l'escorte des cent cavaliers, celui qui en avait abattu sept d'un coup ne craignant pas deux adversaires à la fois.

Il se mit donc en marche suivi des cent cavaliers. Quand on fut arrivé à la lisière de la forêt, il leur dit de l'attendre, et qu'il viendrait à bout des géants à lui tout seul. Puis il entra dans le bois en regardant avec précaution autour de lui. Au bout d'un moment il aperçut les deux géants endormis sous un arbre et ronflant si fort que les branches en tremblaient. Le petit tailleur remplit ses deux poches de cailloux, et, montant dans l'arbre sans perdre de temps, il se glissa sur une branche qui s'avançait juste au-dessus des deux dormeurs et laissa tomber quelques cailloux, l'un après l'autre, sur l'estomac de l'un d'eux. Le géant fut longtemps sans rien sentir, mais à la fin il s'éveilla, et poussant son camarade il lui dit :

« Pourquoi me frappes-tu ?

– Tu rêves, dit l'autre, je ne t'ai pas touché. »

Ils se rendormirent. Le tailleur se mit alors à jeter une pierre au second.

« Qu'y a-t-il ? s'écria celui-ci, qu'est-ce que tu me jettes ?

– Je ne t'ai rien jeté ; tu rêves. » répondit le premier.

Ils se disputèrent quelque temps ; mais, comme ils étaient fatigués, ils finirent par s'apaiser et se rendormir encore. Cependant le tailleur recommença son jeu, et choisissant le plus gros de ses cailloux, il le jeta de toutes ses forces sur l'estomac du premier géant. « C'est trop fort ! » s'écria celui-ci ; et, se levant comme un forcené, il sauta sur son compagnon, qui lui rendit la monnaie de sa pièce. Le combat devint si furieux qu'ils arrachaient des arbres pour s'en faire des armes, et l'affaire ne cessa que lorsque tous les deux furent étendus morts sur le sol.

Alors le petit tailleur descendit de son poste. « Il est bien heureux, pensait-il, qu'ils n'aient pas aussi arraché l'arbre sur lequel j'étais perché ; j'aurais été obligé de sauter sur quelque autre, comme un écureuil ; mais on est leste dans notre métier. » Il tira son épée, et, après en avoir donné à chacun d'eux un couple de bons coups dans la poitrine, il revint trouver les cavaliers et leur dit: « C'est fini, je leur ai donné le coup de grâce; l'affaire a été chaude ; ils voulaient résister, ils ont arraché des arbres pour me les lancer; mais à quoi servirait tout cela contre un homme comme moi, qui en abat sept d'un coup !

– N'êtes-vous pas blessé ? demandèrent les cavaliers.

– Non, dit-il, je n'ai pas un cheveu de dérangé. »

Les cavaliers ne voulaient pas le croire ; ils entrèrent dans le bois et trouvèrent en effet les géants nageant dans leur sang, et les arbres abattus de tous côtés autour d'eux.

Le petit tailleur réclama la récompense promise par le roi ; mais celui-ci qui se repentait d'avoir engagé sa parole, chercha encore à se débarrasser du héros. « Il y a, lui dit-il, une autre aventure dont tu dois venir à bout avant d'obtenir ma fille et la moitié de mon royaume. Mes forêts sont fréquentées par une licorne qui y fait beaucoup de dégâts, il faut t'en emparer.

– Une licorne me fait encore moins peur que deux géants : "Sept d'un coup", c'est ma devise. »

Il prit une corde et une hache et entra dans le bois, en ordonnant à ceux qui l'accompagnaient de l'attendre au dehors. Il n'eut pas à chercher longtemps ; la licorne apparut bientôt, et elle s'élança sur lui pour le percer. « Doucement, doucement, dit-il ; trop vite ne vaut rien. » Il resta immobile jusqu'à ce que l'animal fût tout près de lui, et alors il se glissa lestement derrière le tronc d'un arbre. La licorne, qui était lancée de toutes ses forces contre l'arbre, y enfonça sa corne si profondément qu'il lui fut impossible de la retirer, et qu'elle fut prise ainsi. « L'oiseau est en cage » se dit le tailleur, et, sortant de sa cachette, il s'approcha de la licorne, lui passa sa corde autour du cou ; à coups de hache il débarrassa sa corne enfoncée dans le tronc, et, quand tout fut fini, il amena l'animal devant le roi.

Mais le roi ne pouvait se résoudre à tenir sa parole ; il lui posa encore une troisième condition. Il s'agissait de s'emparer d'un sanglier qui faisait de grands ravages dans les bois. Les chasseurs du roi avaient ordre de prêter main-forte. Le tailleur accepta en disant que ce n'était qu'un jeu d'enfants. Il entra dans le bois sans les chasseurs ; et ils n'en furent pas fâchés, car le sanglier les avait déjà reçus maintes fois de telle façon qu'ils n'étaient nullement tentés d'y retourner. Dès que le sanglier eut aperçu le tailleur, il se précipita sur lui, en écumant et en montrant ses défenses aiguës pour le découdre ; mais le léger petit homme se réfugia dans une chapelle qui était là tout près, et en ressortit aussitôt en sautant par la fenêtre. Le sanglier y avait pénétré derrière lui ; mais en deux bonds le tailleur revint à la porte et la ferma, de sorte que la bête furieuse se trouva prise, car elle était trop lourde et trop massive pour s'enfuir par le même chemin. Après cet exploit, il appela les chasseurs pour qu'ils vissent le prisonnier de leurs propres yeux, et il se présenta au roi, auquel force fut cette fois de s'exécuter malgré lui et de lui donner sa fille et la moitié de son royaume. Il eût bien plus de mal encore à se décider s'il avait su que son gendre n'était pas un grand guerrier, mais un petit manieur d'aiguille. Les noces furent célébrées avec beaucoup de magnificence et peu de joie, et d'un tailleur on fit un roi.

Quelque temps après, la jeune reine entendit la nuit son mari qui disait en rêvant : « Allons, garçon, termine cette veste et ravaude cette culotte, ou sinon je te donne de l'aune sur les oreilles. » Elle comprit ainsi dans quelle arrière-boutique le jeune homme avait été élevé, et le lendemain elle alla se plaindre à son père, le priant de la délivrer d'un mari qui n'était qu'un misérable tailleur.

Le roi lui dit pour la consoler : « La nuit prochaine, laisse ta chambre ouverte; mes serviteurs se tiendront à la porte, et, quand il sera endormi, ils entreront, et le porteront chargé de chaines sur un navire qui l'emmènera bien loin. »

La jeune femme était charmée ; mais l'écuyer du roi, qui avait tout entendu et qui aimait le nouveau prince, alla lui découvrir le complot.

« J'y mettrai bon ordre », lui dit le tailleur. Le soir il se coucha comme à l'ordinaire, et quand sa femme le crut bien endormi, elle alla ouvrir la porte et se recoucha à ses côtés. Mais le petit homme, qui faisait semblant de dormir, se mit à crier à haute voix : « Allons, garçon, termine cette veste et ravaude cette culotte, ou sinon je te donne de l'aune sur les oreilles. J'en ai abattu sept d'un coup, j'ai tué deux géants, chassé une licorne, pris un sanglier ; aurais-je donc peur des gens qui sont blottis à ma porte ? » En entendant ces derniers mots, ils furent tous pris d'une telle épouvante, qu'ils s'enfuirent comme s'ils avaient eu le diable à leurs trousses, et que jamais personne n'osa plus se risquer contre lui. Et de cette manière il conserva toute sa vie la couronne.

Période 2

Novembre - Décembre

Programmation

SEMAINE	JOUR	SÉQUENCES
1 Autour d'un roman	1 2 3 4	• Lecture du texte *Sans famille*, transposition de la 3e personne du singulier du présent à la 3e personne du pluriel. • Activités sur les phrases. • Activités sur les groupes nominaux. • Vocabulaire et production écrite.
2 Autour d'un roman	1 2 3 4	• Lecture du texte *Sans famille* (suite), transposition de la 3e personne du singulier du présent à la 3e personne du pluriel. • Activités sur les phrases. • Transposition en autonomie. **Structuration : les compléments circonstanciels.** • Exercices et vocabulaire.
3 Autour d'un roman	1 2 et 3 4	• Lecture du texte *Sans famille* (suite) et transposition de la 1re personne du singulier à la 3e personne du pluriel. • **Structuration : le présent des verbes du 2e et du 3e groupe.** • Vocabulaire et production écrite.
4	1 et 2 3 4	• **Structuration : le présent des verbes *être*, *avoir*, *aller*.** • **Évaluation sur le présent et le complément circonstanciel.** • Suite de la production écrite de la semaine 3.
5 Autour de textes descriptifs	1 2, 3 et 4	• Lecture du texte *Histoires naturelles*, transposition du présent à l'imparfait. • **Structuration : les constituants du groupe nominal, le genre et le nombre.**
6 Autour de textes descriptifs	1 2 3 4	• Transposition du texte *Histoires naturelles* à la 2e personne du pluriel. • Activités sur les phrases. • Activités sur les groupes nominaux. • Vocabulaire et production écrite.
7		• **Évaluation sur le groupe nominal.**

CE2 · CM1 · CE2/CM1 · CM2 · CM1/CM2 · CE2/CM1/CM2

Semaine 1 Sans famille, Chapitre VIII

Autour d'un roman

L'intégralité du texte de *Sans famille* peut être consultée sur ce site : http://www.atramenta.net/lire/sans-famille/23351
Résumé du début de l'histoire de Rémi, héros du roman *Sans famille* d'Hector Malot :
L'histoire se déroule au XIXe siècle. L'auteur y raconte l'histoire de Rémi, un garçon abandonné dès sa naissance dans les rues de Paris et recueilli par des paysans qui le vendent, lorsqu'il a huit ans, à un comédien ambulant nommé Vitalis. À partir de ce moment, Rémi, Vitalis et sa troupe composée de trois chiens et d'un singe, sillonnent la France et vivent maintes aventures.

Par monts et par vaux

La façon de voyager de Rémi et de la troupe est des plus simples : ils vont droit devant eux, au hasard, et, quand ils voient un village, ils se préparent pour faire une entrée triomphale.
Rémi fait la toilette des chiens avec soin, il coiffe Dolce, il habille Zerbino, il place l'emplâtre sur l'œil de Capi pour qu'il joue le rôle d'un vieux soldat ; enfin il oblige Joli-Cœur à mettre son habit de général. Il a beaucoup de mal à y parvenir, car le singe se défend tant qu'il peut. Comme il sait très bien que cette toilette annonce un travail pour lui, il invente les tours les plus drôles pour empêcher Rémi de l'habiller. Ce dernier doit appeler Capi à son aide. Celui-ci, par sa vigilance, par son instinct et sa finesse, arrive presque toujours à déjouer les malices du singe.
Derrière Vitalis et son fifre, la troupe avec Rémi défile, en grande tenue, dans le village. Si le nombre des curieux que Rémi et les animaux entrainent derrière eux est suffisant, ils donnent une représentation ; si, au contraire, il est trop faible pour faire espérer une recette, ils continuent leur marche. Ils restent plusieurs jours dans les villes. Alors, le matin, Rémi peut aller se promener où il veut. Il prend Capi avec lui, Capi, simple chien, bien entendu, sans son costume de théâtre, et ils flânent par les rues.

Lecture compréhension du texte

- À quelle époque se déroule l'histoire ? Comment s'appellent les chiens ? Qui est Vitalis ? À quel âge Rémi a-t-il été vendu à Vitalis ? Nommer tout ce que doit faire Rémi avant d'entrer dans un village : pourquoi le fait-il ? Pourquoi Joli-Cœur ne veut-il pas s'habiller ? Qui aide Rémi ? À quelles conditions donnent-ils une représentation dans un village ? Pourquoi restent-ils plusieurs jours dans les villes ? Que fait alors Rémi le matin ?
- Expliquer : *Par monts et par vaux* ; *une entrée triomphale* ; *l'emplâtre* ; *sa vigilance, son instinct* ; *déjouer les malices* ; *en grande tenue* ; *Vitalis et son fifre* ; *une recette* ; *ils flânent*.
- Faire remarquer les trois paragraphes et donner l'idée essentielle de chacun.
- Trouver à quoi renvoient les mots soulignés. Nommer les pronoms personnels.

JOUR 1 > Transposition du texte

- Faire remarquer que le texte est écrit au présent de l'indicatif à la 3e personne du singulier et du pluriel. On peut préciser aux élèves de CM2 que le texte original est au passé (on le transposera au passé plus tard) et que, dans la mesure où c'est c'est Rémi qui raconte son histoire ici, le texte est donc dans cet extrait à la 1re personne (singulier ou pluriel).
- Transposer à la 1re personne (c'est Rémi le narrateur). Commencer ainsi : *Notre façon de voyager est des plus simples : nous …*
- Bien lire le texte à l'oral puis écrire les changements au tableau, les faire peu à peu écrire *par* les élèves sur leur cahier ou leur ardoise.
- Faire remarquer les changements au moment où on les écrit. Attirer l'attention sur le *y* de *voyons*.
- Pendant que les CM continuent le texte avec l'enseignant, les CE2 recopient la première phrase du deuxième paragraphe non transposée, puis transposée. Ils soulignent les verbes conjugués. Les CM2 peuvent transposer la fin du texte en autonomie pendant que les autres élèves font l'exercice de transposition.
- Poursuivre le relevé de *à* (*à mettre*, *à y parvenir*, *à son aide*), *et* (*Vitalis et son fifre*) et expliciter leur rôle.

CE2 · CM1 · CE2/CM1 · CM2 · CM1/CM2 · CE2/CM1/CM2

Collecte

Présent 2

Ils voient un village.
Je fais la toilette des chiens.

Présent 3

Ils vont droit devant eux.
Il a beaucoup de mal à y parvenir.
J'ai beaucoup de mal à y parvenir.

Exercice

Transposer à la 1re personne.

Rémi et la troupe de Vitalis arrivent dans une ville. Ils voient des gens intéressés alors ils vont vers une grande place. Là, Rémi fait travailler les chiens. Il a souvent des problèmes avec le singe.
Rémi aime cette vie avec Vitalis. Ensemble, ils donnent des spectacles. Rémi peut découvrir des villes différentes.

Texte transposé

Notre façon de voyager est des plus simples : nous allons droit devant nous, au hasard, et, quand nous voyons un village, nous nous préparons pour faire une entrée triomphale.
Je fais la toilette des chiens avec soin, je coiffe Dolce, j'habille Zerbino, je place l'emplâtre sur l'œil de Capi pour qu'il joue le rôle d'un vieux soldat ; enfin j'oblige Joli-Cœur à mettre son habit de général. J'ai beaucoup de mal à y parvenir, car le singe se défend tant qu'il peut. Comme il sait très bien que cette toilette annonce un travail pour lui, il invente les tours les plus drôles pour m'empêcher de l'habiller. Je dois appeler Capi à mon aide. Celui-ci, par sa vigilance, par son instinct et sa finesse, arrive presque toujours à déjouer les malices du singe.
Derrière Vitalis et son fifre, nous défilons, en grande tenue, dans le village. Si le nombre des curieux que nous entrainons derrière nous est suffisant, nous donnons une représentation ; si, au contraire, il est trop faible pour faire espérer une recette, nous continuons notre marche. Nous restons plusieurs jours dans les villes. Alors, le matin, je peux aller me promener où je veux. Je prends Capi avec moi, Capi, simple chien, bien entendu, sans son costume de théâtre, et nous flânons par les rues.

JOUR 2 > Activités sur les phrases

- Compter le nombre de phrases du premier paragraphe. Indiquer que ces phrases sont des phrases déclaratives : le narrateur déclare, raconte.
- Constituer une phrase à partir des éléments suivants :
de l'habiller – des tours – Joli-Cœur – pour empêcher Rémi – invente – petit singe malicieux.
Constater que *pour empêcher Rémi de l'habiller* peut se trouver à différents endroits de la phrase.
- Dans chaque phrase, entourer le sujet et souligner le verbe. Donner l'infinitif du verbe et son groupe. Entourer d'une autre couleur le groupe de mots que l'on peut supprimer et déplacer. Lire les phrases en déplaçant puis en supprimant ces groupes. Indiquer que ces groupes de mots complètent la phrase, ce sont des **compléments**.
Constater que les sujets sont des groupes nominaux. Les remplacer par des pronoms.
Il y a quelques années, des paysans ont recueilli un enfant abandonné.
Un jour, des paysans vendent Rémi à Vitalis.
Rémi fait la toilette des chiens avec soin.
Pour défiler dans le village, Joli-Cœur enfile son habit de général.
Faire dire quelle information apportent les groupes de mots qui peuvent être supprimés et déplacés.
Trouver le sujet et le verbe :
Joli-Cœur est un animal intelligent.
Remplacer *Joli-Cœur* par *Joli-Cœur et Capi*.
Constater les accords avec le sujet et la présence du verbe *être*.
Faire relever les verbes à l'infinitif dans le texte.

Collecte

Compléments 1

Il y a quelques années, des paysans ont recueilli un enfant abandonné.
Un jour, des paysans vendent Rémi à Vitalis.
Rémi fait la toilette des chiens avec soin.
Pour défiler dans le village, Joli-Cœur enfile son habit de général.

Attributs

Joli-Cœur est un animal intelligent. Joli-Cœur et Capi sont des animaux intelligents.

Exercices

Constituer une phrase :

des spectacles – en donnant – de l'argent – Vitalis- gagne – dans les villes – et les villages – dans le roman *Sans famille*

Dans les phrases suivantes, entourer le sujet et souligner le verbe.
Indiquer si le sujet est un groupe nominal ou un pronom.
Récrire chaque phrase en supprimant les groupes qui peuvent l'être.

Au cirque, les animaux dressés réussissent des numéros extraordinaires.
Avec agilité, certains singes font de la bicyclette.
Sur la piste, les lions obéissent au dompteur.
Sous le chapiteau, les trapézistes font des acrobaties dangereuses.
Les artistes de cirque font des exercices tous les jours.

JOUR 3 > Activités sur les groupes nominaux

- Rechercher dans le texte les noms qui désignent des animaux, des personnes, des choses (au sens large). Rappeler que ce sont des noms. Remarquer la majuscule au début de certains de ces noms. Les redire avec un article : *le*, *la*, *les*, *un*, *une*, *des* ou *l'*.

Faire classer les noms suivant leur nombre : singulier – pluriel.

- Dans les groupes nominaux 3 collectés, trouver le nom principal.

Collecte

Groupes nominaux 1

le singe
des chiens
un village
l'œil

Groupes nominaux 2

une entrée triomphale

Groupes nominaux 3

l'œil de Capi
le rôle d'un vieux soldat
son habit de général
la toilette des chiens
Les malices du singe

CE2 CM1 CE2/CM1 CM2 CM1/CM2 CE2/CM1/CM2

JOUR 4 > Vocabulaire et production écrite

Vocabulaire

- Dans le dictionnaire chercher le mot *parvenir*. Lire l'abréviation qui indique qu'il s'agit d'un verbe.
Trouver à partir de quel verbe, il est formé. Trouver les différents verbes formés à partir de *venir*.
- Trouver des mots de la famille de : *finesse*, *voyage*, *malice*, *soin*, *instinctif*, *hasard*.
- À partir de quel mot est formé l'adjectif *triomphal* ? Quel suffixe a été ajouté au nom *triomphe* ?
Écris les mots que l'on peut former avec le suffixe *-al* à partir de : *artisan*, *brute*, *centre*, *département*, *monde*, *monument*, *mur*, *nation*, *région*, *ami*, *automne*, *bête*, *chirurgie*, *continent*, *dos*, *ventre*, *sentiment*, *équateur*, *tropique*, *génie*, *grippe*, *intestin*, *machine*, *musique*, *origine*, *orient*, *patron*, *voix*, *enfer*, *abdomen*, *pluie*, *espace*, *race*, *roi*.
Dégager la signification du suffixe *-al* : qui se rapporte à, qui appartient à…

Production écrite

Écrire au présent un texte à la 1re personne du singulier à la manière du deuxième paragraphe du texte : *tu dois partir en vacances en voiture avec ton chien ou ton chat. Tu le prépares…*
Commencer en dictée à l'adulte puis laisser les élèves écrire en autonomie deux phrases (CE2) ou trois phrases (CM).
Faire relire les productions en vérifiant :
– majuscule et point à la fin des phrases ;
– les terminaisons du présent.

COLLECTES de la semaine 1

Ils voient un village.
Je fais la toilette des chiens.

Ils vont droit devant eux.
Il a beaucoup de mal à y parvenir.
J'ai beaucoup de mal à y parvenir.

Il y a quelques années, des paysans ont recueilli un enfant abandonné.
Un jour, des paysans vendent Rémi à Vitalis.
Rémi fait la toilette des chiens avec soin.
Pour défiler dans le village, Joli-Cœur enfile son habit de général.

Joli-Cœur est un animal intelligent. Joli-Cœur et Capi sont des animaux intelligents.

---

le singe
des chiens
un village
l'œil

---

une entrée triomphale

---

l'œil de Capi
le rôle d'un vieux soldat
son habit de général
la toilette des chiens
les malices du singe

CE2 CM1 CE2/CM1 CM2 CM1/CM2 CE2/CM1/CM2

Semaine 2 Sans famille, Chapitre IX

Autour d'un roman

Rémi rencontre un géant chaussé de bottes de sept lieues

Vitalis et sa troupe sont dans les Landes. Ils ont marché toute la journée et ils n'aperçoivent toujours pas de village où ils pourraient trouver une grange pour dormir. Vitalis s'arrête au bord d'un chemin pour se reposer un moment.

Mais au lieu de s'asseoir près de lui, Rémi veut gravir un petit monticule planté de genêts pour voir quelque lumière dans la plaine. Il appelle Capi pour qu'il vienne avec lui ; mais Capi, lui aussi, est fatigué et il fait la sourde oreille. Rémi prend un bâton et il part seul pour son exploration.

Tout en marchant, il regarde à droite et à gauche, il remarque que ce crépuscule vaporeux donne aux choses des formes étranges. À mesure qu'il gravit, courageusement, la pente du monticule, les genêts deviennent plus forts, les bruyères et les fougères plus hautes. Au sommet du monticule, il a beau ouvrir les yeux, il ne voit pas la moindre lumière. À ce moment-là, regardant autour de lui avec angoisse, il aperçoit au loin une grande ombre se mouvoir rapidement au-dessus des genêts, et en même temps il entend comme un bruissement de branches qu'on frôle.

Il essaie de se dire que ce qu'il prend pour une ombre est sans doute un arbuste, mais ce bruit, quel était-il ? Il ne fait pas un souffle de vent. Quelqu'un ?

Lecture compréhension du texte

- Pourquoi Rémi et la troupe sont-ils fatigués ? Où s'arrêtent-ils ? Que fait Rémi ? Aperçoit-il un village ? Lire la phrase qui le montre. Pourquoi Rémi a-t-il peur ?
- Expliquer : *un monticule* ; *des genêts* ; *la plaine* ; *il fait la sourde oreille* ; *ce crépuscule vaporeux* ; *les bruyères* ; *avec angoisse* ; *se mouvoir* ; *un bruissement*.
- Faire remarquer les trois paragraphes du texte, résumer chacun.
- Trouver à quoi renvoient les mots soulignés.
- Relever les mots ou groupes de mots qui donnent des indications de temps : *À mesure qu'*... ; *à ce moment-là* ; *en même temps*. Relever les mots ou groupes de mots qui indiquent des endroits : *Au sommet du*...

JOUR 1 > Transposition du texte

- Faire remarquer que le texte est écrit au présent à la 3e personne du singulier.
- Transposer à la 3e personne du pluriel, en parlant de Rémi et Joli-Cœur. Commencer par : *Mais au lieu de s'asseoir près de lui, Rémi et Joli Cœur*...
- Bien lire le texte à l'oral, puis écrire les changements au tableau ; les faire peu à peu écrire par les élèves sur leur cahier ou leur ardoise.
- Faire remarquer les changements au moment où on les écrit. Revoir la terminaison en *-ent* des verbes du 1er groupe.
- Pendant que les CM continuent le texte avec l'enseignant, les CE2 recopient la première phrase du deuxième paragraphe non transposée puis transposée. Ils soulignent les verbes conjugués. Puis les CM1 recopient la dernière phrase du paragraphe en noir transposée et non transposée.
- Poursuivre le relevé de *à* (*à droite et à gauche*), *et* (*Rémi prend un bâton et il part seul pour son exploration ; à droite et à gauche ; les bruyères et les fougères*) *son* (*son exploration*) et expliciter leur rôle.

Collecte

Présent 2

Il prend un bâton.
Ils prennent un bâton.

Présent 3

Ils ont beau ouvrir les yeux.

Exercice

Transposer en parlant de *Zoé et Sarah.*

Zoé aime le sport. Elle pratique la natation. Elle veut faire aussi du tennis. Le samedi matin, elle prend son sac de sport et elle va à la piscine.
Elle nage toute la matinée puis elle rentre chez elle. L'après-midi, elle accompagne son frère au tennis. Elle ramasse les balles et parfois elle essaie de jouer.

Texte transposé

Rémi et Joli-Cœur rencontrent un géant chaussé de bottes de sept lieues

Mais au lieu de s'asseoir près de lui, Rémi et Joli Cœur veulent gravir un petit monticule planté de genêts pour voir quelque lumière dans la plaine. Ils appellent Capi pour qu'il vienne avec eux ; mais Capi, lui aussi, est fatigué et il fait la sourde oreille. Rémi et Joli-Cœur prennent un bâton et ils partent seuls pour leur exploration.
Tout en marchant, ils regardent à droite et à gauche, ils remarquent que ce crépuscule vaporeux donne aux choses des formes étranges. À mesure qu'ils gravissent, courageusement, la pente du monticule, les genêts deviennent plus forts, les bruyères et les fougères plus hautes. Au sommet du monticule, ils ont beau ouvrir les yeux, ils ne voient pas la moindre lumière. À ce moment-là, regardant autour d'eux avec angoisse, ils aperçoivent au loin une grande ombre se mouvoir rapidement au-dessus des genêts, et en même temps ils entendent comme un bruissement de branches qu'on frôle.
Ils essaient de se dire que ce qu'ils prennent pour une ombre est sans doute un arbuste, mais ce bruit, quel était-il ? Il ne fait pas un souffle de vent. Quelqu'un ?

JOUR 2 > Activités sur les phrases

- Compter le nombre de lignes, le nombre de phrases dans chaque paragraphe. Indiquer que ces phrases sont des phrases déclaratives (le narrateur déclare, raconte) sauf dans le paragraphe en rouge où une partie de phrase et une phrase sont interrogatives.
- Relever dans l'introduction et dans le deuxième paragraphe la partie de phrase à la forme négative et la phrase déclarative à la forme négative dans le dernier paragraphe. Entourer les mots de la négation. Transformer à la forme affirmative.
- Constituer une phrase à l'aide des groupes de mots suivants :
une grange – pour y dormir – recherchent – dans les villages – Vitalis et sa troupe – chaque soir
- Dans chaque phrase, entourer le sujet et souligner le verbe. Donner l'infinitif du verbe et son groupe. Entourer d'une autre couleur le complément que l'on peut supprimer et déplacer. Lire les phrases en déplaçant puis en supprimant ces compléments. Indiquer la nature des sujets.
Ils ont marché toute la journée. Il gravit la pente, courageusement.
Au loin, ils aperçoivent une grande ombre au-dessus des genêts.
Aujourd'hui, Vitalis et sa troupe rencontrent un géant.
À cause de la brume, Rémi voit des choses étranges.
Quand il arrive en haut du monticule, Rémi entend du bruit.
Faire dire quelles informations apportent : *toute la journée, courageusement* ; *au loin* ; *au-dessus des genêts* ; *aujourd'hui, à cause de la brume* ; *quand il arrive en haut du monticule*.
Trouver le sujet et le verbe :
Capi est fatigué. → Remplacer *Capi* par : *Capi et Joli-Cœur.*
Les genêts deviennent plus forts. → Remplacer *les genêts* par : *les herbes puis le genêt.*
Constater les accords et la présence des verbes *être* et *devenir*.

■ CE2 ■ CM1 ■ CE2/CM1 ■ CM2 ■ CM1/CM2 ■ CE2/CM1/CM2

Collecte

Compléments 1

Ils ont marché toute la journée.
Il gravit la pente courageusement.
Au loin, ils aperçoivent une grande ombre au-dessus des genêts.
Aujourd'hui, Vitalis et sa troupe rencontrent un géant.
À cause de la brume, Rémi voit des choses étranges.
Quand il arrive en haut du monticule, Rémi entend du bruit.

Attributs

Capi est fatigué. Capi et Joli-Cœur sont fatigués.
Les genêts deviennent plus forts. Le genêt devient plus fort. Les herbes deviennent plus fortes.

Exercices

Constituer une phrase à partir des termes suivants :

faisais – autrefois – à pied – je – plusieurs kilomètres – pour aller à l'école – et – j' – pour le midi – mon repas – emportais

Dans les phrases suivantes, entourer le sujet et souligner le verbe. Indiquer si le sujet est un groupe nominal ou un pronom.

Récrire chaque phrase en déplaçant les groupes qui peuvent l'être.

En haut du monticule, Rémi regarde le paysage.
En redescendant, dans le noir, il distingue des formes floues.
Il aperçoit au loin une grande ombre.
Pendant la descente, des branches d'arbre frôlent Rémi.

Récrire la phrase en remplaçant : *les fougères* par *les arbustes, la fougère.*

Les fougères deviennent plus hautes.

JOUR 3 > Structuration : les compléments circonstanciels

- Il s'agit de montrer que :

– dans une phrase, il y a des groupes qui peuvent être déplacés et supprimés : ce sont les compléments circonstanciels ;
– les compléments circonstanciels apportent des précisions sur : quand, où, à cause de quoi (temps, lieu et cause) ;
– le complément circonstanciel est soit un groupe nominal précédé ou non d'une préposition (groupe prépositionnel), soit un mot invariable (adverbe), soit une partie de phrase.

- Lire la page « Compléments 1 » du cahier de collectes.
- Lire les phrases. Faire déplacer les mots ou groupes de mots qui peuvent l'être. Relire les phrases en les déplaçant puis en les supprimant. Les entourer. Ces groupes de mots sont des **compléments circonstanciels**.

Faire entourer le sujet, souligner le verbe.
Récrire les trois premières phrases en plaçant le complément circonstanciel entre le sujet et le verbe. Encadrer ce complément avec des virgules.
Bien préciser que, avant d'entourer le sujet et de souligner le verbe, il faut chercher si, dans la phrase, il y a des compléments circonstanciels que l'on peut déplacer et supprimer.

- Récrire les phrases suivantes en plaçant le complément circonstanciel entre le sujet et le verbe. Encadrer ce complément avec des virgules.

Rechercher quelles informations les compléments circonstanciels apportent :
Au sommet d'une montagne indique où les tailleurs rencontrent un géant.
Chaque matin indique quand les soigneuses font le tour de l'enclos.
À cause de la brume indique à cause de quoi Rémi voir des choses étranges.
Etc.

- Faire indiquer la nature des compléments circonstanciels dans ces phrases collectées : groupe nominal précédé ou non d'une préposition (*autour*, *pendant*, *dans*, *avec*, *vers*, *à cause de*…), mot invariable (*aujourd'hui*). Indiquer que le complément circonstanciel peut aussi être une partie de phrase comme dans les phrases suivantes :

Parce qu'il fait froid, le jeune homme enfile un pull.
Les escargots sortent leurs cornes quand il pleut.

■ CE2 ■ CM1 ■ CE2 / CM1 ■ CM2 ■ CM1 / CM2 ■ CE2 / CM1 / CM2

- Garder une trace écrite dans le cahier.

Les compléments supprimables et déplaçables (compléments circonstanciels)

- Dans une phrase, des mots ou groupes de mots peuvent être **déplacés** ou **supprimés** : ce sont des **compléments circonstanciels**.

Chaque matin, *les soigneuses* *font le tour de l'enclos.*
Les soigneuses, *chaque matin*, *font le tour de l'enclos.*
Les soigneuses *font le tour de l'enclos*, *chaque matin*.
Les soigneuses *font le tour de l'enclos.*

- Les compléments circonstanciels apportent des **renseignements supplémentaires** dans la phrase, ils ne sont pas obligatoires.

- Il y a des compléments circonstanciels de temps (*chaque matin*), des compléments circonstanciels de lieu (*au sommet d'une montagne*), des compléments circonstanciels de cause (*à cause de la brume, parce qu'il pleut*).
- Le complément circonstanciel peut être :
- un **groupe nominal** introduit ou non par une **préposition** :
***vers** minuit, **dans** leur poche, **autour du** feu, **à cause de** la brume, un jour, chaque matin* ;
- un **adverbe** : *aujourd'hui* ;
- une partie de phrase : *quand il arrive en haut du monticule.*

Exercices

Recopier les phrases en supprimant les compléments circonstanciels soulignés :
Au milieu du pré, des moutons broutent de l'herbe.
Chaque jour, la pluie inonde notre région.
La nuit, le chiot empêche ses maitres de dormir.
Le soir, les biches se rassemblent.
Les camions redémarreront dès le lever du jour.

Recopier les phrases en supprimant le complément circonstanciel. Entourer le sujet et souligner le verbe.
Dans la cuisine, le chef mitonne de bons petits plats.
Nous sortirons de l'école dans deux heures.
Autrefois, les rois habitaient le château de Versailles.
Pendant l'hiver, les skieurs dévalent les pentes enneigées.
Dans les campagnes, les ruisseaux sillonnent les prés.
Quand le bateau arrive, les touristes montent sur le pont.

Indiquer la nature des compléments circonstanciels : groupe nominal introduit par une préposition, un adverbe ou une partie de phrase.

Entourer le sujet et souligner le verbe. Puis entourer les compléments circonstanciels. Recopier les phrases en les changeant de place :
Au milieu de la nuit, le volcan crache de la lave.
Le mineur extrayait le charbon tous les jours.
Sur l'île, le pirate trouve un trésor dans le creux d'un arbre.
Avec joie, l'enfant, le jour de Noël, découvre des cadeaux.
Pendant les vacances d'été, nous ferons de belles promenades.

Recopier les phrases en les complétant avec un complément circonstanciel :
– (CC), il mange de la purée (CC).
– Vous lisez beaucoup de livres (CC).
– (CC), les poules couvent.
– Enzo, (CC), construira un camion en Lego (CC).

CE2 CM1 CE2/CM1 CM2 CM1/CM2 CE2/CM1/CM2

Recopier les phrases en les complétant avec un complément circonstanciel de temps (qui ne devra pas être toujours placé au même endroit dans la phrase) :

Emma fête son anniversaire.
Les chasseurs ont décoré les grottes.
Nous empruntons des livres.
Les élèves quittent l'école.
Le pêcheur installe son matériel.

Recopier les phrases en les complétant avec un complément circonstanciel de lieu (qui ne devra pas être toujours placé au même endroit dans la phrase) :

La végétation devient rare.
Tom remplit son caddie.
Les fillettes s'amusent bien.
De nombreux visiteurs découvrent les jeunes tigres blancs.
Les spectateurs applaudissent les jongleurs.

JOUR 4 > Vocabulaire

Réaliser un des exercices proposés dans la séquence sur le complément , ci-dessus.

Vocabulaire

Dans le dictionnaire, chercher le mot : *exploration.* Trouver à partir de quel verbe il est formé. Trouver l'autre mot formé à partir de ce verbe. Trouver les suffixes utilisés.
Utiliser les suffixes *-ation* et *-ateur/atrice* pour former des mots à partir des verbes suivants :
observer, naviguer, aspirer, accélérer, animer, congeler, organiser, préparer, ventiler.
Dégager la signification des suffixes *-ation et -ateur/atrice* : résultat de l'action de …, agent de l'action de …
Constater que les noms formés avec le suffixe *-ation* sont tous féminins.

COLLECTES de la semaine 2

Il prend un bâton.
Ils prennent un bâton.

Ils ont beau ouvrir les yeux.

Ils ont marché toute la journée.
Il gravit la pente, courageusement.
Au loin, ils aperçoivent une grande ombre au-dessus des genêts.
Aujourd'hui, Vitalis et sa troupe rencontrent un géant.
À cause de la brume, Rémi voit des choses étranges.
Quand il arrive en haut du monticule, Rémi entend du bruit.

Capi est fatigué. Capi et Joli-Cœur sont fatigués.
Les genêts deviennent plus forts. Le genêt devient plus fort. Les herbes deviennent plus fortes.

Semaine 3 Sans famille (suite)

Autour d'un roman

Lire aux élèves la suite du texte.

Mais non, ce n'est pas un homme ce grand corps noir qui vient sur moi : un animal que je ne connais pas plutôt, un oiseau de nuit gigantesque, ou bien une immense araignée à quatre pattes dont les membres grêles se découpent au-dessus des buissons et des fougères, sur la pâleur du ciel.
Ce qu'il y a de certain c'est que cette bête, montée sur des jambes d'une longueur démesurée, s'avance de mon côté par des bonds précipités. Assurément elle m'a vu, et c'est sur moi qu'elle accourt.
Cette pensée me fait retrouver mes jambes et je me précipite dans la descente pour rejoindre Vitalis.

Donner à lire le texte suivant :

Je rencontre un géant chaussé de bottes de sept lieues

En me dépêtrant d'un buisson, je glisse un regard en arrière : la bête s'est rapprochée ; elle arrive sur moi. Un peu plus loin, je peux courir plus vite à travers les herbes. Je ne respire plus, j'étouffe d'angoisse, je fais cependant un dernier effort et je viens tomber aux pieds de mon maitre. Je ne peux dire que deux mots que je répète machinalement :
– La bête, la bête !
Au milieu des vociférations des chiens, j'entends tout à coup un grand éclat de rire. En même temps mon maitre me posant la main sur l'épaule m'oblige à me retourner.
– La bête, c'est toi, dit-il en riant, regarde donc un peu si tu l'oses.
J'ose ouvrir les yeux et je suis la direction de sa main. L'apparition qui m'a affolé s'est arrêtée, elle se tient immobile sur la route. Je m'enhardis et je fixe sur elle des yeux plus fermes. Est-ce une bête ? Est-ce un homme ?

Lire aux élèves la fin du texte.

De l'homme, elle a le corps, la tête, les bras.
De la bête, une peau velue qui la couvre entièrement, et deux longues pattes maigres sur lesquelles elle reste posée.
Bien que la nuit se soit épaissie, je distingue ces détails, car cette grande ombre se dessine en noir, comme une silhouette, sur le ciel, où de nombreuses étoiles versent une pâle lumière.
Je serais probablement resté longtemps indécis à tourner et retourner ma question, si mon maitre n'avait adressé la parole à mon apparition.
– Pourriez-vous me dire si nous sommes éloignés d'un village ? demande-t-il.
C'est donc un homme, puisqu'on lui parle ?
Mais pour toute réponse je n'entends qu'un rire sec semblable au cri d'un oiseau.
C'est donc un animal ?
– Vois-tu maintenant ce qui t'a fait si grande peur ? me demande-t-il en marchant.
– Oui, mais je ne sais pas ce que c'est ; il y a donc des géants dans ce pays-ci ?
– Oui, quand ils sont montés sur des échasses.
Et il m'explique comment les Landais, pour traverser leurs terres sablonneuses ou marécageuses et ne pas s'enfoncer dedans jusqu'aux hanches, se servent de deux longs bâtons garnis d'un étrier, auxquels ils attachent leurs pieds.
– Et voilà comment ils deviennent des géants avec des bottes de sept lieues pour les enfants peureux.

Lecture compréhension du texte

- De qui Rémi a-t-il eu peur ? Pourquoi a-t-il cru que c'était une bête ?
- Expliquer : *En me dépêtrant* ; *je répète machinalement* ; *des vociférations des chiens* ; *l'apparition qui m'a affolé* ; *je m'enhardis*.
- Trouver ce que représentent les mots soulignés. Relever tous les mots ou groupes de mots qui désignent l'homme avec des échasses.
- Distinguer les paroles rapportées du récit.

JOUR 1 > Transposition du texte

- Transposer oralement à la 3e personne du singulier : *En se dépêtrant d'un buisson, Rémi…*

Pendant que les CM continuent le texte avec l'enseignant, les CE2 recopient les phrases de : *Je ne respire plus…* à *…la bête,* non transposées puis transposées. Ils soulignent les verbes conjugués.

- Poursuivre le relevé de *à* (*à travers les herbes*), *et* (*Je fais cependant un dernier effort et je viens tomber aux pieds de mon maitre*) et expliciter leur rôle.

Collecte

Présent 2

Je peux courir plus vite à travers les herbes.
Il peut courir plus vite à travers les herbes.
Je viens tomber aux pieds de mon maitre.
Il vient tomber aux pieds de son maitre.

Exercice

Transposer avec : *il*.

Je peux décorer la maison pour Noël. Je prends du papier doré et je le découpe. Je fais des guirlandes. Je grimpe sur un tabouret pour les accrocher. Je veux ensuite décorer le sapin. Je prends des boules et je les accroche. Je branche une guirlande électrique. Quand mon frère rentre, je lui dis d'admirer les décorations.

Texte transposé

Rémi rencontre un géant chaussé de bottes de sept lieues

En se dépêtrant d'un buisson, il glisse un regard en arrière : la bête s'est rapprochée ; elle arrive sur lui. Un peu plus loin, il peut courir plus vite à travers les herbes. Il ne respire plus, il étouffe d'angoisse, il fait cependant un dernier effort et il vient tomber aux pieds de son maitre. Il ne peut dire que deux mots qu'il répète machinalement :

– La bête, la bête !

Au milieu des vociférations des chiens, il entend tout à coup un grand éclat de rire. En même temps son maitre lui posant la main sur l'épaule l'oblige à se retourner.

– La bête, c'est toi, dit-il en riant, regarde donc un peu si tu l'oses.

Il ose ouvrir les yeux et il suit la direction de sa main. L'apparition qui l'a affolé s'est arrêtée, elle se tient immobile sur la route. Il s'enhardit et il fixe sur elle des yeux plus fermes. Est-ce une bête ? Est-ce un homme ?

JOURS 2 ET 3 > Structuration : le présent des verbes du 2e et du 3e groupe

- Il s'agit de :
  - mettre en évidence la régularité des terminaisons des verbes du 2e groupe et des verbes du 3e groupe au programme conjugués au présent :
    - *Je* : ***s*** (sauf *vouloir* et *pouvoir*)
    - *Tu* : ***s*** (sauf *vouloir* et *pouvoir*)
    - *Il/elle/on* : ***t*** (sauf *prendre* qui se termine par un *d*)
    - *Nous* : ***ons***
    - *Vous* : ***ez*** (sauf *faire* et *dire*)
    - *Ils/elles* : ***ent*** (sauf *faire* : *ont*)
  - attirer l'attention sur le radical qui, pour un même verbe, n'est pas toujours le même à toutes les personnes ;
  - mémoriser : *je peux*, *tu peux*, *vous faites*, *vous dites*, *il/elle prend*, *nous voyons*, *vous voyez*, *ils/elles font*.
  - faire conjuguer d'autres verbes en appliquant les régularités observées.
- À l'aide des collectes de la page « Présent 2 », faire compléter en autonomie le tableau suivant. Identifier le verbe du 2e groupe. Remplir collectivement les lignes qui ne peuvent pas l'être avec la page de cahier.

Énoncer les terminaisons pour chaque personne. Constater le changement de radical des verbes. Constater les régularités et les particularités de certaines terminaisons.

FINIR (NOURRIR, CHOISIR)	**VENIR**
j'	je ....
tu	tu ....
il/elle, on	il/elle, on ....
nous	nous ....
vous	vous ....
ils/elles	ils/elles ....
PRENDRE	**VOIR**
je	je ....
tu	tu ....
il/elle, on	il/elle, on ....
nous	nous ....
vous	vous ....
ils/elles	ils/elles ....
VOULOIR	**POUVOIR**
je	je ....
tu	tu ....
il/elle, on	il/elle, on ....
nous	nous ....
vous	vous ....
ils/elles	ils/elles ....
DIRE	**FAIRE**
je	je ....
tu	tu ....
il/elle, on	il/elle, on ....
nous	nous ....
vous	vous ....
ils/elles	ils/elles ....

Garder en trace écrite la conjugaison des verbes *pouvoir*, *vouloir*, *faire*, *dire*, *prendre*, *voir*, *venir*, *et d'un des verbes comme finir*, *nourrir*, *choisir*... qu'il faut mémoriser. Constituer une affiche avec les irrégularités afin que les élèves puissent s'y reporter si besoin : *je peux*, *tu peux*, *vous faites*, *vous dites*, *il/elle prend*, *nous voyons*, *vous voyez*, *ils/elles font*.

CE2 CM1 CE2/CM1 CM2 CM1/CM2 CE2/CM1/CM2

Exercices

Récrire chaque phrase avec les pronoms proposés.

Tu viens en bus. Vous........................... Elle...........................
Elle peut conduire. Je........................... Nous...........................
Elles voient un beau spectacle. Tu........................... Vous...........................
Tu dis trop de bêtises. Vous........................... Il...........................
Elle fait un tour de manège. Nous........................... Vous ....
Nous prenons l'avion. Je........................... Elle...........................
Il rougit de honte. Vous........................... Elles...........................
Je dois partir aux États-Unis. Ils........................... Vous...........................
Vous finissez votre journée à quelle heure ? Tu........................... Elles...........................

Dans les phrases, conjuguer au présent les verbes entre parenthèses.

Vous (venir) faire les vendanges ?
Tu (prendre) tes jambes à ton cou.
Elles (vouloir) devenir des artistes.
Nous (pouvoir) partir très tôt le matin.
L'enfant (faire) un immeuble en Lego.
Je (maigrir) et toi tu (grossir).
Le chien (surgir) du buisson et (courir) après le chat.

Compléter avec les verbes *dire* et *voir*.

Ces enfants (dire) des bêtises.
Les gazelles (voir) le lion au dernier moment.
Nous (voir) un beau ciel étoilé.
Vous (dire) bonjour en arrivant.
Je (dire) la poésie en mettant le ton.
Vous (voir) un arc en ciel.
Mes frères (dire) que je les embête toujours.

Écrire des phrases en employant les verbes suivants au présent :

trahir, apprendre, apercevoir, revenir.

Écrire la phrase en conjuguant les verbes entre parenthèses au présent de l'indicatif, puis récrire la phrase avec les sujets proposés.

Je (faire) du judo, je (prendre) des cours et maintenant je (pouvoir) combattre.
Emma...........................
Nous...........................

Conjuguer à toutes les personnes le verbe *grandir* puis le verbe *dire*.

Transposer avec *je* puis *nous*.

Rémi et Joli-Cœur grimpent sur le monticule. Ils font de petits pas, ils prennent leur temps, enfin ils arrivent au sommet. Ils ne voient rien. Ils disent : « Aucune lumière dans le lointain ! » Ils redescendent. Pendant la descente, ils entendent des bruits bizarres, ils voient des ombres.

JOUR 4 > Vocabulaire et production écrite

Vocabulaire

Dans le texte, relever les mots et expressions qui montrent la peur ressentie par Rémi : *angoisse, affolé, je ne respire plus, j'étouffe d'angoisse*. Dans le dictionnaire chercher les mots *peur, angoisse, affolé* et relever les synonymes.

Dans les textes à partir de la semaine 2 (y ajouter les éléments du texte lu par l'enseignant), relever ce qui provoque la peur de Rémi et classer :

- ce que Rémi voit dans le paysage et qui l'inquiète : *ce crépuscule vaporeux donne aux choses des formes étranges ; la pâleur du ciel ;*
- ce que Rémi voit ou imagine de la bête : *une grande ombre se mouvoir rapidement ; la bête s'est rapprochée ; elle arrive sur moi ; ce grand corps noir qui vient sur moi : un animal que je ne connais pas ; plutôt ; un oiseau de nuit gigantesque ; ou bien une immense araignée à quatre pattes dont les membres grêles se découpent au-dessus des buissons et des fougères ; cette bête, montée sur des jambes d'une longueur démesurée, s'avance de mon côté par des bonds précipités.*
- ce que Rémi entend : *il entend comme un bruissement de branches, ce qu'il prend pour une ombre est sans doute un arbuste, mais ce bruit, quel était-il ?*
- comment Rémi réagit-il face à cette peur : *Cette pensée me fait retrouver mes jambes et je me précipite dans la descente. Un peu plus loin, je peux courir plus vite à travers les herbes. Je ne respire plus, j'étouffe d'angoisse, je fais cependant un dernier effort et je viens tomber aux pieds de mon maitre. Je ne peux dire que deux mots que je répète machinalement : – La bête, la bête !*

Dans ce qui a été relevé, souligner la manière dont est désigné ce dont Rémi a peur.

Production écrite (semaine 3 et semaine 4)

Écrire au présent à la 1re personne un texte relatant une peur comme celle ressentie par Rémi : le *soir, tout seul à la maison, ou dans le noir la nuit dans son lit, ou dans la pénombre dans un endroit inhabituel (cave, grenier), ou la vue d'une araignée, d'un serpent, d'une souris…*

Relire les éléments collectés en vocabulaire et s'y référer pour raconter.

- Commencer par une phrase pour décrire la situation : le lieu, le moment.
- Ensuite préciser ce qui fait peur au niveau de ce que l'on voit et de ce que l'on entend. Désigner de manière différente ce qui provoque la peur.
- Indiquer comment on réagit puis écrire la fin.

Commencer en dictée à l'adulte puis laisser les élèves écrire en autonomie deux phrases (CE2) ou 3 phrases (CM).

Faire relire les productions en vérifiant :

- majuscule et point à la fin des phrases ;
- les terminaisons du présent.

COLLECTES de la semaine 3

Je peux courir plus vite à travers les herbes.
Il peut courir plus vite à travers les herbes.
Je viens tomber aux pieds de mon maitre.
Il vient tomber aux pieds de son maitre.

CE2 CM1 CE2/CM1 CM2 CM1/CM2 CE2/CM1/CM2

Semaine 4

JOURS 1 ET 2 > Structuration : le présent des verbes *être, avoir* et *aller*

- Il s'agit :

– de mettre en évidence les formes verbales des verbes *être*, *avoir*, *aller*, au présent de l'indicatif ;
– de constater les irrégularités de leur conjugaison.

- Lire la page « Présent 3 » du cahier de collecte.
- Faire recopier les verbes dans les colonnes suivantes en s'aidant des phrases collectées.

ÊTRE	AVOIR	ALLER
je .... debout	j'.................................. un chapeau	c'est là que je ....
tu .... debout	tu .... une solution	tu .... dans une jardinerie
il-elle-on .... debout	il-elle-on .... un chapeau	il-elle-on .... près de la tanière
nous .... debout	nous .... très froid	c'est là que nous ....
vous .... debout	vous .... une solution	vous .... dans une jardinerie
ils-elles .... debout	ils-elles .... beau ouvrir les yeux	ils-elles .... droit devant eux

- Garder sur le cahier les trois tableaux ainsi établis.
- Faire écrire avec *je* puis *on* la phrase suivante : *Tu es content, tu as un nouveau vélo, tu vas à l'école avec.*

Exercices

Recopier les phrases en complétant avec le verbe *être* au présent :

Je .... un véritable acrobate. Tu.................. dans ton lit. Vous .... déjà dans l'avion. Les coiffeurs .... compétents. En ce moment, nous .... en automne. Le maitre-nageur .... à la piscine. Ce volcan .... impressionnant. Où .... les poules ? Il .... toujours de mauvaise humeur. Les grenouilles .... des batraciens.

Recopier les phrases en complétant avec le verbe *avoir* au présent :

Les sauterelles .... de grandes ailes. J'.................. envie de chanter et de danser! Cette marmotte .... plusieurs petits. Vous .... un grenier à votre maison ? Tu .... un anorak bleu. Nous .... des phasmes en classe.

On .... des bandes dessinées. Ils .... très peur. Pourquoi ....-tu si mal aux dents ? Dans la classe, on .... des tablettes. Ces fleurs .... de belles couleurs.

Recopier les phrases en complétant avec le verbe *aller* au présent :

Les papillons .... sur les fleurs. Quelquefois, tu .... promener ton chien. Le patineur.................. sur la glace. Nous .... au port. Je .... au parc aquatique. Où ....ces grues cendrées ? Les eaux sales .... à la station d'épuration. Je .... dans la bonne direction.

Relier le verbe au sujet qui convient et recopier les phrases ainsi formées :

Nous •	• sont dans les airs.
Tu •	• ai un chien Labrador.
J' •	• avez raison.
Vous •	• allons voir ce magnifique viaduc.
Ils •	• a chapeau encombrant.
Elle •	• as un visage allongé.

Recopier les phrases en les complétant par *ont* (verbe *avoir*), *sont* (verbe *être*), *vont* (verbe *aller*) :

Je crois qu'ils .... des lapins. Ces montagnes .... enneigées. Les trains .... souvent en retard. Mes parents .... courir tous les jours. Les abeilles .... dans leur ruche. Les mouches .... sur les vitres. Les rhinocéros .... gros, ils .... une corne sur le nez. Enzo et Victor .... en Angleterre car ils .... de la famille à Londres, ils .... contents. Les villes .... surpeuplées.

Souligner d'un trait le verbe *être* conjugué au présent, de deux traits le verbe *avoir* conjugué au présent, de trois traits le verbe *aller* conjugué au présent :

Les magasins sont fermés toute la journée. Vous allez trop vite. Le rat a une longue queue. Nous avons eu une bonne idée. Ils vont sur la rivière en barque. Ces singes sont malicieux. Ils ont leur sac à l'épaule. Nous sommes à Paris depuis hier. Je vais à l'école maternelle chercher mon frère. Tu as un vélo, tu vas en promenade, tu es ravi. Ils vont voir un match de football mais ils sont déçus car ils ont de mauvaises places.

JOUR 3 > Évaluation sur le présent et les compléments circonstanciels

Évaluation CE2

Il s'agit d'évaluer si les élèves savent :
- identifier, constituer une phrase simple ;
- retrouver différentes manières de nommer quelqu'un ou quelque chose ;
- identifier une phrase à la forme négative ;
- identifier le sujet, le verbe, le complément supprimable et déplaçable, donner l'infinitif du verbe ;
- conjuguer les verbes au programme au présent de l'indicatif.

Évaluation CM1

Il s'agit d'évaluer si les élèves savent :
- identifier, constituer une phrase ;
- retrouver différentes manières de nommer quelqu'un ou quelque chose ;
- Identifier une phrase à la forme négative ;
- identifier le sujet et le verbe, donner l'infinitif du verbe ;
- identifier les compléments circonstanciels ;
- conjuguer les verbes au programme au présent de l'indicatif.

Évaluation CM2

Il s'agit d'évaluer si les élèves savent :
- identifier, constituer une phrase complexe ;
- retrouver différentes manières de nommer quelqu'un ou quelque chose ;
- identifier une phrase à la forme négative ;
- identifier le sujet et le verbe, donner l'infinitif du verbe ;
- identifier les compléments circonstanciels ;
- conjuguer les verbes au programme au présent de l'indicatif.

Évaluation CE2

1. Lis le texte.

Les baleines sont des mammifères. Ces colosses des mers ne sont pas des poissons. Pour se reproduire, les baleines ne pondent pas d'œufs. Elles portent leur petit dans leur ventre et elles l'allaitent. Elles ont besoin de remonter régulièrement à la surface pour prendre de l'air car elles respirent avec des poumons.

De nombreux scientifiques observent les baleines. Avec patience, certains d'entre eux étudient leur langage. Sur des bateaux, ces biologistes prennent des notes pendant de longues heures.

a. Indique le nombre de phrases du premier paragraphe : ....

b. Recopie la troisième phrase du deuxième paragraphe : ....

....

c. Recopie les différentes manières de désigner :

la baleine : ....

....

les scientifiques : ....

....

d. Recopie une phrase à la forme négative du texte.

....

2. Constitue une phrase avec les groupes de mots suivants :

des baleines – les conversations – avec des micros sous-marins – les scientifiques – enregistrent

....

....

3. Dans chaque phrase, entoure le sujet, le complément supprimable et déplaçable, souligne le verbe, indique son infinitif.

1. Du bateau, les biologistes étudient le langage des baleines. ....
2. À partir de bateaux, de nombreux scientifiques observent les baleines. ....
3. Pendant de longues heures, ils prennent des notes. ....

4. Conjugue les verbes entre parenthèses au présent de l'indicatif :

Les chatons (aller) dans le jardin. ....

Sonia (prendre) une douche. ....

Vous (voir) un bel arc en ciel. ....

Nos amis (venir) ce midi pour le déjeuner. ....

Je (pouvoir) emprunter ta gomme ? ....

Vous (dire) toujours des bêtises. ....

Je (vouloir) partir en vacances. ....

Vous (faire) une brioche. ....

5. Conjugue avec *je* puis *vous* et *elles* :

Tu as un masque de plongée, tu es content, tu vas sous l'eau.

....

....

....

6. Récris ce texte au présent avec *je* puis *nous* et enfin *Fiona et Tina*.

Fiona est en classe patrimoine dans un château. Le matin, elle fait des visites. Elle écoute attentivement le guide. Elle prend des notes dans un petit carnet. L'après-midi, elle reste dans une salle de classe pour travailler. Avant le diner, elle a le temps d'écrire à ses parents. Ensuite, elle peut jouer ou regarder un film. À la nuit, elle va avec ses copines et la monitrice faire une courte promenade.

Évaluation CM1

1. Lis le texte.

Les baleines sont des mammifères. Ces colosses des mers ne sont pas des poissons. Pour se reproduire, les baleines ne pondent pas d'œufs. Elles portent leur petit dans leur ventre et elles l'allaitent. Elles ont besoin de remonter régulièrement à la surface pour prendre de l'air car elles respirent avec des poumons.

De nombreux scientifiques observent les baleines. Avec patience, certains d'entre eux étudient leur langage. Sur des bateaux, ces biologistes prennent des notes pendant de longues heures.

Sur l'océan, plusieurs dangers menacent les baleines. Des chasseurs piègent illégalement ces cétacés, avec des filets. Des bateaux en percutent de plus en plus.

a. Indique le nombre de phrases du premier paragraphe : ....

b. Recopie la troisième phrase du deuxième paragraphe : ....

....

c. Recopie les différentes manières de désigner :

la baleine : ....

....

les scientifiques : ....

....

d. Recopie une phrase à la forme négative du texte.

....

2. Constitue une phrase avec les groupes de mots suivants :

sur les baleines – des échantillons – sans leur faire mal – les scientifiques – de peau – prélèvent

....

....

3. a. Dans chaque phrase, entoure le sujet, le complément circonstanciel, souligne le verbe, indique son infinitif.

1. Du bateau, les biologistes étudient le langage des baleines. ....
2. À partir de bateaux, de nombreux scientifiques observent les baleines. ....
3. Ils prennent des notes pendant de longues heures. ....
4. Sur l'océan, plusieurs dangers menacent les baleines. ....
5. Des chasseurs piègent ces cétacés avec des filets. ....

b. Recopie les sujets dans la colonne qui convient.

Groupe nominal	Pronom personnel

c. Récris la phrase 4 en changeant le complément circonstanciel de place.

....

4. Conjugue les verbes entre parenthèses au présent de l'indicatif :

Les chatons (aller) dans le grenier. ....

Sonia (prendre) une douche. ....

Vous (voir) un bel arc en ciel. ....

Nos amis (venir) ce midi pour le déjeuner. ....

Je (pouvoir) emprunter ta gomme ? ....

Vous (dire) toujours des bêtises. ....

Je (vouloir) aller en vacances. ....

Vous (faire) une brioche. ....

5. Conjugue avec *je* puis *vous* et *elles* :
Tu as un masque de plongée, tu es content, tu vas sous l'eau.

....

....

....

6. Récris ce texte au présent avec *je* puis *nous* et enfin *Fiona et Tina.*
Fiona est en classe patrimoine dans un château. Le matin, elle fait des visites. Elle écoute attentivement le guide. Elle prend des notes dans un petit carnet. L'après-midi, elle doit rester dans une salle de classe pour travailler. Avant le diner, elle a le temps d'écrire à ses parents. Ensuite, elle peut jouer ou regarder un film. À la nuit, elle va avec ses copines et la monitrice faire une courte promenade.
Elle aime beaucoup ce moment.

Évaluation CM2

1. Lis le texte

Les baleines sont des mammifères. Ces colosses des mers ne sont pas des poissons. Pour se reproduire, les baleines ne pondent pas des œufs. Elles portent leur petit dans leur ventre et elles l'allaitent. Elles ont besoin de remonter régulièrement à la surface pour prendre de l'air car elles respirent avec des poumons.

Quand les conditions météorologiques le permettent, de nombreux scientifiques observent les baleines. Avec patience, certains d'entre eux étudient leur langage. Sur des bateaux, ces biologistes prennent des notes pendant de longues heures. Sur l'océan, plusieurs dangers menacent gravement les baleines. Des chasseurs piègent illégalement ces cétacés, avec des filets. Des bateaux en percutent de plus en plus. La pollution de l'eau et la pollution sonore perturbent leur système de communication. Enfin, les changements climatiques rendent leur nourriture moins abondante.

a. Indique le nombre de phrases du premier paragraphe : ....

b. Recopie la troisième phrase du deuxième paragraphe : ....

....

c. Recopie les différentes manières de désigner :

la baleine : ....

....

les scientifiques : ....

....

d. Recopie une phrase à la forme négative du texte.

....

2. Constitue une phrase avec les groupes de mots suivants :

des recherches génétiques – sur les baleines – des échantillons – sans leur faire mal – les scientifiques – de peau – prélèvent – pour effectuer

....

....

3. a. Dans chaque phrase, souligne le verbe, indique son infinitif, entoure le sujet et le ou les compléments circonstanciels.

1. Du bateau, les biologistes étudient le langage des baleines. ....
2. Ils prennent des notes pendant de longues heures. ....
3. Sur l'océan, plusieurs dangers menacent les baleines. ....
4. Illégalement, des chasseurs piègent ces cétacés avec des filets. ....
5. La pollution de l'eau et la pollution sonore perturbent leur système de communication. ....
6. Quand les conditions météorologiques le permettent, de nombreux scientifiques observent les baleines. ....

b. Recopie les sujets dans la colonne qui convient.

Groupe nominal	Pronom personnel

c. Récris la phrase 4 en changeant le complément circonstanciel de place.

....

d. Recopie un complément circonstanciel :

qui est un groupe nominal précédé d'une préposition : ....

qui est un adverbe : ....

qui est une partie de phrase : ....

5. Conjugue les verbes entre parenthèses au présent de l'indicatif :

Les chatons (aller) dans le grenier. ....

Sonia (prendre) une douche. ....

Vous (voir) un bel arc en ciel. ....

Nos amis (venir) ce midi pour le déjeuner. ....

Je (pouvoir) emprunter ta gomme ? ....

Vous (dire) toujours des bêtises. ....

Je (vouloir) aller en vacances. ....

Vous (faire) une brioche. ....

Elle (comprendre) l'anglais. ....

6. Conjugue avec *je* puis *vous* et *elles* :
Tu as un masque de plongée, tu es content, tu vas sous l'eau.

....

....

....

7. Récris ce texte au présent avec *je* puis *nous* et enfin *Fiona et Tina*.
Fiona est en classe patrimoine dans un château. Le matin, elle fait des visites. Elle écoute attentivement le guide. Elle prend des notes dans un petit carnet. L'après-midi, elle doit rester dans une salle de classe pour travailler. Avant le diner, elle a le temps d'écrire à ses parents. Ensuite, elle choisit entre jouer ou regarder un film. À la nuit, elle peut aller avec ses copines et la monitrice faire une courte promenade. Elle aime beaucoup ce moment. Elle voit le château différemment et elle imagine des histoires invraisemblables.

JOUR 4 > Production écrite (voir semaine 3)

Semaine 5 — Histoires naturelles, Jules Renard

Autour de textes descriptifs

Jules Renard a tracé le portrait vivant et sensible d'animaux sauvages ou domestiques qu'il voyait évoluer autour de lui.

Le chat
Le mien ne mange pas les souris ; il n'aime pas ça.
Il n'en attrape que pour jouer avec. Après avoir bien joué, il lui fait grâce de la vie, et il va rêver ailleurs, l'innocent, assis dans la boucle de sa queue, la tête bien fermée comme un poing. Mais à cause des griffes, la souris est morte.

Le lapin
Dans une moitié de futaille, Lenoir, le lapin, les pattes au chaud sous la fourrure, mange comme une vache. Il ne fait qu'un seul repas qui dure toute la journée.
Si l'on tarde à lui jeter une herbe fraiche, il ronge l'ancienne jusqu'à la racine, et la racine même occupe les dents.

Le bouc
Il s'avance en tête du troupeau et les brebis le suivent, pêle-mêle, dans un nuage de poussière.
Il a des poils longs et secs qu'une raie partage sur le dos.
Il est moins fier de sa barbe que de sa taille, parce que la chèvre aussi porte une barbe sous le menton.
Quand il passe, les uns se bouchent le nez, les autres aiment ce goût-là.

D'après Jules Renard, *Histoires Naturelles*

Lecture compréhension du texte

- Préciser qu'il s'agit de textes écrits à la fin du XIXe siècle. Pourquoi le chat attrape-t-il des souris ? Pourquoi l'auteur l'appelle-t-il l'innocent ? À qui l'auteur compare-t-il le lapin ? Pourquoi ? De quoi le bouc est-il fier ? Pourquoi ?
- Expliquer : *l'innocent* ; *la moitié d'une futaille* ; *pêle-mêle* ; *une raie*.
- Trouver l'idée générale de chaque texte.
- Trouver à quoi renvoient les mots soulignés. Nommer les pronoms personnels.

JOUR 1 > Transposition du texte

- Faire remarquer que les textes sont écrits au présent de l'indicatif.
- Faire préciser que le texte est écrit à la 3e personne du singulier.
- Transposer oralement au passé, commencer ainsi : *Le mien ne mangeait…* Souligner les verbes et indiquer leur infinitif. Constater que quel que soit le verbe, la terminaison à la 3e personne du singulier est *-ait*. Remarquer comment se prononce et s'écrit : *faisait*.
- Pendant que les CM continuent le texte avec l'enseignant, les CE2 recopient la première et la deuxième phrase non transposées puis transposées. Ils soulignent les verbes conjugués et entourent la terminaison de l'imparfait. Les CM1 écrivent la dernière phrase du texte en vert transposée et non transposée.
- Poursuivre le relevé de *et* (*vivant et sensible, il lui fait grâce de la vie, et il va rêver ailleurs*) et expliciter son rôle.

CE2 — CM1 — CE2/CM1 — CM2 — CM1/CM2 — CE2/CM1/CM2

Collecte

Passé 1

Le mien ne mangeait pas les souris.
Il n'aimait pas ça.
Il lui faisait grâce de la vie.
Il allait rêver ailleurs.
La souris était morte.

Exercices

Transposer à l'imparfait :

Félicie, la vache mange toute la journée. Elle aime l'herbe bien tendre. Elle la broute tranquillement. Sous un arbre, elle mâche et remâche l'herbe. Matin et soir, elle donne son lait. Elle est calme, elle a une vie tranquille.

Texte transposé

Le chat

Le mien ne mangeait pas les souris ; il n'aimait pas ça.
Il n'en attrapait que pour jouer avec. Après avoir bien joué, il lui faisait grâce de la vie, et il allait rêver ailleurs, l'innocent, assis dans la boucle de sa queue, la tête bien fermée comme un poing. Mais à cause des griffes, la souris était morte.

Le lapin

Dans une moitié de futaille, Lenoir, le lapin, les pattes au chaud sous la fourrure, mangeait comme une vache. Il ne faisait qu'un seul repas qui durait toute la journée.
Si l'on tardait à lui jeter une herbe fraiche, il rongeait l'ancienne jusqu'à la racine, et la racine même occupait les dents.

Le bouc

Il s'avançait en tête du troupeau et les brebis le suivaient, pêle-mêle, dans un nuage de poussière.
Il avait des poils longs et secs qu'une raie partageait sur le dos.
Il était moins fier de sa barbe que de sa taille, parce que la chèvre aussi portait une barbe sous le menton.
Quand il passait, les uns se bouchaient le nez, les autres aimaient ce goût-là.

JOURS 2, 3 ET 4 > Structuration : les constituants du groupe nominal, le genre et le nombre

• Il s'agit simplement de faire le point sur ce que l'on vu depuis le début de l'année, les notions de nom, de genre et de nombre se consolideront au fil de l'année :
- identifier les noms, les déterminants : le nom est le mot principal dans le groupe nominal, il est précédé d'un déterminant qui permet de connaitre le genre et le nombre du nom ;
- distinguer les articles définis et indéfinis, les déterminants démonstratifs et les déterminants possessifs ;
- distinguer nom propre/nom commun ;
- identifier le genre et le nombre du nom et des déterminants ;
- prendre conscience des accords.

• Faire lire la page « Groupes nominaux 1 » du cahier de collectes.
Rappeler les activités conduites sur ces groupes nominaux depuis le début de l'année.

• Souligner chaque nom : mot principal du groupe nominal. Quand ils indiquent un animal, une personne ou une chose, le préciser pour les élèves qui ont besoin de ce critère pour identifier le nom.

• Faire remarquer que certains noms commencent par **une majuscule** : *Morgane*, *Tiphaine*... Ces noms sont des **noms propres**, ils désignent des **êtres**, des **éléments uniques**. Certains noms propres ne sont pas précédés d'un déterminant
Demander aux élèves de donner des noms propres : leur prénom, leur nom, le nom de la commune où est l'école, de la commune où ils habitent, d'autres noms de lieux : des pays, des villes, des fleuves et rivières.
Les autres noms sont des **noms communs** (*tailleur*, *fromage*, *oiseau*, *année*...).
Oralement, faire énoncer des noms qui ne figurent pas dans la liste.

• Lister les petits mots qui précèdent les noms : les déterminants ; expliciter leur rôle : ils permettent de connaitre le genre et le nombre des noms. Distinguer les déterminants que l'on trouve devant un nom masculin, un nom féminin et les déterminants qui indiquent le pluriel. Nommer les articles définis et les articles indéfinis.

• Réaliser une affiche regroupant les articles en distinguant les définis et les indéfinis.

• Nommer les déterminants possessifs et les déterminants démonstratifs. Pour chaque déterminant possessif, retrouver le possesseur. Pour chaque déterminant démonstratif, retrouver ce que désignait le groupe nominal.

• Remarquer le déterminant *l'* : *l'œil*. Ce *l'* remplace *la* car on ne dit pas *le œil* ou *la épingle*. Donner d'autres mots avec *l'* : *l'éclair*, *l'armoire*, *l'outil*, *l'ours*, *l'usine*, *l'aigle*, etc. Constater que *l'* s'emploie devant un mot commençant par une voyelle. Constater que le déterminant l' ne permet pas de connaitre directement le genre des noms.

• Faire remarquer que pour les noms propres désignant des êtres animés, le genre des noms est lié à une distinction de sexe : *Tiphaine* (féminin). Trouver des prénoms masculins.

• Attirer l'attention des élèves sur le fait que quand un nom est au pluriel, son genre n'est pas directement identifiable.
Faire donner le genre des noms dans les groupes nominaux suivants :
les tables – des cailloux – nos sacs – tes mains – mes billes – ces feux.
Faire observer la marque du pluriel (s) dans le déterminant et dans le nom (*s* ou *x*).

• Garder une trace écrite dans le cahier. (La trace écrite sur l'adjectif sera inscrite à la suite de celle sur le nom, après son étude.)

Le groupe nominal

• Le **nom** est le mot principal du **groupe nominal** :
les mouches, *un oiseau*, *la tanière*, *les loups*.
Il y a des **noms communs** : *mouches*, *oiseau*, *tanière*,
et des noms propres : *Tiphaine*, *Morgane*.
Les noms propres commencent par une majuscule. Ils désignent des êtres, des lieux uniques.

• Le **déterminant** accompagne le **nom** :
le, *la*, *les*, *l'* sont des articles définis, *un*, *une*, *des* sont des articles indéfinis, *mon*, *ma*, *mes*, *ton*, *ta*, *tes*, *son*, *sa*, *ses*, *notre*, *votre*, *nos*, *vos*, *leur*, *leurs* sont des déterminants possessifs, ces, ce, cet, cette sont des déterminants démonstratifs.

• Le **déterminant** a le même **genre** (masculin ou féminin) et le même **nombre** (singulier ou pluriel) que le **nom** qu'il précède.

	Masculin	Féminin
Singulier	**un** fromage, **l'**oiseau, **le** géant **notre** lit, **mon** pied, **leur** lit **ce** guerrier, **cet** insecte	**la** meute, **une** naissance, **l'**année **ton** écharpe, **sa** poche, **notre** caverne, **cette** année
Pluriel	**les** oiseau**x**, **des** chien**s** **nos** lit**s**, **leurs** pied**s** **ces** insecte**s**	**les** soigneuse**s**, **des** grotte**s**, **mes** poche**s**, **leurs** poche**s**, **ces** caverne**s**

CE2 CM1 CE2 / CM1 CM2 CM1 / CM2 CE2 / CM1 / CM2

Exercices

Recopier les noms communs avec leur déterminant. Entourer de couleurs différentes les articles définis et les articles indéfinis.

Dans la rue, des garçons et des filles partent vers l'école.
Dans ce théâtre, les spectateurs sont assis dans des fauteuils confortables.
Vous lisez un journal documentaire avec des images et des photos.
Dans le zoo, les animaux sont privés de leur liberté.

Recopier les noms propres.

Enzo adore les livres de contes de Charles Perrault.
La Tamise traverse Londres.
Après avoir visité Madrid, nous irons jusqu'à la capitale du Portugal.
Avec Louis, vous aimez aller au musée du Louvre à Paris.

Recopier les noms dans la colonne qui convient.

Noémie rencontre Delphine qui fait des courses au supermarché Casino.
Le chien de mes voisins de Bordeaux s'appelle Cheyenne.
Le roi Louis XIV aimait les pièces de théâtre de Molière.
Pendant la Révolution française, Bonaparte s'est battu en Égypte.

Noms communs	Noms propres

Trouver l'intrus dans chaque série.

train– chapeau – manger – trompette – maison
route – conduire– buisson – voiture – château
téléphone – flaque – écrire – champignon – girafe
peur – boisson – visage – lunettes – écraser – amitié

Écrire des noms et ajoute un intrus. Puis faire deviner l'intrus à ses camarades.

Recopier les noms dans la colonne qui convient.

Pendant la Deuxième Guerre mondiale, des millions de soldats ont perdu la vie dans la bataille de la Marne, à Verdun, dans les tranchées de la Somme ou du Chemin des Dames. Certains ne venaient pas d'Europe, ils venaient d'Afrique, du Canada, d'Australie, de Nouvelle-Zélande car leur pays faisait partie des colonies de la France ou de l'Angleterre.

Noms communs	Noms propres

Recopier les phrases où le mot souligné est un nom :

Il plante un arbre.
Cette plante a besoin d'eau.
Il crie pour rien.
Vous avez poussé un cri horrible.
Il danse bien.
Les élèves ont préparé une danse pour la kermesse.
Elle se douche tous les soirs.
Il prend une douche.
Le savon mousse dans le bain.
Les champignons poussent dans la mousse.

Classe les groupes nominaux suivants dans le tableau :

une tigresse – les outils – des crayons – mes gommes – un camion – des nuages – le château – la guitare – la mallette – ton chapeau – l'anniversaire – l'ordinateur – cet arbre – ces fleurs – ce chameau – ces jongleurs.

	Masculin	Féminin
Singulier		
Pluriel		

Entourer de couleurs différentes les déterminants possessifs et les déterminants démonstratifs.

Recopier les noms en changeant leur nombre.

COLLECTES de la semaine 5

Le mien ne mangeait pas les souris.
Il n'aimait pas ça.
Il lui faisait grâce de la vie.
Il allait rêver ailleurs.
La souris était morte.

Semaine 6 Histoires naturelles

Autour de textes descriptifs

Toi, le chat
Toi, mon chat, tu ne mangeais pas les souris ; tu n'aimais pas ça.
Tu n'en attrapais que pour jouer avec. Après avoir bien joué, tu lui faisais grâce de la vie, et tu allais rêver ailleurs, toi l'innocent, assis dans la boucle de ta queue, la tête bien fermée comme un poing. Mais à cause des griffes, la souris était morte.

Toi, le lapin
Dans une moitié de futaille, toi, Lenoir, le lapin, les pattes au chaud sous la fourrure, tu mangeais comme une vache. Tu ne faisais qu'un seul repas qui durait toute la journée.
Si l'on tardait à te jeter une herbe fraiche, tu rongeais l'ancienne jusqu'à la racine, et la racine même occupait les dents.

Toi, le bouc
Tu t'avançais en tête du troupeau et les brebis te suivaient, pêle-mêle, dans un nuage de poussière.
Tu avais des poils longs et secs qu'une raie partageait sur le dos.
Tu étais moins fier de ta barbe que de ta taille, parce que la chèvre aussi portait une barbe sous le menton.
Quand tu passais, les uns se bouchaient le nez, les autres aimaient ce goût-là.

JOUR 1 > Transposition du texte

- Transposer oralement à la 2e personne du pluriel ; souligner les verbes et indiquer leur infinitif. Constater que quel que soit le verbe, la terminaison à la 2e personne du singulier est *-ais* (il y a un *-s* comme pour tous les verbes à tous les temps) et que la terminaison à la 2e personne du pluriel est *-iez* (il y a un *-z* comme presque tous les verbes à tous les temps).
- Pendant que les CM continuent le texte avec l'enseignant, les CE2 recopient la deuxième phrase du premier paragraphe non transposée, puis transposée. Ils soulignent les verbes conjugués et entourent la terminaison de l'imparfait. Puis les CM1 recopient la première phrase et la deuxième phrase.

Collecte

Passé 1
Tu ne mangeais pas les souris.
Vous ne mangiez pas les souris.
Tu n'aimais pas ça.
Vous n'aimiez pas ça.
Tu lui faisais grâce de la vie.
Vous lui faisiez grâce de la vie.
Tu allais rêver ailleurs.
Vous alliez rêver ailleurs.

Exercice

Transposer à l'imparfait à la 2e personne du singulier (*Toi, Félicie*) puis du pluriel (*Vous, Félicie et Eulalie*).
Félicie, la vache mange toute la journée. Elle aime l'herbe bien tendre. Elle la broute tranquillement. Sous un arbre, elle mâche et remâche l'herbe. Matin et soir, elle donne son lait. Elle est calme, elle a une vie tranquille.

Texte transposé

Vous, les chats

Vous, mes chats, vous ne mangiez pas les souris ; vous n'aimiez pas ça.

Vous n'en attrapiez que pour jouer avec. Après avoir bien joué, vous lui faisiez grâce de la vie, et vous alliez rêver ailleurs, vous les innocents, assis dans la boucle de votre queue, la tête bien fermée comme un poing.

Mais à cause des griffes, la souris était morte.

Vous, les lapins

Dans une moitié de futaille, vous, Lenoir et Leblanc, les lapins, les pattes au chaud sous la fourrure, vous mangiez comme une vache. Vous ne faisiez qu'un seul repas qui durait toute la journée.

Si l'on tardait à vous jeter une herbe fraiche, vous rongiez l'ancienne jusqu'à la racine, et la racine même occupait les dents.

Vous, les boucs

Vous vous avanciez en tête du troupeau et les brebis vous suivaient, pêle-mêle, dans un nuage de poussière.

Vous aviez des poils longs et secs qu'une raie partageait sur le dos.

Vous étiez moins fiers de votre barbe que de votre taille, parce que la chèvre aussi portait une barbe sous le menton.

Quand vous passiez, les uns se bouchaient le nez, les autres aimaient ce goût-là.

JOUR 2 > Activités sur les phrases

- Compter le nombre de phrases du texte *Toi le chat*. Lire plusieurs phrases déclaratives.
- Lire la première phrase du texte et faire dire la phrase affirmative correspondante. Faire entourer les mots de la négation.
- Dans chaque phrase, entourer avec des couleurs différentes le sujet et le ou les compléments circonstanciels, souligner le verbe. Donner l'infinitif du verbe et son groupe. Lire les phrases en déplaçant puis en supprimant les compléments supprimables et déplaçables (les compléments circonstanciels). Constater que certains sujets sont des groupes nominaux. Les remplacer par des pronoms.

Dans le grenier, tous les matins, le chat de l'auteur attrape des souris.
Ensuite, il les relâche.
Au passage du bouc, certaines personnes se bouchaient le nez.
Récrire les phrases en changeant les compléments circonstanciels de place.
Dans la dernière phrase en noir, remplacer les par le groupe de mots qu'il remplace.
Trouver le sujet et le verbe :
La souris était morte. Récrire avec *les souris*.
Constater les accords avec le sujet et la présence du verbe *être*.
Le bouc était fier. Récrire avec *Les boucs*, *La chèvre*, *Les chèvres*.

Collecte

Phrases négatives et phrases affirmatives correspondantes

Toi, mon chat, tu ne mangeais pas les souris ; tu n'aimais pas ça.
Toi, mon chat, tu mangeais les souris ; tu aimais ça.

Attributs

La souris était morte. Les souris étaient mortes.
Le bouc était fier. Les boucs étaient fiers. La chèvre était fière. Les chèvres étaient fières.

Exercices

Dans les phrases suivantes, entourer le sujet, souligner le verbe. Indiquer si le sujet est un groupe nominal ou un pronom. Entourer les compléments qui peuvent être déplacés et supprimés (les compléments circonstanciels).

Dans le grenier, le chat gris guette une souris.
Près d'un buisson, deux jeunes lapins mangent de l'herbe fraiche.
Le bouc suit le troupeau de chèvres.

Ajouter un complément circonstanciel au début de chaque phrase.

Les fraises murissent.
Les seigneurs habitaient des châteaux.
Les grenouilles coassent.
L'écureuil ramasse des noisettes.
Les nuages deviennent noirs.
Les coureurs s'entrainent.
Le renard mange les poules.

JOUR 3 > Activités sur les groupes nominaux

- Dans le texte sur le chat, le texte sur le lapin, le texte sur le bouc, relever les noms avec leur déterminant.
- Dans les groupes nominaux suivants, retrouver le mot qui donne un renseignement sur le nom :
un chat endormi, *une herbe fraiche*, *des poils longs et secs*.

Exercices

Classer les groupes nominaux suivant leur genre et leur nombre. Entourer de couleurs différentes les articles définis et les articles indéfinis. Recopier les trois déterminants possessifs.

la fourrure, *ses pattes*, *une barbe*, *des poils*, *l'herbe*, *des bras*, *des souris*, *un corps*, *tes moustaches*, *sa queue*.

Les récrire en changeant leur nombre.

JOUR 4 > Vocabulaire et production écrite

Vocabulaire

Dans le dictionnaire chercher le nom *chat*. Observer l'abréviation qui indique qu'il s'agit d'un nom. Par quel nom général est-il défini ?
Relever les noms de la double page du dictionnaire où l'on a trouvé le nom *chat*.
Rechercher avec les élèves quel nom général pourrait être donné aux séries suivantes :
dahlia, rose, tulipe, pâquerette
girafe, lion, tigre, éléphant
pelle, bêche, pioche, tournevis
judo, football, tennis, patinage
Londres, Paris, Lyon, Rouen, Marseille
Préciser qu'on appelle ce mot général : mot étiquette ou terme générique.
Compléter la liste de noms particuliers pour les cinq mots étiquettes.
Définir quelques-uns des mots particuliers en utilisant le mot-étiquette. Exemple : *Le judo est un sport de combat*.
Rechercher les noms particuliers pour les termes génériques : *instruments de musique*, *vêtements*, *véhicules*, *arbres*, *métiers*, *récipients*, *bijoux*, *sentiments*, *habitations*, *insectes*.

Production écrite

Choisir un animal et le décrire à travers un trait caractéristique de son physique, une activité, une particularité de son caractère etc. Exemple : *Le chien qui ne pense qu'à aller se promener, le cochon qui adore la boue, le paon, fier de sa queue qui se pavane, le coq qui réveille tout le monde de bonne heure*, etc.
Utiliser l'imparfait.
Relire le texte produit en veillant à la ponctuation, aux terminaisons de l'imparfait et aux accords dans les groupes nominaux.

COLLECTES de la semaine 6

Tu ne mangeais pas les souris.
Vous ne mangiez pas les souris.
Tu n'aimais pas ça.
Vous n'aimiez pas ça.
Tu lui faisais grâce de la vie.
Vous lui faisiez grâce de la vie.
Tu allais rêver ailleurs.
Vous alliez rêver ailleurs.

Toi, mon chat, tu ne mangeais pas les souris ; tu n'aimais pas ça.
Toi, mon chat, tu mangeais les souris ; tu aimais ça.

La souris était morte. Les souris étaient mortes.
Le bouc était fier. Les boucs étaient fiers. La chèvre était fière. Les chèvres étaient fières.

Semaine 7 Évaluation sur le groupe nominal

Évaluation CE2

Il s'agit d'évaluer si les élèves savent :
- identifier les constituants d'un groupe nominal : déterminants, noms dont nom commun, nom propre ;
- classer les noms suivant leur genre et leur nombre.

Évaluation CM1

Il s'agit d'évaluer si les élèves savent :
- identifier les constituants d'un groupe nominal : déterminants (articles définis, articles indéfinis, déterminants démonstratifs, déterminants possessifs), noms dont nom commun, nom propre ;
- classer les noms suivant leur genre et leur nombre.

Évaluation CM2

Il s'agit d'évaluer si les élèves savent :
- repérer un groupe nominal dans un texte ;
- identifier les constituants d'un groupe nominal : déterminants (articles définis, articles indéfinis, déterminants démonstratifs, déterminants possessifs), nom dont nom commun ou nom propre ;
- classer les noms suivant leur genre et leur nombre.

Évaluation CE2

1. Dans chaque groupe nominal, retrouve le déterminant, le nom puis recopie chaque mot dans la colonne qui convient. Entoure de couleurs différentes les articles, les déterminants possessifs et les déterminants démonstratifs.
les baleines – Hector Malot – un scientifique – les biologistes – ses œufs – leur ventre – Adrien – la reproduction.

Déterminants	Noms communs	Noms propres

2. Recopie les groupes nominaux suivants en les classant suivant leur genre et leur nombre :
des mammifères – le ventre – des poumons – l'heure – le bateau – les baleines – la surface.

	Masculin	Féminin
Singulier		
Pluriel		

Évaluation CM1

1. Dans chaque groupe nominal, retrouve le déterminant, le nom puis recopie chaque mot dans la colonne qui convient. Entoure de couleurs différentes les articles, les déterminants possessifs et les déterminants démonstratifs.
les baleines – Hector Malot – un scientifique – les biologistes – des œufs – leur ventre – Adrien – la reproduction – l'Atlantique – ce laboratoire – ses nageoires – votre bateau – ces scientifiques.

Déterminants	Noms communs	Noms propres

2. Recopie les groupes nominaux suivants en les classant suivant leur genre et leur nombre :
des mammifères – le ventre – des poumons – l'heure – le bateau – les baleines – la surface – un langage – la patience – les conditions.

	Masculin	Féminin
Singulier		
Pluriel		

Évaluation CM2

1. Lis le texte

Les baleines sont des mammifères. Ces colosses ne sont pas des poissons. Les baleines ont besoin de remonter régulièrement à la surface pour prendre de l'air car elles respirent avec des poumons.

Des scientifiques observent les baleines pendant des heures et ils prennent des notes.

Sur l'océan, plusieurs dangers menacent gravement les baleines. Des chasseurs piègent illégalement ces cétacés, avec des filets. Des bateaux en percutent de plus en plus.

2. Souligne les groupes nominaux.

3. Entoure de couleurs différentes articles définis, articles indéfinis, déterminants démonstratifs, déterminants possessifs.

4. Recopie les groupes nominaux suivants en les classant suivant leur genre et leur nombre :

des animaux – leur tête – des nageoires – l'heure – le bateau – les otaries – la mer – des requins – la patience – les conditions.

	Masculin	Féminin
Singulier		
Pluriel		

Période 3

Janvier - Février

Programmation

SEMAINE	JOUR	SÉQUENCES
1 Autour d'une nouvelle	1 2 3 4	• Lecture du texte *Les frères de Mowgli* ; transposition au passé composé/imparfait, 1re personne du singulier. • Activités sur les phrases. • Activités sur les groupes nominaux et sur les classes de mots. • Vocabulaire et production écrite.
2 Autour d'une nouvelle	1 2 3	• Lecture du texte au passé *La Fleur Rouge* ; transposition à la 1re personne du pluriel. • Activités sur les phrases. • **Structuration : l'adjectif qualificatif épithète dans le groupe nominal.**
3 Autour d'une nouvelle	1 2 et 3 4	• Transposition du texte au passé *La Fleur Rouge* ; transposition à la 3e personne du pluriel. • **Structuration : l'imparfait.** • Vocabulaire et production écrite.
4 Autour d'un roman	1 2 3 4	• Lecture du texte *Un garçon malin* : transposition au passé composé/imparfait. • Activités sur les phrases. • Activités sur les groupes nominaux et sur les classes de mots. • Vocabulaire et production écrite.
5 Autour d'un compte-rendu	1 2 3 4	• Lecture du texte au passé composé *Une expérience en sciences* ; transposition à la 2e personne du singulier. • Activités sur les phrases. • Activités sur les groupes nominaux et sur les classes de mots. • **Évaluation sur l'imparfait.**
6 Autour d'un texte documentaire	1 2 3 4	• Lecture du texte *La traversée de la Manche*, transposition au passé composé. • Activités sur les phrases. • Activités sur les groupes nominaux et sur les classes de mots. • Vocabulaire et production écrite.
7		• **Évaluation sur la phrase et l'adjectif qualificatif épithète.**

CE2 CM1 CE2/CM1 CM2 CM1/CM2 CE2/CM1/CM2

Semaine 1 Le Livre de la Jungle

Autour d'une nouvelle

Les frères de Mowgli

À mon arrivée dans la jungle, j'ai de la chance, je suis adopté par le Clan des loups. Je grandis parmi les louveteaux. Père Loup m'enseigne la jungle et la chasse. Mère Louve me donne toute sa tendresse. Toute la journée, je grimpe aux arbres. Pour me balancer de branche en branche, je suis habile et agile comme les singes. Parfois à la tombée de la nuit, je descends à la lisière de la forêt et je regarde le village des Hommes, sur les terres cultivées. Mais je me méfie des hommes car ils tendent des pièges pour mes frères Loups. Je parle le langage des bêtes et je sais que Shere Khan me hait et essaie de dresser la meute contre moi : des jeunes Loups, les poils hérissés et la gueule menaçante contre moi, écoutent le Tigre boiteux.

Bagheera la Panthère doit me protéger contre les Loups rebelles. Un matin, elle me montre dans la plaine la « Fleur Rouge » : « Si tu arrives à la dérober et à la ramener dans la jungle, tu seras le Maitre du Clan des Loups. » Ce que Bagheera appelle, en langage animal, la Fleur Rouge, c'est le feu.

Aussitôt, je plonge dans les broussailles de la forêt jusqu'aux terres cultivées et au village.

D'après Rudyard Kipling, *Le Livre de la Jungle*

Lecture compréhension du texte

- Lire aux élèves l'arrivée de Mowgli dans la jungle :

« À l'entrée de la caverne, le bruissement se fait plus précis et plus net. Une chose étonnante alors se produit : un petit d'homme, brun et tout nu, le plus beau et le plus potelé des Petits d'Homme qui soient et qui peut à peine marcher, apparait dans la lumière laiteuse de la lune. Et l'enfant voit Père Loup, et l'Enfant se met à rire… »

Constater que les animaux sont nommés par des noms avec des majuscules.

- Par qui Mowgli est-il adopté à son arrivée dans la jungle ? Qui sont ses frères ? Qui le déteste ? Pourquoi se méfie-t-il des Hommes ? Qu'est-ce que la Fleur Rouge ? Pourquoi ce nom ?
- Expliquer : *habile ; agile ; la tombée de la nuit ; la lisière ; hait ; hérissé ; dresser la meute contre. ; rebelle ; dérober ; broussailles.*
- Compter le nombre de paragraphes et donner l'idée essentielle de chacun.
- Interpréter la ponctuation : les guillemets. Retrouver les paroles de Bagheera.
- Relever les mots ou groupes de mots qui donnent des indications de temps : *À mon arrivée dans la jungle ; toute la journée ; parfois, un jour ; aussitôt.*
- Relever les mots ou groupes de mots qui indiquent des lieux : *parmi…, à…, sur…, dans…, jusqu'…*
- Relever les connecteurs logiques : *mais ; car.*
- Trouver qui est désigné par les mots soulignés. Nommer les pronoms personnels sujets. Relever les différentes manières de désigner les loups qui n'aiment pas Mowgli.

JOUR 1 > Transposition du texte

- Faire constater que le texte est écrit au présent de l'indicatif.
- Transposer le texte au passé en employant passé composé et imparfait.
- Bien lire le texte à l'oral en le transposant puis écrire les changements au tableau. Les faire peu à peu écrire par les élèves sur leur cahier ou leur ardoise. Faire remarquer les changements des verbes au moment où on les écrit, les nommer en précisant leur infinitif, souligner les verbes au passé composé et constater qu'ils sont en deux parties. Nommer l'auxiliaire et le participe passé. Revoir les terminaisons de l'imparfait qui ont été vues dans les textes précédents : *Elle était, tu mangeais, vous alliez.* Constater la présence de *-ai*, marque de l'imparfait.

Les CE2 s'arrêtent à « Tigre boiteux » et recopient les 5e et 6e phrases non transposées puis transposées du premier paragraphe. Poursuivre avec les CM. Puis les CM1 recopient les 5e et 6e phrases non transposées puis transposées du premier paragraphe. Poursuivre avec les CM2.

CE2 CM1 CE2/CM1 CM2 CM1/CM2 CE2/CM1/CM2

Collecte

Passé 1

Toute la journée, je grimpais aux arbres.
J'étais habile et agile comme les singes.
Je parlais le langage des bêtes.
Des jeunes loups écoutaient le Tigre boiteux.
Shere Khan me haïssait.
Il essayait de dresser la meute contre moi.

Passé 2

Père Loup m'a enseigné la jungle et la chasse.

Passé 3

J'ai eu de la chance.
J'ai grandi parmi les louveteaux.

Exercice

Transposer à l'imparfait.

Baloo est un vieil ours. Il sait où se cache le miel. Il aime bien Mowgli et il le défend toujours contre Shere Khan. Quand Shere Khan rugit, Baloo arrive pour protéger Mowgli. Les jeunes loups sont jaloux de Mowgli et ils réclament son départ.

Texte transposé

Les frères de Mowgli

À mon arrivée dans la jungle, j'ai eu de la chance, j'ai été adopté par le Clan des loups. J'ai grandi parmi les louveteaux. Père Loup m'a enseigné la jungle et la chasse. Mère Louve m'a donné toute sa tendresse. Toute la journée, je grimpais aux arbres. Pour me balancer de branche en branche, j'étais habile et agile comme les singes. Parfois à la tombée de la nuit, je descendais à la lisière de la forêt et je regardais le village des Hommes, sur les terres cultivées. Mais je me méfiais des hommes car ils tendaient des pièges pour mes frères Loups. Je parlais le langage des bêtes et je savais que Shere Khan me haïssait et essayait de dresser la meute contre moi : des jeunes Loups, les poils hérissés et la gueule menaçante contre moi, écoutaient le Tigre boiteux.

Bagheera la Panthère devait me protéger contre les Loups rebelles. Un matin, elle m'a montré dans la plaine la " Fleur Rouge " : « Si tu arrives à la dérober et à la ramener dans la jungle, tu seras le Maitre du Clan des Loups. » Ce que Bagheera appelait, en langage animal, la Fleur Rouge, c'était le feu.

Aussitôt, j'ai plongé dans les broussailles de la forêt jusqu'aux terres cultivées et au village.

CE2 · CM1 · CE2/CM1 · CM2 · CM1/CM2 · CE2/CM1/CM2

JOUR 2 > Activités sur les phrases

Relire le texte *Les frères de Mowgli.* Lire plusieurs phrases déclaratives.

- Lire ce que la Panthère dit à Mowgli.
- Constituer une phrase :

la Fleur Rouge – le jeune Mowgli – pour la donner aux Hommes – veut dérober – au Clan des loups.

- Dans chaque phrase, entourer le sujet et le complément supprimable et déplaçable (le complément circonstanciel), souligner le verbe, indiquer son infinitif et son groupe. Lire les phrases en déplaçant ces compléments puis en les supprimant.

À mon arrivée dans la jungle, j'ai eu de la chance.
Toute la journée, les hommes tendaient des pièges.
Un matin, Bagheera la Panthère montre la « Fleur Rouge » à Mowgli.
Aussitôt, j'ai regardé les terres cultivées et le village.
Constater que certains sujets sont des groupes nominaux. Les remplacer par des pronoms.

- Faire donner la nature des compléments circonstanciels dans les deux dernières phrases, ainsi que s'ils sont de lieu ou de temps.
- Constater que, proche du verbe, il y a un groupe de mots qui ne peut être ni supprimé ni déplacé (*de la chance*, *des pièges*, *la fleur rouge à Mowgli*, *les terres cultivées et le village*).

Les CE2 entourent le sujet, soulignent le verbe, donnent son infinitif et récrivent la phrase en changeant de place le groupe qui peut l'être : *À la tombée de la nuit, le jeune Mowgli regardait le village des Hommes.*

- Trouver le sujet et le verbe :

Mowgli était agile et habile. Récrire *avec les singes* comme sujet.
Constater les accords avec le sujet et la présence du verbe *être*.

Collecte

Compléments 2

Tous les jours, les hommes tendaient des pièges.
Un matin, Bagheera la Panthère montre la « Fleur Rouge » à Mowgli.

Attributs

Mowgli était agile et habile. Les singes étaient agiles et habiles.

Exercices

Constituer une phrase :

les huttes – dans le village des hommes – éclaire – la Fleur rouge
Mowgli – Le Maitre du Clan des Loups – contre Shere Khan – protège – le Tigre boiteux

Dans les phrases suivantes, entourer le sujet, le complément supprimable et déplaçable (circonstanciel), souligner le verbe. Indiquer si le sujet est un groupe nominal ou un pronom. Récrire la phrase en changeant de place le complément qui peut l'être (le complément circonstanciel). Indiquer la nature des sujets et des compléments circonstanciels.

Avec les Loups, je parlais le langage des bêtes.
Dans la jungle, Shere Khan dressait les jeunes Loups contre Mowgli.
Avec attention, les jeunes Loups écoutaient les discours du Tigre boiteux.

JOUR 3 > Activités sur les groupes nominaux et sur les classes de mots

- Relever dans le texte les noms propres, des groupes nominaux avec des déterminants différents.

Classer ces groupes nominaux suivant leur genre et leur nombre et les récrire en changeant leur nombre.

- Dans les groupes nominaux suivants, remplacer le mot souligné par un autre :
- *les terres <u>cultivées</u>, les poils <u>hérissés</u>, la gueule <u>menaçante</u>, le Tigre <u>boiteux</u>, les Loups <u>rebelles</u>*
- Dans le texte, relever les verbes à l'infinitif.

CE2 · CM1 · CE2/CM1 · CM2 · CM1/CM2 · CE2/CM1/CM2

Collecte

Groupes nominaux 2

les terres cultivées
les poils hérissés
la gueule menaçante
le Tigre boiteux
les Loups rebelles

Groupes nominaux 3

le Clan des loups
Les frères de Mowgli
la lisière de la forêt
le village des Hommes
le langage des bêtes

Exercices

Classer les groupes nominaux suivant leur genre et leur nombre :
cette jungle – ces singes – les arbres – des branches – le langage – les bêtes – mes frères – le discours – son enseignement – la meute – son arme – ton image

Entourer de couleurs différentes les articles définis et les articles indéfinis.

Recopier les déterminants démonstratifs. Souligner les déterminants possessifs.

JOUR 4 > Vocabulaire et production écrite

Vocabulaire

- Chercher le mot *hérisser* dans le dictionnaire ; noter le mot de la même famille : *hérisson*. Remarquer les deux sens du mot.

Chercher le mot *rebelle* dans le dictionnaire ; noter son synonyme : *révolté*. Faire constater que le mot est un adjectif mais aussi un nom.

Chercher des synonymes puis donner les contraires de : *habile*, *agile*, *haïr*, *lisière*, *dérober*, *désarroi*…

- Travailler la comparaison : *habile et agile comme les singes.*

Trouver le mot qui indique qu'il y a une comparaison.
Observer les comparaisons ; compléter les suivantes puis en créer d'autres.
Le chat est noir comme le charbon.
Ses yeux scintillent comme des étoiles.
Le trou est profond comme un puits.
un ciel bleu comme… ; le visage rouge comme… ; lent comme…, rapide comme…

Production écrite

Imaginer que l'on est Mowgli et raconter la vie dans la jungle en employant l'imparfait. Rechercher des idées d'actions à décrire : *grimper aux arbres, voler de branche en branche, manger du miel, regarder Bagheera chasser, nager dans les étangs avec Kaa le python, écouter les bruits de la jungle…*

Commencer le texte collectivement, puis rédiger deux, trois ou quatre phrases. Relire le texte en veillant à la ponctuation, aux terminaisons de l'imparfait ainsi qu'à l'enchainement des phrases.

COLLECTES de la semaine 1

Toute la journée, je grimpais aux arbres.
J'étais habile et agile comme les singes.
Je parlais le langage des bêtes.
Des jeunes loups écoutaient le Tigre boiteux.
Shere Khan me haïssait.
Il essayait de dresser la meute contre moi.

Père Loup m'a enseigné la jungle et la chasse.

J'ai eu de la chance.
J'ai grandi parmi les louveteaux.

Tous les jours, les hommes tendaient des pièges.
Un matin, Bagheera la Panthère montre la « Fleur Rouge » à Mowgli.

Mowgli était agile et habile. Les singes étaient agiles et habiles.

---

les terres cultivées
les poils hérissés
la gueule menaçante
le Tigre boiteux
les Loups rebelles

---

le Clan des loups
les frères de Mowgli
la lisière de la forêt
le village des Hommes
le langage des bêtes

CE2 CM1 CE2/CM1 CM2 CM1/CM2 CE2/CM1/CM2

Semaine 2 Le Livre de la Jungle

Autour d'une nouvelle

La Fleur Rouge

Tapi derrière un buisson touffu, je ne bougeais pas, j'observais le village. J'étais arrivé depuis plusieurs heures, quand quelqu'un est sorti d'une maison. Il tenait dans ses mains un pot où brillait une flamme. J'ai sauté, j'ai arraché ce talisman que je convoitais et je suis retourné dans la jungle en courant. La Fleur Rouge était à moi ! J'ai porté le pot à la caverne, j'ai surveillé les braises chaudes, j'ai entretenu le feu avec des branchages.

Le Maitre des loups vieillissait, il manquait ses proies, il n'y voyait plus très bien. Un jour, Shere Khan a osé réclamer ma chair au Conseil supérieur des loups. Certains Loups hurlaient avec Shere Khan : « Mowgli n'est pas un loup, c'est un Homme ! Qu'il retourne avec les Hommes ! » Ils fouettaient rageusement l'espace avec leur queue. Alors j'ai dressé le pot de braise devant eux. J'ai incendié une branche d'arbre. Tous les animaux ont reculé de terreur. J'étais désormais le Maitre.

Mais je ne voulais pas de guerre à l'intérieur du Clan. Je savais que je n'étais pas un loup. L'eau des rivières et des lacs qui faisait miroir me le montrait. Alors, j'ai dit adieu à ma mère Louve. Les petits ont voulu m'accompagner jusqu'à l'orée de la forêt. Je leur ai fait une promesse :

« Je reviendrai, je tuerai Shere Khan et j'exposerai sa peau sur le Rocher du Conseil. »

Et j'ai descendu la colline vers ce qu'on appelle les Hommes.

D'après Rudyard Kipling, *Le Livre de la Jungle*

Lecture compréhension du texte

- Comment Mowgli a-t-il réussi à s'emparer de la Fleur Rouge ? À quelle occasion se sert-il de la Fleur Rouge ? Si le Maitre des Loups avait été plus jeune, Shere Khan aurait-il osé demander la chair de Mowgli au Conseil ? Pourquoi Mowgli quitte-t-il les Loups ? Quelle promesse fait Mowgli ?
- Expliquer : *tapi* ; *ce talisman* ; *les braises* ; *entretenir le feu* ; *rageusement* ; *terreur* ; *l'orée de la forêt*.
- Compter le nombre de paragraphes et donner l'idée essentielle de chacun.
- Interpréter la ponctuation : les guillemets, le point d'exclamation. Retrouver les paroles des Loups.
- Relever les mots ou groupes de mots qui donnent des indications de temps : *À un moment* ; *un jour* ; *aussitôt*.
- Relever les mots ou groupes de mots qui indiquent des lieux : *parmi…* ; *à…* ; *sur…* ; *dans…* ; *jusqu'…*
- Relever les connecteurs logiques : *alors* ; *désormais* ; *mais*,
- Trouver qui est désigné par les mots soulignés. Nommer les pronoms personnels sujets.

JOUR 1 > Transposition du texte

- Faire constater que le texte est écrit au passé. Retrouver la phrase au futur.
- Transposer le texte en remplaçant *je* par *nous* (Mowgli et son frère).
- Bien lire le texte à l'oral en le transposant puis écrire les changements au tableau, les faire peu à peu écrire par les élèves sur leur cahier ou leur ardoise. Faire remarquer les changements des verbes au moment où on les écrit, les nommer en précisant leur infinitif, revoir les terminaisons connues de l'imparfait, souligner les verbes au passé composé et constater qu'ils sont en deux parties. Nommer l'auxiliaire et le participe passé. Les CE2 s'arrêtent à « le Maitre » et recopient les première et dernière phrases non transposées puis transposées du premier paragraphe. Poursuivre avec les CM. Puis les CM1 recopient les première et dernière phrases non transposées puis transposées du premier paragraphe. Poursuivre avec les CM2.

Collecte

Passé 1

Je ne bougeais pas, j'observais le village.
Nous ne bougions pas, nous observions le village.
Il n'y voyait plus très bien.
Certains Loups hurlaient avec Shere Khan.
Ils fouettaient rageusement l'espace avec leur queue.
Le Maitre des loups vieillissait.

Passé 2

J'ai porté le pot à la caverne. Nous avons porté le pot à la caverne.
J'ai sauté, j'ai arraché ce talisman. Nous avons sauté, nous avons arraché ce talisman.
Tous les animaux ont reculé de terreur.

Passé 4

Je suis retourné dans la jungle en courant. Nous sommes retournés dans la jungle en courant.

Passé 7

J'étais arrivé depuis plusieurs heures.
Nous étions arrivés depuis plusieurs heures.

Exercices

Transposer à l'imparfait avec *je* puis *nous*.

Je suis avec les singes. Ils vivent dans une ville en ruine. Je danse et chante avec eux. Ils me soignent bien et je mange des fruits.

Transposer à l'imparfait et au passé composé.

Les serpents du Rocher sont des pythons. Ils aiment se chauffer au soleil. Ils acceptent de retrouver Mowgli. Baloo et Bagheera aident les serpents à délivrer Mowgli.

Texte transposé

La Fleur Rouge

Tapis derrière un buisson touffu, nous ne bougions pas, nous observions le village. Nous étions arrivés depuis plusieurs heures, quand quelqu'un est sorti d'une maison. Il tenait dans ses mains un pot où brillait une flamme. Nous avons sauté, nous avons arraché ce talisman que nous convoitions et nous sommes retournés dans la jungle en courant. La Fleur Rouge était à nous ! Nous avons porté le pot à la caverne, nous avons surveillé les braises chaudes, nous avons entretenu le feu avec des branchages. Le Maitre des loups vieillissait, il manquait ses proies, il n'y voyait plus très bien. Un jour, Shere Khan a osé réclamer notre chair au Conseil supérieur des loups. Certains Loups hurlaient avec Shere Khan : « Mowgli et son frère ne sont pas des loups, ce sont des Hommes ! Qu'ils retournent avec les Hommes ! » Ils fouettaient rageusement l'espace avec leur queue. Alors, nous avons dressé le pot de braise devant nous. Nous avons incendié une branche d'arbre. Tous les animaux ont reculé de terreur. Nous étions désormais les Maitres.

Mais nous ne voulions pas de guerre à l'intérieur du Clan. Nous savions que nous n'étions pas des loups. L'eau des rivières et des lacs qui faisait miroir nous le montrait. Alors, nous avons dit adieu à notre mère Louve. Les petits ont voulu nous accompagner jusqu'à l'orée de la forêt. Nous leur avons fait une promesse : « Nous reviendrons, nous tuerons Shere Khan et nous exposerons sa peau sur le Rocher du Conseil. » Et nous avons descendu la colline vers ce qu'on appelle les Hommes.

CE2 CM1 CE2 / CM1 CM2 CM1 / CM2 CE2 / CM1 / CM2

JOUR 2 > Activités sur les phrases

- Relire le texte *La Fleur Rouge*.
- Lire le premier paragraphe et indiquer le nombre de phrases. Comparer avec le nombre de lignes.
- Lire les parties de phrases négatives. Les transformer à la forme affirmative.
- Lire les deux phrases déclaratives à la forme exclamative et la phrase impérative à la forme exclamative. Constater que l'exclamation indique la joie de Mowgli et la colère des loups.
- Constituer une phrase :
le pot avec le feu – Mowgli – des mains d'un Homme – a arraché – un jour – il l'a emporté – et – dans la jungle
- Dans chaque phrase, entourer le sujet et le complément supprimable et déplaçable (complément circonstanciel), souligner le verbe, indiquer son infinitif et son groupe. Lire les phrases en déplaçant ces compléments puis en les supprimant.
De temps en temps, le Maitre des loups manquait ses proies.
Derrière un buisson touffu, Mowgli observait le village.
L'Homme tenait un pot avec une flamme dans ses mains.
Toute la journée, Mowgli a surveillé les braises chaudes.
À cause de certains loups, Mowgli quitte sa mère Louve.
- Faire indiquer si les compléments circonstanciels sont de temps, de lieu ou de cause.
Constater que, proche du verbe, il y a un groupe de mots qui ne peut être ni supprimé ni déplacé (*les proies*, *le village*, *un pot avec une flamme*, *les braises chaudes*, *sa mère Louve*. Indiquer que ce groupe complète le verbe ; c'est **un complément d'objet**.
Faire souligner les verbes dans la phrase suivante :
Nous reviendrons, nous tuerons Shere Khan et nous exposerons sa peau sur le Rocher du Conseil.

Collecte

Phrases négatives et phrases affirmatives correspondantes.
Nous ne bougions pas. Nous bougions.
Il n'y voyait plus très bien. Il y voyait encore très bien. Il y voyait toujours très bien.
Mowgli et son frère ne sont pas des loups. Mowgli et son frère sont des loups.

Compléments 2
Derrière un buisson touffu, Mowgli observait le village.

Exercices

Constituer une phrase :
les petits loups – Mowgli – ont voulu – jusqu'à la lisière – accompagner – de la forêt
le sol – avec leur queue – les jeunes loups – pour montrer leur colère – fouettent – à Mowgli

Dans les phrases suivantes, entourer le sujet, les compléments supprimables et déplaçables (circonstanciels), souligner le verbe. Indiquer si le sujet est un groupe nominal ou un pronom.
Avec leur queue, les loups fouettaient l'espace.
Nous avons entretenu le feu avec des branchages.
Un jour, Shere Khan a réclamé notre chair au Conseil supérieur des loups.

Récrire chaque phrase en changeant de place le groupe de mots qui peut l'être (le complément circonstanciel). Indiquer la nature des sujets et des compléments circonstanciels.

JOURS 3 ET 4 > Structuration de l'adjectif qualificatif épithète dans le groupe nominal

- Il s'agit :

– d'identifier l'adjectif qualificatif épithète dans le groupe nominal comme mot non indispensable apportant des précisions sur le nom auquel il se rapporte ;
– de savoir que l'adjectif qualificatif épithète prend le genre et/ou le nombre du nom auquel il se rapporte.

- Lire la page « Groupes nominaux 2 » du cahier de collectes. Souligner les noms, entourer les déterminants, les nommer. Préciser que le mot qui n'est ni entouré ni souligné est un adjectif qualificatif. Relire ces groupes nominaux avec seulement le déterminant et le nom. Constater que l'adjectif n'est pas indispensable. Relire les groupes nominaux avec l'adjectif et faire indiquer quelle précision apporte l'adjectif qualificatif : taille, aspect, caractère… Relire les groupes nominaux en changeant l'adjectif : synonyme, contraire ou autre… Indiquer que l'on dit que l'adjectif est épithète du nom : il est placé auprès du nom pour le préciser.

- Faire préciser où peut se trouver l'adjectif qualificatif épithète par rapport au nom. Constater que certains adjectifs se placent indifféremment avant ou après le nom sans changement de sens :

un monstrueux rôti – *un rôti monstrueux*
Le groupe nominal n'a pas le même sens suivant la place de l'adjectif : *un pauvre garçon, un garçon pauvre.*
D'autres adjectifs ne se placent qu'avant ou après le nom.

- Faire classer suivant leur genre et leur nombre les groupes nominaux suivants et ceux collectés. Entourer les marques du féminin et du pluriel des adjectifs.

le champ cultivé, les champs cultivés ; la terre cultivée, les terres cultivées.

	Masculin	Féminin
Singulier		
Pluriel		

Les CM2 peuvent chercher dans le dictionnaire le mot *chaud* et voir que ce mot peut être employé comme nom ou comme adjectif.
Faire employer les mots *petit – carré – orange – solide* comme nom puis comme adjectif.

- Garder une trace écrire dans le cahier.

L'adjectif qualificatif est placé auprès du nom pour apporter des précisions sur le nom. Il est **épithète** du nom.
*un **monstrueux** rôti – la gueule **menaçante** – le **vaillant petit** tailleur.*
L'adjectif prend le genre (masculin ou féminin) et le nombre (singulier ou pluriel) du nom.
masculin singulier : *un champ cultivé* ;
masculin pluriel : *des champs cultivés* ;
féminin singulier : *une terre cultivée* ;
féminin pluriel : *des terres cultivées*.

Faire remarquer aux CM2 que dans un groupe nominal, quand l'adjectif est placé devant le nom, on écrit *de* et non *des* : *de hautes tours, de longs sièges*. Faire écrire au pluriel avec *de, d'* ou *des* :
une immense poupée, un grand bruit, un énorme tigre, une jolie maison.

Exercices

Recopier les adjectifs qualificatifs épithètes.

un roman captivant – une voix douce et envoutante – un lion majestueux – des personnes charmantes – une belle soirée hivernale – des pneus gonflés – mes intrépides cousins – un beau dessin original – une incroyable histoire – des paysages grandioses – des chaleurs exceptionnelles – un résultat médiocre – une démonstration magistrale – ces détails négligeables.

Classer ensuite les groupes nominaux suivant leur genre et leur nombre.

Ajouter un ou deux adjectifs qualificatifs épithètes à chaque groupe nominal souligné.

Dans ce garage, il y a une .... voiture de sport ....
Une .... chatte .... guette les .... mésanges .... sous un arbre.
Les yeux .... de l'aigle peuvent apercevoir de .... animaux.
Cette sauterelle .... a de .... antennes.
La coccinelle est un insecte ....
Un cri .... déchire le silence.
Le tapir est un animal ....
Une .... tempête balaie la côte ....

Recopier ensuite les groupes nominaux soulignés et les classer suivant leur genre et leur nombre.

Recopier les groupes nominaux en les mettant au pluriel. Souligner les adjectifs qualificatifs épithètes.

une histoire merveilleuse – un cadeau utile – un exercice faux – une gomme usée – un canapé confortable – l'arbre dénudé – une grosse bille colorée — la maison démolie – cet enfant gâté – un gros insecte noir – ton expérience réussie.

Puis recopier les groupes nominaux pluriels en les classant suivant leur genre.

Recopier les groupes nominaux en les mettant au féminin puis au pluriel. Souligner les adjectifs qualificatifs épithètes.

ton frère énervé – un chien effrayé – un élève doué – un ouvrier fatigué – un danseur épuisé – un grand comédien – un chat coquin – un coiffeur compétent – le lion cruel.

Écrire des groupes nominaux avec les adjectifs suivants. Attention aux accords, selon que le nom utilisé est au féminin ou au pluriel.

merveilleux – délicieux – dangereux – mignon – efficace – trépidant – honnête – hardi – tragique – silencieux.

Puis classer les groupes nominaux suivant leur genre et leur nombre.

Recopier les phrases dans la colonne qui convient.

Je n'aime pas me promener dans cet endroit désert.
Le jardin public est ouvert tous les jours.
Le rouge lui monte aux joues.
Dans la salle, le public est nombreux.
La couleur rouge lui va bien.
Dans ce désert, il fait très chaud le jour et très froid la nuit.

Le mot souligné est un nom	Le mot souligné est un adjectif

COLLECTES de la semaine 2

Je ne bougeais pas, j'observais le village.
Nous ne bougions pas, nous observions le village.
Il n'y voyait plus très bien.
Certains Loups hurlaient avec Shere Khan.
Ils fouettaient rageusement l'espace avec leur queue.
Le Maitre des loups vieillissait.

J'ai porté le pot à la caverne. Nous avons porté le pot à la caverne.
J'ai sauté, j'ai arraché ce talisman. Nous avons sauté, nous avons arraché ce talisman.
Tous les animaux ont reculé de terreur.

Je suis retourné dans la jungle en courant. Nous sommes retournés dans la jungle en courant.

J'étais arrivé depuis plusieurs heures.
Nous étions arrivés depuis plusieurs heures.

Nous ne bougions pas. Nous bougions.
Il n'y voyait plus très bien. Il y voyait encore très bien. Il y voyait toujours très bien.
Mowgli et son frère ne sont pas des loups. Mowgli et son frère sont des loups.

Derrière un buisson touffu, Mowgli observait le village.

Semaine 3 Le Livre de la Jungle

Autour d'une nouvelle

La Fleur Rouge

Tapi derrière un buisson touffu, Mowgli ne bougeait pas, il observait le village. Il était arrivé depuis plusieurs heures, quand quelqu'un est sorti d'une maison. Il tenait dans ses mains un pot où brillait une flamme. Mowgli a sauté, il a arraché ce talisman qu'il convoitait et il est retourné dans la jungle en courant. La Fleur Rouge était à lui ! Il a porté le pot à la caverne, il a surveillé les braises chaudes, il a entretenu le feu avec des branchages.

Le Maitre des loups vieillissait, il manquait ses proies, il n'y voyait plus très bien. Un jour, Shere Khan a osé réclamer notre chair au Conseil supérieur des loups. Certains Loups hurlaient avec Shere Khan : « Mowgli et son frère ne sont pas des loups, ce sont des Hommes ! Qu'ils retournent avec les Hommes ! » Ils fouettaient rageusement l'espace avec leur queue. Alors, Mowgli a dressé le pot de braise devant eux. Il a incendié une branche d'arbre. Tous les animaux ont reculé de terreur. Il était le Maitre désormais. Mais Mowgli ne voulait pas de guerre à l'intérieur du Clan. Il savait qu'il n'était pas un loup. L'eau des rivières et des lacs qui faisait miroir le lui montrait. Alors, il a dit adieu à sa mère Louve. Les petits ont voulu l'accompagner jusqu'à l'orée de la forêt. Il leur a fait une promesse :
« Je reviendrai, je tuerai Shere Khan et j'exposerai sa peau sur le Rocher du Conseil. »
Et Mowgli a descendu la colline vers ce qu'on appelle les Hommes.

JOUR 1 > Transposition du texte

- Transposer le texte en remplaçant *Mowgli* par *Mowgli et son frère.*
- Bien lire le texte à l'oral en le transposant puis écrire les changements au tableau, les faire peu à peu écrire par les élèves sur leur cahier ou leur ardoise. Faire remarquer les changements des verbes au moment où on les écrit, les nommer en précisant leur infinitif, revoir les terminaisons de l'imparfait, souligner les verbes au passé composé et constater qu'ils sont en deux parties. Nommer l'auxiliaire et le participe passé. Les CE2 s'arrêtent à « le Maitre » et recopient les première et dernière phrases non transposées puis transposées du premier paragraphe. Poursuivre avec les CM. Puis les CM1 recopient les première et dernière phrases non transposées puis transposées du premier paragraphe. Poursuivre avec les CM2.

Collecte

Passé 1

Ils ne bougeaient pas, ils observaient le village.

Passé 2

Ils ont sauté, ils ont arraché ce talisman.
Ils ont porté le pot à la caverne.

Passé 4

Ils sont retournés dans la jungle en courant.

Passé 7

Ils étaient arrivés depuis plusieurs heures.

Exercices

Transposer à l'imparfait avec *Mowgli et son frère* puis *nous*.

Je suis au village, je reste derrière le buisson. Je ne bouge pas, je regarde les hommes.

Transposer à l'imparfait et au passé composé.

Kaa, le Serpent du Rocher est un python. Il aime se chauffer au soleil. Il accepte de retrouver Mowgli. Baloo et Bagheera aident Kaa à délivrer Mowgli.

Texte transposé

La Fleur Rouge

Tapis derrière un buisson touffu, Mowgli et son frère ne bougeaient pas, ils observaient le village. Ils étaient arrivés depuis plusieurs heures, quand quelqu'un est sorti d'une maison. Il tenait dans ses mains un pot où brillait une flamme. Mowgli et son frère ont sauté, ils ont arraché ce talisman que Mowgli et son frère convoitaient et ils sont retournés dans la jungle en courant. La Fleur Rouge était à eux ! Ils ont porté le pot à la caverne, ils ont surveillé les braises chaudes, ils ont entretenu le feu avec des branchages.

Le Maitre des loups vieillissait, il manquait ses proies, il n'y voyait plus très bien. Un jour, Shere Khan a osé réclamer leur chair au Conseil supérieur des loups. Certains Loups hurlaient avec Shere Khan : « Mowgli et son frère ne sont pas des loups, ce sont des Hommes ! Qu'ils retournent avec les Hommes ! » Ils fouettaient rageusement l'espace avec leur queue. Alors, Mowgli et son frère ont dressé le pot de braise devant eux. Mowgli et son frère ont incendié une branche d'arbre. Tous les animaux ont reculé de terreur. Mowgli et son frère étaient désormais les Maitres.

Mais Mowgli et son frère ne voulaient pas de guerre à l'intérieur du Clan. Ils savaient qu'ils n'étaient pas des loups. L'eau des rivières et des lacs qui faisait miroir le leur montrait. Alors, ils ont dit adieu à leur mère Louve. Les petits ont voulu les accompagner jusqu'à l'orée de la forêt. Ils leur ont fait une promesse : « Nous reviendrons, nous tuerons Shere Khan et nous exposerons sa peau sur le Rocher du Conseil. » Et Mowgli et son frère ont descendu la colline vers ce qu'on appelle les Hommes.

JOURS 2 ET 3 > Structuration : l'imparfait

Il s'agit de montrer que l'imparfait est un temps du passé et de mettre en évidence que les terminaisons de l'imparfait sont les mêmes pour tous les verbes : *-ais*, *-ais*, *-ait*, *-ions*, *-iez*, *-aient*. Le radical ne change pas suivant la personne.
La marque de temps de l'imparfait est *ai* ou *i*, les marques de personne sont *s*, *s*, *t*, *ons*, *ez*, *ent*.
On continuera à utiliser l'imparfait avec le passé composé puis le passé simple en périodes 3 et 4.

- Relire les textes dans lesquels l'imparfait était utilisé pour montrer que c'est un temps du passé.
- Lire la page de cahier de collectes « Passé 1 ».
- Lire les phrases, donner l'infinitif de chaque verbe. Pour chaque personne, faire entourer la terminaison et constater qu'elles sont les mêmes, quel que soit le verbe. Souligner le radical. Distinguer marques de personnes et marques de temps.
- Préciser :

– qu'il ne faut pas oublier le *i* avec *nous* et *vous* même quand il y en a déjà un avant. Faire écrire les verbes *crier*, *oublier* à la première et deuxième personne du pluriel ;
– qu'il faut penser à la cédille pour les verbes en *-cer*, qu'il ne faut pas oublier le *e* pour les verbes en *-ger*. Faire conjuguer le verbe *lancer* et le verbe *ranger*.

- Faire compléter la conjugaison des verbes suivants :

VOIR	DISTINGUER	ESSAYER
Je	Je	Je ....
Tu	Tu	Tu ....
Il, elle, on	Il, elle, on	Il, elle, on ....
Nous	Nous	Nous ....
Vous	Vous	Vous ....
Ils, elles	Ils, elles	Ils, elles ....

Faire remarquer le *i* avec *nous* et *vous* après le *y* pour le verbe *voir*, le verbe *essayer* et la présence du *u* à la fin du radical du verbe *distinguer*.

- En trace écrite, garder les tableaux de conjugaison des verbes au programme.

Exercices

Recopier les phrases en conjuguant les verbes à l'imparfait avec le sujet proposé.

Nous copiions souvent des poèmes. Je… Vous…
Laura prenait son déjeuner sur la terrasse. Laura et ses frères… Tu…
Ils entreprenaient de gros travaux. Nous… Il…
Tu étais en Angleterre. J'… Vous…
Enfant, je faisais des châteaux de sable. Vous… Ils...
Vous aviez toujours des robes trop longues. Nous… Tu…
Tu choisissais les meilleures places. Vous… Elles…

Recopier les phrases en conjuguant les verbes à l'imparfait avec le pronom proposé.

Tu pataugeais dans la boue. Vous… Je…
Ils fonçaient à toute allure. Il… Nous…
Elle traçait des cercles pour faire des rosaces. Elles… Nous…
Je dérangeais souvent mes parents la nuit. Tu… Vous…
Tu voyais mal à la tombée de la nuit. Nous… Vous…
Nous voguions sur des eaux calmes. Je… Ils.…

Recopier les phrases en conjuguant les verbes à l'imparfait. Il est possible de commencer la phrase par *Autrefois*.

Tu dis bonjour à tous les passants dans la rue.
Je crie en dormant.
Nous ne comprenons pas les exercices.
Vous chantonnez en allant à l'école.
Ils sont souvent en retard.
Je vais à la montagne tous les ans.
Elle peut rire et pleurer en même temps.
Souvent, elle va en vacances chez son papi, elle y reste plusieurs jours, elle est contente.
Nous nettoyons le pare-brise, nous montons, nous démarrons et nous avançons lentement car la chaussée est glissante.

Recopier les phrases en conjuguant les verbes à l'imparfait.

J'efface le tableau tous les soirs.
Elle rédige des lettres.
Les portes grincent.
Tu voyages en train.
Nous logeons dans un studio.
Vous mélangez les lettres.
Ils ne distinguent rien dans le brouillard.
Nous prononçons des paroles que nous regrettons ensuite.

Écrire la phrase à toutes les personnes :

Quand j'allais à la maternelle, j'avais un doudou.
Quand tu ....
Quand il ....
Quand nous ....
Quand vous ....
Quand ils ....

Recopier les phrases en conjuguant les verbes à l'imparfait.

Je (pouvoir) rester longtemps sous l'eau sans respirer.
Tu (venir) souvent m'aider pour les devoirs.
Autrefois, elle (faire) du ski.
Nous (vouloir) toujours boire du lait chocolaté.
Pendant la guerre, de petits avions (atterrir) au milieu des prés.
Tu (être) content au bord de la mer : tu (faire) des châteaux de sable que la mer (démolir).
Elles (faire) des gâteaux que nous (manger) avec appétit.
Vous ne (prendre) la voiture la nuit car vous (voir) mal.

Transposer le texte à l'imparfait.

Mes chiots sont malicieux. Ils font des bêtises : ils sautent et grimpent partout. Dans la maison, ils ne peuvent pas jouer sans faire tomber des objets. Ils n'obéissent pas toujours. Dehors, quand je leur lance une balle, ils courent la chercher et ils me la rapportent. Ils aiment mordiller les herbes et ils rongent des petits os que je leur achète.

CE2 CM1 CE2/CM1 CM2 CM1/CM2 CE2/CM1/CM2

JOUR 4 > Vocabulaire et production écrite

Vocabulaire

- Chercher dans le dictionnaire l'adjectif : *touffu*. Remarquer l'abréviation indiquant qu'il s'agit d'un adjectif. Relever les synonymes et les contraires : *épais*, *dense/clairsemé*.
- Ouvrir le dictionnaire à une page donnée et faire recopier les adjectifs avec leurs synonymes et leurs contraires.

Pendant ce temps, les CM cherchent et relèvent, dans le dictionnaire, un adjectif commençant par *a*, un autre commençant par *é*, un autre commençant par *o*. Ils indiquent le numéro de la page.

Production écrite

Utiliser des adjectifs pour décrire à l'imparfait un « trésor » (doudou, livre ...) que l'on avait étant petit. Avant de commencer, rechercher l'objet et le vocabulaire dont on peut avoir besoin notamment au niveau des adjectifs. Rédiger deux, trois ou quatre phrases puis relire le texte produit en vérifiant si les points ont bien été mis, si les terminaisons de l'imparfait sont correctes et si les accords dans les groupes nominaux ont bien été réalisés.

COLLECTES de la semaine 3

Ils ne bougeaient pas, ils observaient le village.

Ils ont sauté, ils ont arraché ce talisman.
Ils ont porté le pot à la caverne.

Ils sont retournés dans la jungle en courant.

Ils étaient arrivés depuis plusieurs heures..

CE2 CM1 CE2/CM1 CM2 CM1/CM2 CE2/CM1/CM2

Semaine 4 *Tom Sawyer*

Autour du roman

Un garçon malin

De loin, Ben voit Tom qui repeint une vieille palissade. Il avance jusqu'à lui.
« Hé, bonjour mon vieux, lance Ben. Tu travailles ? »
Tom tourne la tête vers Ben et il dit :
« Tiens, c'est toi Ben !
– Eh…, c'est une belle journée, je vais me baigner. Est-ce que tu as envie de venir ? Ou, tu aimes mieux travailler ?
– Que veux-tu dire par travailler ?
– Je parle de ce que tu fais en ce moment.
– Oui, fait Tom. On peut appeler cela du travail. En tout cas, j'aime bien. On n'a pas tous les jours l'occasion de passer une palissade au lait de chaux à notre âge. »
Et il continue à badigeonner.
Ben cesse de grignoter sa pomme. Il observe Tom qui manie son pinceau avec désinvolture et met une touche de blanc par ci, une autre par-là.
« Tom, est-ce que je peux badigeonner un peu ? demande Ben.
– Je ne sais pas si c'est possible. Tante Polly tient à ce que la palissade soit blanchie proprement. Il faut que ce soit fait très soigneusement. Elle a absolument voulu que ce soit moi qui le fasse. »
Alors Ben propose : « Je te donne ma belle pomme verte et tu me laisses badigeonner. »
Tom réfléchit, hésite. Il prend un air désolé mais dans son cœur, il est ravi. Finalement, il cède son pinceau à Ben.

D'après Mark Twain, *Tom Sawyer*

Lecture compréhension du texte

- Lire aux élèves la fin de l'épisode :
« Tom se dit qu'après tout l'existence n'est pas si mauvaise. Il avait découvert à son insu l'une des grandes lois qui font agir les hommes, à savoir qu'il suffit de leur faire croire qu'une chose est difficile à obtenir pour allumer leur convoitise. »
Préciser que Tom est le héros d'un roman dont l'histoire se déroule au XIXe siècle en Amérique.
Orphelin, il est élevé avec son frère Sid par leur tante Polly dans une bourgade au bord du Mississippi. Polisson, menteur, paresseux et vantard, Tom défie quotidiennement les règles édictées par tante Polly.
- Que fait Tom ? Que veut Ben au début ? Ensuite ? Tom dit qu'il aime peindre la palissade, est-ce vrai ? Pourquoi Tom est-il ravi ? Pourquoi dit-on que Tom est un garçon malin ?
- Expliquer : *palissade* ; *lait de chaux* ; *manie son pinceau avec désinvolture* ; *badigeonner* ; *un air désolé* ; *cède*.
- Distinguer le récit des paroles rapportées. Constater qu'il s'agit d'un dialogue entre Tom et Ben.
- Le lire avec l'intonation qui convient.
- Constater la manière de ponctuer le dialogue avec l'utilisation des guillemets et des tirets. Il s'agit d'un texte du XIXe siècle. À cette époque, c'est ainsi que l'on marquait le dialogue alors que maintenant, soit on ne met que des guillemets (comme dans les albums) soit on ne met que des tirets (romans contemporains de littérature de jeunesse).
- Trouver qui est désigné par les mots soulignés. Nommer les pronoms personnels sujets.
- Relever les connecteurs logiques : *alors*, *finalement*.

JOUR 1 > Transposition du texte

- Faire constater que les verbes sont au présent.
- Transposer le texte au passé en employant passé composé et imparfait.
- Bien lire le texte à l'oral en le transposant puis écrire les changements au tableau, les faire peu à peu écrire par les élèves sur leur cahier ou leur ardoise. Faire remarquer les changements des verbes au moment où on les écrit, les nommer en précisant leur infinitif, souligner les verbes au passé composé et constater qu'ils sont en deux parties. Nommer l'auxiliaire et le participe passé.

Les CE2 s'arrêtent à « continue à badigeonner » et recopient les quatre premières phrases non transposées puis transposées. Poursuivre avec les CM1. Puis les CM1 écrivent la première et la deuxième phrase en vert transposées et non transposées. Poursuivre avec les CM2.

Collecte

Passé 2

Il a avancé jusqu'à lui.
Tom a tourné la tête vers Ben.

Passé 3

Il a dit : …
Oui, a fait Tom.
Ben a vu Tom.
Tom a réfléchi.

Exercice

Transposer au passé composé/imparfait les phrases suivantes :

Ben donne sa pomme à Tom. Celui-ci est content. Il croque dans la pomme et regarde Ben en train de peindre. Ben termine la peinture et propose à Tom d'aller se baigner.
Tom accepte et les deux garçons filent vers la rivière.

Texte transposé

De loin, Ben a vu Tom qui repeignait une vieille palissade. Il a avancé jusqu'à lui.
« Hé, bonjour mon vieux, a lancé Ben. Tu travailles ? »
Tom a tourné la tête vers Ben et il a dit :
« Tiens, c'est toi Ben !
– Eh…, c'est une belle journée, je vais me baigner. Est-ce que tu as envie de venir ? Ou, aimes-tu mieux travailler ?
– Que veux-tu dire par travailler ?
– Je parle de ce que tu fais en ce moment.
– Oui, a fait Tom. On peut appeler cela du travail. En tout cas, j'aime bien. On n'a pas tous les jours l'occasion de passer une palissade au lait de chaux à notre âge. »
Et il a continué à badigeonner.
Ben a cessé de grignoter sa pomme. Il a observé Tom qui maniait son pinceau avec désinvolture et mettait une touche de blanc par ci, une autre par là.
« Tom, est-ce que je peux badigeonner un peu ? a demandé Ben.
– Je ne sais pas si c'est possible. Tante Polly tient à ce que la palissade soit blanchie proprement. Il faut que ce soit fait très soigneusement. Elle a absolument voulu que ce soit moi qui le fasse. »
Alors Ben a proposé : « Je te donne ma belle pomme verte et tu me laisses badigeonner. »
Tom a réfléchi, a hésité. Il a pris un air désolé mais dans son cœur, il était ravi. Finalement, il a cédé son pinceau à Ben.

JOUR 2 > Activités sur les phrases

- Relire le texte *Un garçon malin*.

Lire les phrases déclaratives à la forme négative et les transformer à la forme affirmative.
Lire la phrase déclarative à la forme exclamative. Constater qu'elle indique l'étonnement.
Lire les phrases interrogatives. Constater la présence du point d'interrogation.

- Relire les phrases dont la réponse peut être *oui* ou *non* : *Tu travailles ? Est-ce que tu as envie de venir ? Ou, aimes-tu mieux travailler ? Tom, est-ce que je peux badigeonner un peu ?*

Dans ces phrases, remarquer que plusieurs questions commencent par *est-ce que*. Redire et écrire les autres questions en utilisant *est-ce que*. Veiller à l'orthographe de : *est-ce que*. Faire remarquer que le sujet *tu* est parfois après le verbe. Redire les questions en inversant le sujet. Attirer l'attention sur le tiret entre le verbe et le sujet.
Pendant que les CE2 écrivent la phrase suivante : *Tu as bientôt fini ta peinture ?* en utilisant *est-ce que* puis l'inversion du sujet, travailler avec les CM sur la question : *Que veux-tu dire par travailler ?* Constater que la réponse n'est plus *oui* ou *non*. Observer la construction de la phrase : inversion du sujet avec tiret entre le sujet et le verbe, présence d'un mot interrogatif : *que*.

- Dans chaque phrase, entourer le sujet et le complément supprimable et déplaçable (complément circonstanciel), souligner le verbe, indiquer son infinitif et son groupe. Lire les phrases en déplaçant ces compléments puis en les supprimant.

Ce matin, Tom repeint la palissade en bois.
Il maniait son pinceau avec désinvolture.
Aussitôt, le jeune orphelin a pris un air désolé.

- Faire donner la nature des compléments circonstanciels dans les deux dernières phrases. Indiquer si le complément circonstanciel de la dernière phrase est de temps ou de lieu.

Trouver les compléments proches du verbe ni supprimables ni déplaçables (les compléments d'objet) : *la palissade en bois*, *son pinceau*, *un air désolé*.

- Trouver le sujet et le verbe dans la phrase suivante :

Tom est un orphelin. Récrire avec *Tom et Sid* comme sujet.
Constater les accords et la présence du verbe *être*.
Les CM récrivent la phrase avec le sujet proposé : *Tom et Sid…* Pendant ce temps, les CE2 recopient la première phrase en changeant le complément supprimable et déplaçable de place.

- Faire souligner les verbes dans les phrases suivantes :

Tom a réfléchi, a hésité. Il a pris un air désolé mais dans son cœur, il était ravi.

Collecte

Phrases négatives et phrases affirmatives correspondantes

On n'a pas tous les jours l'occasion de passer une palissade au lait de chaux à notre âge.
On a tous les jours l'occasion de passer une palissade au lait de chaux à notre âge.

Attributs

Tom est un orphelin. Tom et Sid sont des orphelins.

Compléments 2

Ce matin, Tom repeint la palissade en bois.
Tom maniait son pinceau avec désinvolture.
Aussitôt, le jeune orphelin a pris un air désolé.

Exercices

Constituer une phrase :

à Tom – Tante Polly – a demandé – avec du lait de chaux – de repeindre la palissade – d'aimer peindre – alors – Tom – Ben – veut peindre – fait semblant – à son tour.

Dans les phrases suivantes, entourer le sujet, le complément déplaçable et supprimable (circonstanciel), souligner le verbe. Indiquer si le sujet est un groupe nominal ou un pronom.

De loin, Ben a vu Tom.
Nous peignons la palissade tous les ans.
Ensuite, Ben a grignoté sa pomme.
Finalement, Tom donne son pinceau à Ben.

Récrire chaque phrase en changeant de place le complément qui peut l'être (complément circonstanciel).

JOUR 3 > Activités sur les groupes nominaux et sur les classes de mots

- Relever dans le texte les groupes nominaux avec adjectif. Puis les classer suivant leur genre et leur nombre. Les récrire en changeant le nombre, en remplaçant les adjectifs par d'autres.
- Dans le texte, relever les verbes à l'infinitif. Constater que *vieux* est un adjectif et un nom.

Exercice

Choisir un exercice sur l'adjectif parmi ceux de la séquence de structuration.

JOUR 4 > Vocabulaire et production écrite

Vocabulaire

Chercher dans le dictionnaire le verbe *badigeonner*. Constater que le verbe est formé à partir du nom *badigeon*.
Trouver les verbes formés à partir des noms suivants et constater le doublement de la consonne : *abandon*, *bourgeon*, *chiffon*, *cloison*, *échantillon*, *fonction*, *poison*, *prison*, *bâillon*, *question*, *rayon*, *soupçon*, *tampon*.

Production écrite

Le soir, Tom raconte à Tante Polly comment il a conduit Ben à peindre à sa place.
Continuer le texte à l'oral : *Cette après-midi, je peignais la palissade quand Tom est arrivé…*
Écrire au tableau les verbes dont les élèves vont avoir besoin.
Puis laisser les élèves écrire quelques phrases. Vérifier que les phrases sont bien ponctuées et les verbes écrits correctement.

COLLECTES de la semaine 4

Il a avancé jusqu'à lui.
Tom a tourné la tête vers Ben.

Il a dit :…
Oui, a fait Tom.
Ben a vu Tom.
Tom a réfléchi.

On n'a pas tous les jours l'occasion de passer une palissade au lait de chaux à notre âge.
On a tous les jours l'occasion de passer une palissade au lait de chaux à notre âge.

Tom est un orphelin. Tom et Sid sont des orphelins.

Ce matin, Tom repeint la palissade en bois.
Tom maniait son pinceau avec désinvolture.
Aussitôt, le jeune orphelin a pris un air désolé.

CE2 CM1 CE2/CM1 CM2 CM1/CM2 CE2/CM1/CM2

Semaine 5 Toutes les Sciences

Autour d'un compte rendu

Une expérience en sciences

En sciences, vous avez dû construire un moulinet pour répondre à la question : Comment faire tourner un moulinet ?

1. Vous avez pris du papier Canson. Vous y avez découpé un disque de 10 centimètres de diamètre.
2. Puis, vous avez plié trois fois ce disque en deux. Vous avez appuyé pour bien marquer les plis. Ensuite, vous avez découpé huit fentes en suivant les plis. Vous avez fait attention de ne pas couper jusqu'au centre du disque.
3. Vous avez incliné les pales dans le même sens comme sur la photo.
4. Vous avez percé un petit trou au centre du disque. Vous avez mis un capuchon de stylo dedans.

Enfin, vous avez installé ce moulinet sur une pique plantée dans un support.

5. Vous avez posé le moulinet sur le radiateur de la classe.

Alors, vous avez observé qu'il tournait.

Vous avez cherché une explication : l'air chaud qui monte du radiateur appuie sur les pales et fait tourner le moulinet. L'air chaud est moins dense que l'air froid, donc il monte.

D'après *Toutes les Sciences*, collection dirigée par André Giordan, Nathan

Illustration, tirée de « Toutes les Sciences, cycle 3 », Éditions Nathan 2008, p. 83.

Lecture compréhension du texte

- Faire expliciter les différentes étapes de la fabrication en mettant en relation le texte et le dessin. Fabriquer aussi le moulinet et réaliser l'expérience éventuellement.
- Expliquer : *marquer les plis* ; *incliner les pales* ; *dense (pour un même volume, l'air chaud est plus léger que l'air froid).*
- Distinguer l'introduction du texte, les étapes de la réalisation et la conclusion.
- Relever les mots ou groupes de mots qui donnent des indications de temps : *puis*, *enfin*.
- Relever les mots ou groupes de mots qui donnent des indications d'espace : *jusqu' au centre de*, *dedans*.
- Relever les indicateurs logiques : *alors*, *donc*.
- Remarquer l'emploi du déterminant dans : *ce disque*, *ce moulinet*. Ces groupes nominaux reprennent : *un disque*, *le moulinet.*

JOUR 1 > Transposition du texte

- Retrouver les différents temps employés dans le texte : présent (de vérité générale), passé composé, imparfait. Classer les verbes suivant leur temps.
- Transposer le texte à la 2e personne du singulier. Bien lire le texte à l'oral en le transposant, écrire les changements au tableau puis les faire peu à peu écrire par les élèves sur leur cahier ou leur ardoise. Faire remarquer les changements des verbes au moment où on les écrit, les nommer en précisant leur infinitif, souligner les verbes au passé composé et constater qu'ils sont en deux parties. Nommer l'auxiliaire et le participe passé.

Les CE2 peuvent s'arrêter à « support » et recopier la 2e étape du texte à transposer et du texte transposé. Poursuivre avec les CM. Les CM1 recopient l'étape 5 non transposée puis transposée. Poursuivre avec les CM2.

Collecte

Passé 2

Vous avez plié trois fois ce disque en deux. Tu as plié trois fois ce disque en deux.
Vous avez percé un petit trou. Tu as percé un petit trou.
Vous avez appuyé pour bien marquer les plis. Tu as appuyé pour bien marquer les plis.

Passé 3

Vous avez fait attention. Tu as fait attention.

Exercice

Transposer à la 2e personne du singulier puis du pluriel.

J'ai fabriqué un moulinet et j'ai réalisé une expérience sur l'air. J'ai emporté ce moulinet à la maison. J'étais content. J'ai dû construire un autre moulinet pour mon petit frère. J'ai expliqué à mes parents l'expérience sur l'air.

Texte transposé

Une expérience en sciences

En sciences, tu as dû construire un moulinet pour répondre à la question : Comment faire tourner un moulinet ?
1. Tu as pris du papier Canson. Tu y as découpé un disque de 10 centimètres de diamètre.
2. Puis, tu as plié trois fois ce disque en deux. Tu as appuyé pour bien marquer les plis. Ensuite, tu as découpé huit fentes en suivant les plis. Tu as fait attention de ne pas couper jusqu'au centre du disque.
3. Tu as incliné les pales dans le même sens, comme sur la photo.
4. Tu as percé un petit trou au centre du disque. Tu as mis un capuchon de stylo dedans.
Enfin, tu as installé ce moulinet sur une pique plantée dans un support.
5. Tu as posé le moulinet sur le radiateur de la classe.
Alors, tu as alors observé qu'il tournait.
Tu as cherché une explication : l'air chaud qui monte du radiateur appuie sur les pales et fait tourner le moulinet. L'air chaud est moins dense que l'air froid, donc il monte.

JOUR 2 > Activités sur les phrases

- Relire le texte *Une expérience en sciences.*
- Compter le nombre de phrases du texte.
- Dans chaque phrase, entourer le sujet et le complément supprimable et déplaçable (le complément circonstanciel), souligner le verbe, indiquer son infinitif et son groupe. Lire les phrases en déplaçant ces compléments puis en les supprimant.

En sciences, vous avez construit un moulinet.
Tu as percé un petit trou au centre du disque.
Ensuite tu as découpé huit fentes en suivant les plis.

- Faire donner la nature des sujets et des compléments circonstanciels.
- Trouver les compléments proches du verbe ni supprimables ni déplaçables (les compléments d'objet) :

un moulinet, *un petit trou*, *huit fentes*.

Collecte

Compléments 2

Tu as percé un petit trou au centre du disque.
Tu as découpé huit fentes.

CE2 · CM1 · CE2/CM1 · CM2 · CM1/CM2 · CE2/CM1/CM2

Exercices

Constituer une phrase :
font des expériences – les élèves de CM2 – pour répondre – dans leur classe – toutes les semaines – à des questions

Dans les phrases suivantes, entourer le sujet, les compléments supprimables et déplaçables (circonstanciels), souligner le verbe. Indiquer si le sujet est un groupe nominal ou un pronom.
Dans le papier Canson, tu as découpé un disque de 10 centimètres de diamètre.
À la fin de la classe, les élèves emportent leur moulinet.
Dans leur classe, les élèves de CM ont fabriqué des moulinets pour répondre à une question sur l'air.

Récrire les phrases en changeant de place le complément qui peut l'être (le complément circonstanciel).

JOUR 3 > Activités sur les groupes nominaux et sur les classes de mots

- Expliquer la majuscule à Canson : ce type de papier porte le nom du dirigeant de la manufacture qui a amélioré au début du XIXe siècle la technique de fabrication et la qualité de ce papier fabriqué dès le XVIe siècle.
- Relever des groupes nominaux constitués d'un déterminant et d'un nom, y ajouter un ou plusieurs adjectifs.
Les classer suivant leur genre et leur nombre.
- Dans les groupes nominaux suivants, trouver le nom principal : *le centre du disque* ; *un capuchon de stylo* ; *le radiateur de la classe*.
Remplacer l'information donnée sur le nom principal de *une expérience en sciences* par un adjectif : *une expérience scientifique*.
Faire de même pour : *un jardin avec des fleurs* ; *un travail à la main* ; *une maladie d'enfant* ; *l'écorce de la Terre, la pêche en mer* ; *la navigation sur le fleuve*.
- Dans le texte, relever les verbes à l'infinitif.
- Faire souligner les verbes dans la dernière phrase du texte.

Collecte

Groupe nominaux 3
le centre du disque
un capuchon de stylo
le radiateur de la classe

Exercices

Recopier les groupes nominaux suivants en changeant leur nombre.
les plis – huit fentes – un moulinet – ce disque – un petit trou – une grande pique

Remplacer le groupe nominal souligné par un adjectif.
un froid <u>d'hiver</u> ; la fraicheur <u>du matin</u> ; un séjour <u>d'exception</u> ; la pollution <u>de l'atmosphère</u> ; le témoignage <u>d'un ami</u>, le garde <u>de la forêt</u>, le lait <u>de la mère</u>, la voix <u>du père</u>, un vaisseau <u>de l'espace</u>, un voyage <u>de nuit</u>, un magazine <u>du mois</u>, la cérémonie <u>de mariage</u>, les activités <u>de la ville</u>.

JOUR 4 > Évaluation sur l'imparfait

Évaluation CE2
Il s'agit d'évaluer si les élèves savent :
- identifier un verbe conjugué à l'imparfait et en donner l'infinitif ;
- conjuguer les verbes à l'imparfait ;
- transposer un texte à l'imparfait.

Évaluation CM1
Il s'agit d'évaluer si les élèves savent :
- identifier un verbe conjugué à l'imparfait et en donner l'infinitif ;
- conjuguer les verbes à l'imparfait ;
- transposer un texte à l'imparfait.

Évaluation CM2
Il s'agit d'évaluer si les élèves savent :
- identifier un verbe conjugué à l'imparfait et en donner l'infinitif ;
- conjuguer les verbes à l'imparfait ;
- transposer un texte à l'imparfait.

Évaluation CE2

1. a. Lis le texte. Souligne les verbes conjugués et écris leur infinitif.

Quand j'avais huit ans, j'adorais le cirque. Deux fois par an, un petit cirque arrivait dans notre village. Maman prenait des places. Et, le soir, nous assistions au spectacle. Sur la piste, avec une vieille trompette, un clown enfariné jouait de la musique. Il faisait rire tout le monde. Deux lions sautaient dans des cerceaux enflammés. Un jongleur lançait des balles. Il les rattrapait avec adresse. Autour de nous, les yeux des enfants brillaient. Après le spectacle, je ne voulais pas quitter le chapiteau.

b. À quel temps sont conjugués ces verbes ? ....

2. Recopie chaque phrase avec le sujet proposé.

Vous écoutiez de la musique. Je ....

Tu avançais sans te retourner. Nous ....

Nous protégions nos livres avec du plastique. Je ....

Il pliait les feuilles en quatre. Vous ....

J'arrivais toujours au sommet avant tout le monde. Ils ....

Elles voulaient des gâteaux secs. Elle ....

3. Recopie les verbes avec leur sujet en conjuguant le verbe à l'imparfait.

Tu as peur. Autrefois, ...

L'aigle est redoutable. ....

Les pêcheurs vont sur le lac en barque. ....

Nous voyons la Tour Eiffel de notre fenêtre. ....

Elle vient chez moi chaque jour. ....

Je pince les lèvres pour ne pas rire. ....

Vous faites du sport tous les jours. ....

Ils changent de voiture souvent. ....

Elle prend le train souvent. ....

4. Récris ce texte à l'imparfait.

Dans les champs, on arrache les betteraves à la main. En été, des faucheurs coupent le blé à la faux. Je prends le blé coupé et je fais une gerbe.

Autrefois, dans les champs ....

Évaluation CM1

1. a. Lis le texte. Souligne les verbes conjugués et écris leur infinitif.

Quand j'avais huit ans, j'adorais le cirque. Deux fois par an, un petit cirque arrivait dans notre village. Maman prenait des places. Et le soir, nous assistions au spectacle. Sur la piste, avec une vieille trompette, un clown enfariné jouait de la musique. Il faisait rire tout le monde. Deux lions obéissaient à un dompteur. Ils sautaient dans des cerceaux enflammés. Un jongleur était en équilibre sur un ballon, il lançait des balles. Il les rattrapait avec adresse. Des trapézistes voltigeaient sous le chapiteau.

Autour de nous, les yeux des enfants brillaient. Le jeune public enthousiasmé applaudissait pendant de longues minutes. Après le spectacle, je ne voulais pas quitter le chapiteau.

b. À quel temps sont conjugués ces verbes ? ....

2. Recopie chaque phrase avec le sujet proposé.

Vous écoutiez de la musique. Je ....

Tu avançais sans te retourner. Nous ....

Nous protégions nos livres avec du plastique. Je ....

Il pliait les feuilles en quatre. Vous ....

J'arrivais toujours au sommet avant tout le monde. Ils ....

Elles voulaient des gâteaux secs. Elle ....

3. Recopie les verbes avec leur sujet en conjuguant le verbe à l'imparfait.

Tu as peur. Autrefois, ...

L'aigle est redoutable. ....

Les pêcheurs vont sur le lac en barque. ....

Nous voyons la Tour Eiffel de notre fenêtre. ....

Elle vient chez moi chaque jour. ....

Je pince les lèvres pour ne pas rire. ....

Vous faites du sport tous les jours. ....

Ils changent de voiture souvent. ....

Elle prend le train souvent. ....

Je conjugue les verbes sans erreur. ....

4. Récris ce texte à l'imparfait

Dans les champs, on arrache les betteraves à la main. En été, des faucheurs coupent le blé à la faux. Je prends le blé coupé et je fais une gerbe. Des femmes disposent les gerbes en tas. Celles-ci restent plusieurs jours ainsi afin de sécher.

Autrefois, dans les champs ....

Évaluation CM2

1. a. Lis le texte. Souligne les verbes conjugués et écris leur infinitif.

Quand j'avais huit ans, j'adorais le cirque. Deux fois par an, un petit cirque arrivait dans notre village. Maman prenait des places. Et le soir, nous assistions au spectacle. Sur la piste, avec une vieille trompette, un clown enfariné jouait de la musique. Il faisait rire tout le monde. Deux lions obéissaient à un dompteur. Ils sautaient dans des cerceaux enflammés. Un jongleur était en équilibre sur un ballon, il lançait des balles et les rattrapait avec adresse. Des trapézistes voltigeaient sous le chapiteau.
Autour de nous, les yeux des enfants brillaient. Le jeune public enthousiasmé applaudissait pendant de longues minutes. Après le spectacle, je ne voulais pas quitter le chapiteau.

b. À quel temps sont conjugués ces verbes ? ....

2. Recopie chaque phrase avec le sujet proposé.

Vous écoutiez de la musique. Je ....

Tu avançais sans te retourner. Nous ....

Nous protégions nos livres avec du plastique. Je ....

Il pliait les feuilles en quatre. Vous ....

J'arrivais toujours au sommet avant tout le monde. Ils ....

Elles voulaient des gâteaux secs. Elle ....

Elle avouait son ignorance. J' ....

3. Recopie les verbes avec leur sujet en conjuguant le verbe à l'imparfait.

Tu as peur. Autrefois, ...

L'aigle est redoutable. ....

Les pêcheurs vont sur le lac en barque. ....

Nous voyons la Tour Eiffel de notre fenêtre. ....

Elle vient chez moi chaque jour. ....

Je pince les lèvres pour ne pas rire. ....

Vous faites du sport tous les jours. ....

Ils changent de voiture souvent. ....

Elle prend le train souvent. ....

Je conjugue les verbes sans erreur. ....

Elles envoient leur lettre par porteur spécial. ....

4. Récris ce texte à l'imparfait.

Dans les champs, il n'y a pas de machines. On arrache les betteraves à la main. En été, des faucheurs coupent le blé à la faux. Je prends le blé coupé et je fais une gerbe. Des femmes disposent les gerbes en tas. Celles-ci restent plusieurs jours ainsi afin de sécher. Ensuite, nous chargeons les bottes sur un chariot tiré par des chevaux et nous les rentrons dans une grange.

Autrefois, dans les champs ....

COLLECTES de la semaine 5

Vous avez plié trois fois ce disque en deux.
Tu as plié trois fois ce disque en deux.
Vous avez percé un petit trou.
Tu as percé un petit trou.
Vous avez appuyé pour bien marquer les plis.
Tu as appuyé pour bien marquer les plis.

Vous avez fait attention.
Tu as fait attention.

Tu as percé un petit trou au centre du disque.
Tu as découpé huit fentes.

---

le centre du disque
un capuchon de stylo
le radiateur de la classe

Semaine 6 — La première traversée de la Manche

Autour d'un texte documentaire

La traversée de la Manche par Louis Blériot

En 1909, la traversée de la Manche en avion a un retentissement mondial. L'exploit bouleverse le monde et stupéfie les Anglais. Le lendemain, un journal annonce : « L'Angleterre n'est plus une ile ! » Depuis 1900, des pionniers sont capables d'effectuer des vols aériens. Parmi eux : Louis Blériot. En 1907, pour la première fois, il vole dans un avion de sa conception. En 1908, il fait un aller-retour de 26 km au-dessus de la Beauce. Alors en 1909, quand le journal britannique *Daily Mail* lance le défi d'une traversée de la Manche en avion en offrant une récompense de 25 000 livres, Louis Blériot veut relever le défi.
Le 25 juillet 1909, il entreprend la traversée. Il décolle de Sangatte à 4h 41. Très vite, il perd de vue son navire escorteur. Sa boussole ne fonctionne plus. Face à l'immensité de la mer, il n'a plus de repère. Il a peur de dériver. Il essaie de voler droit devant lui. Il a peur aussi de tomber à la mer car il ne sait pas nager. À travers la brume, quelques bateaux lui indiquent la direction de Douvres, en Grande-Bretagne. Enfin, il voit une ligne grise à l'horizon, puis il aperçoit le drapeau tricolore lui indiquant l'endroit où il doit se poser. À ce moment-là, l'avion subit des remous, alors il coupe les gaz et il attend de toucher le sol. L'atterrissage est brutal. Une foule immense accueille l'aviateur.

Lecture compréhension du texte

- Demander aux élèves ce qu'ils savent des débuts de l'aviation. Faire une recherche sur Internet sur les essais de Clément Ader et des frères Wright.
- Faire expliciter les différentes étapes de la traversée. Situer les lieux sur une carte.
Quels problèmes rencontre Louis Blériot lors de la traversée ? Lors de l'atterrissage ? Pourquoi l'événement a-t-il un retentissement mondial ?
- Expliquer : *bouleverser* ; *stupéfie* ; *des pionniers* ; *des livres* ; *conception* ; *un navire escorteur* ; *des remous*.
- Sur le site https://www.google.com/culturalinstitute/beta/u/0/exhibit/louis-bl%C3%A9riot-traverse-la-manche-en-avion/QRUyHxI4?hl=fr, observer des photos de l'avion de Blériot.
- Distinguer les trois paragraphes et leur donner un titre.
- Trouver qui est désigné par les mots soulignés. Nommer les pronoms personnels sujets.
- Relever les mots ou groupes de mots qui donnent des indications de temps : *depuis..., en..., le... , enfin..., puis...*
- Relever les mots ou groupes de mots qui donnent des indications d'espace : *au-dessus de..., devant..., en..., à ce moment-là*.
- Relever l'indicateur logique : *alors*.
- Expliciter le rôle des guillemets : ils encadrent une citation.

JOUR 1 > Transposition du texte

- Constater que le texte est écrit au présent.
- Bien lire le texte à l'oral en le transposant au passé composé, écrire les changements au tableau puis les faire peu à peu écrire par les élèves sur leur cahier ou leur ardoise. Faire remarquer les changements des verbes au moment où on les écrit ; les nommer en précisant leur infinitif. Constater que certains verbes se conjuguent à l'imparfait, d'autres au passé composé. Souligner les verbes au passé composé et constater qu'ils sont en deux parties. Nommer l'auxiliaire et le participe passé.

Les CE2 peuvent s'arrêter à « 4h 41 » et recopier la troisième et la quatrième phrase du texte transposé. Poursuivre avec les CM. Puis les CM1 recopient les trois premières phrases transposées du deuxième paragraphe. Poursuivre avec les CM2.

Collecte

Passé 2

Il a volé pour la première fois dans un avion de sa conception.

Passé 3

La traversée de la Manche en avion a eu un retentissement mondial.
Il a fait un aller-retour de 26 km au-dessus de la Beauce.
Le 25 juillet 1909, il a entrepris la traversée.
Louis Blériot a voulu relever le défi.
L'avion a subi des remous.

Exercices

Transposer au passé.

Louis Blériot traverse la Manche en 1909. Il a des problèmes au cours de la traversée. Néanmoins, il fait les 40 kilomètres en 26 minutes. Il pose son avion brutalement à cause des remous. Des spectateurs applaudissent l'aviateur.

Texte transposé

La traversée de la Manche par Louis Blériot

En 1909, la traversée de la Manche en avion a eu un retentissement mondial. L'exploit a bouleversé le monde et a stupéfié les Anglais. Le lendemain, un journal a annoncé : « L'Angleterre n'est plus une ile ! » Depuis 1900, des pionniers étaient capables d'effectuer des vols aériens. Parmi eux : Louis Blériot. En 1907, pour la première fois, il a volé dans un avion de sa conception. En 1908, il a fait un aller-retour de 26 km au-dessus de la Beauce. Alors en 1909, quand le journal britannique *Daily Mail* a lancé le défi d'une traversée de la Manche en avion en offrant une récompense de 25 000 livres, Louis Blériot a voulu relever le défi.

Le 25 juillet 1909, il a entrepris la traversée. Il a décollé de Sangatte à 4h 41. Très vite, il a perdu de vue son navire escorteur. Sa boussole ne fonctionnait plus. Face à l'immensité de la mer, il n'avait plus de repère. Il avait peur de dériver. Il essayait de voler droit devant lui. Il avait peur aussi de tomber à la mer car il ne savait pas nager. À travers la brume, quelques bateaux lui indiquaient la direction de Douvres, en Grande-Bretagne. Enfin, il a vu une ligne grise à l'horizon, puis il a aperçu le drapeau tricolore lui indiquant l'endroit où il devait se poser. À ce moment-là, l'avion a subi des remous, alors il a coupé les gaz et il a attendu de toucher le sol. L'atterrissage a été brutal. Une foule immense a accueilli l'aviateur.

JOUR 2 > Travail sur les phrases

- Relire le texte *La traversée de la Manche*.
- Lire les phrases déclaratives à la forme négative et les transformer à l'oral à la forme affirmative en utilisant *encore* et *toujours*.

Sa boussole ne fonctionnait plus. Sa boussole fonctionnait encore. Sa boussole fonctionnait toujours.
Face à l'immensité de la mer, il n'avait plus de repère. Face à l'immensité de la mer il avait encore des repères.
Face à l'immensité de la mer, il avait toujours des repères.

- Dans chaque phrase, entourer le sujet et le complément supprimable et déplaçable (le complément circonstanciel), souligner le verbe, indiquer son infinitif et son groupe. Lire les phrases en déplaçant ces compléments puis en les supprimant.

La traversée de la Manche en avion a eu un retentissement mondial.
Le 25 juillet 1909, il a entrepris la traversée.
En 1908, il a fait un aller-retour de 26 km au-dessus de la Beauce.
À travers la brume, quelques bateaux lui indiquaient la direction de Douvres.
Indiquer la nature des sujets.
Faire donner la nature des compléments circonstanciels et indiquer s'ils sont de temps, de lieu ou de cause.
Trouver les compléments proches du verbe ni supprimables ni déplaçables (les compléments d'objet) : *un retentissement mondial*, *la traversée*, *un aller-retour de 26 km*, *lui*, *la direction de Douvres*.
Dans la dernière phrase, remplacer le pronom *lui* par le groupe nominal qu'il remplace.

- Trouver le sujet et le verbe :

L'atterrissage est brutal. Récrire avec : *les atterrissages*, *la pose sur le sol*, *les poses sur le sol* comme sujets.
Constater les accords et la présence du verbe *être*.
Pendant ce temps, les CE2 recopient la deuxième phrase en changeant le complément complément supprimable et déplaçable de place.
Faire souligner les verbes dans la phrase suivante :
À ce moment-là, l'avion a subi des remous, alors il a coupé les gaz et il a attendu de toucher le sol.

Collecte

Phrases négatives et phrases affirmatives correspondantes
Sa boussole ne fonctionnait plus. Sa boussole fonctionnait encore. Sa boussole fonctionnait toujours.
Face à l'immensité de la mer, il n'avait plus de repère. Face à l'immensité de la mer, il avait encore des repères.
Face à l'immensité de la mer, il avait toujours des repères.

Attributs
L'atterrissage est brutal. La pose sur le sol est brutale.
Les atterrissages sont brutaux. Les poses sur le sol sont brutales.

Compléments 2
Le 25 juillet 1909, Louis Blériot a entrepris la traversée.
À travers la brume, quelques bateaux lui indiquaient la direction de Douvres.

Exercices

Constituer une phrase :
d'un terrain proche de Calais – l'aviateur – à l'aube – décolle – pour traverser la Manche
d'un terrain – l'aviateur – à l'aube – décolle – pour traverser la Manche – proche de Calais – un matin

Dans les phrases suivantes, entourer le sujet, les compléments supprimables et déplaçables (circonstanciels), souligner le verbe. Indiquer si le sujet est un groupe nominal ou un pronom.
Enfin, il a vu une ligne grise à l'horizon.
En 1907, pour la première fois, il a volé dans un avion de sa conception.
À ce moment-là, l'avion a subi des remous.

Récrire les phrases en changeant de place le complément qui peut l'être (le complément circonstanciel). Il y en a deux dans la première et la deuxième phrase.

CE2 | CM1 | CE2 / CM1 | CM2 | CM1 / CM2 | CE2 / CM1 / CM2

JOUR 3 > Activités sur les groupes nominaux et sur les classes de mot

- Relever des noms propres et des groupes nominaux avec adjectif.

Les classer suivant leur genre et leur nombre.

Dans les groupes nominaux suivants, trouver le nom principal : *la traversée de la Manche* ; *un avion de sa conception* ; *l'immensité de la mer* ; *la direction de Douvres*.

Dans le groupe nominal : *l'immensité de la mer*, compléter *l'immensité* par autre groupe de mots : *l'immensité du…* ; *l'immensité de…* . Faire de même pour : *la traversée de…* ; *un avion de…* ; *la direction de…*

Dans le texte, relever les verbes à l'infinitif.

Collecte

Groupe nominaux 3

l'immensité de la mer
la direction de Douvres
un avion de sa conception

Exercices

Recopier les groupes nominaux suivants en changeant leur nombre. Souligner les adjectifs.

les dunes – une traversée spectaculaire – un vol important – les hautes falaises anglaises – le sol britannique – les premiers aviateurs – un hélice brisée

Remplacer le groupe nominal souligné par un autre groupe nominal.

la terre de France ; le vent d'est ; les acclamations du public ; l'arrivée de l'aviateur.

JOUR 4 > Vocabulaire et production écrite

Vocabulaire

- Rechercher dans le dictionnaire les mots *bouleverser*, *aérien*, *défi*, *récompense*, *livre*.

Constater que le mot *livre* (monnaie anglaise) a deux homophones : le livre (l'objet composé de feuilles) et la livre (l'unité de mesure). Constater comment les trois homophones sont présentés dans le dictionnaire.

Faire chercher dans le dictionnaire l'homophone du fils de mon oncle (*le cousin*). Trouver le sens de chacun des mots homophones *bouton* et *bouchon*.

- Observer la manière dont sont formés les mots : *au-dessus*, *un aller-retour*, *la Grande-Bretagne*. Constater qu'ils sont formés de deux mots reliés par un trait d'union. Trouver d'autres mots composés ainsi à partir des définitions suivantes : *un bateau sur lequel les avions peuvent atterrir – une balance pour une personne – une vitre qui est à l'avant d'une voiture – un appareil pour griller le pain – un appareil pour couper ses ongles.*

Production écrite

À partir des informations suivantes, écrire le récit de la traversée de l'Atlantique en employant le passé composé en s'inspirant du texte *La traversée de la Manche*.

20-21 mai 1927 : première traversée en avion en solitaire et sans étapes de l'Atlantique Nord :
l'Américain Charles Lindbergh (25 ans)
décollage de New-York
atterrissage à l'aéroport du Bourget à Paris – foule importante
durée du vol : 33 heures 30 minutes
nom de son avion : Spirit of saint Louis
Péripéties : le froid – la fatigue – lutte contre le sommeil – il se réveille plusieurs fois quand son avion touche les vagues.
Relire le texte rédigé en vérifiant le bon emploi du passé composé.

COLLECTES de la semaine 6

Il a volé pour la première fois dans un avion de sa conception.

La traversée de la Manche en avion a eu un retentissement mondial.
Il a fait un aller-retour de 26 km au-dessus de la Beauce.
Le 25 juillet 1909, il a entrepris la traversée.
Louis Blériot a voulu relever le défi.
L'avion a subi des remous.

Sa boussole ne fonctionnait plus. Sa boussole fonctionnait encore. Sa boussole fonctionnait toujours. Face à l'immensité de la mer il n'avait plus de repère. Face à l'immensité de la mer il avait encore des repères.
Face à l'immensité de la mer il avait toujours des repères.

L'atterrissage est brutal. La pose sur le sol est brutale.
Les atterrissages sont brutaux. Les poses sur le sol sont brutales.

Le 25 juillet 1909, Louis Blériot a entrepris la traversée.
À travers la brume, quelques bateaux lui indiquaient la direction de Douvres.

l'immensité de la mer
la direction de Douvres
un avion de sa conception

CE2 · CM1 · CE2/CM1 · CM2 · CM1/CM2 · CE2/CM1/CM2

Semaine 7 Évaluation sur la phrase et l'adjectif qualificatif épithète

Évaluation CE2

Il s'agit d'évaluer si les élèves savent :
- identifier et employer des adjectifs qualificatifs dans un groupe nominal ;
- classer des groupes nominaux suivant leur genre et leur nombre ;
- dans une phrase, identifier le verbe, le sujet, les compléments supprimables et déplaçables ;
- indiquer la nature des sujets.

Évaluation CM1

Il s'agit d'évaluer si les élèves savent :
- identifier et employer des adjectifs qualificatifs dans un groupe nominal ;
- classer des groupes nominaux suivant leur genre et leur nombre ;
- identifier des pronoms et des groupes nominaux dans un texte ;
- dans une phrase, identifier le sujet, le verbe et les compléments circonstanciels ;
- indiquer la nature des sujets.

Évaluation CM2

Il s'agit d'évaluer si les élèves savent :
- identifier et employer des adjectifs qualificatifs épithètes dans un groupe nominal ;
- classer des groupes nominaux suivant leur genre et leur nombre ;
- identifier des pronoms et des groupes nominaux dans un texte ;
- dans une phrase, identifier le sujet, le verbe et les compléments circonstanciels ;
- indiquer la nature des sujets et des compléments circonstanciels ;
- indiquer sir les compléments circonstanciels sont de lieu, de temps ou de cause.

Évaluation CE2

1. Lis ces groupes nominaux et entoure les adjectifs qualificatifs.
une petite maison bleue – des bêtes féroces – un immeuble neuf – un grand chapeau noir – une belle robe fleurie – une boisson rafraichissante – les vieux meubles

2. Ajoute un adjectif à ces groupes nominaux. Attention aux accords.
des chaussures – un arbre – un loup – des poussins – la fleur – un papillon – des nuages – une bouteille

3. Recopie ces groupes nominaux dans la case qui convient.
un visage allongé – ma vieille poupée – ses épais sourcils – certains jeunes canards – de gros arbres – sa lampe cassée – l'usine fermée– des volcans éteints – votre chaise fragile – notre moto bruyante

	Masculin	Féminin
Singulier		
Pluriel		

4. a. Dans chaque phrase, entoure le sujet et les compléments supprimables et déplaçables.
Souligne le verbe, écris son infinitif.
Deux fois par an, dans notre village, un petit cirque installait son chapiteau.
Le soir, nous assistions au spectacle.
Sur la piste, avec une vieille trompette, un clown enfariné jouait de la musique.

b. Recopie chaque sujet et indique sa nature : pronom ou groupe nominal.

....

Évaluation CM1

1. Lis ces groupes nominaux et entoure les adjectifs qualificatifs.
une petite maison bleue – des bêtes féroces – un immeuble neuf – un grand chapeau noir – une belle robe fleurie – une boisson rafraichissante – les vieux meubles – un fort vent glacial – ma nouvelle adresse postale

2. Ajoute un adjectif à ces groupes nominaux. Attention aux accords.
des chaussures – un arbre – un loup – des poussins – la fleur – un papillon – des nuages – une bouteille – un taureau

3. Recopie ces groupes nominaux dans la case qui convient.
un visage allongé – ma vieille poupée – ses épais sourcils – certains jeunes canards – de gros arbres – sa lampe cassée – l'usine fermée – des volcans éteints – votre chaise fragile – notre moto bruyante – un ciel nuageux – les grandes fiches cartonnées

	Masculin	Féminin
Singulier		
Pluriel		

4. a. Lis le texte
Quand j'avais huit ans, j'adorais le cirque. Deux fois par an, un petit cirque arrivait dans notre village. Maman prenait des places. Et le soir, nous assistions au spectacle. Sur la piste, avec une vieille trompette, un clown enfariné jouait de la musique. Il faisait rire tout le monde. Deux lions obéissaient à un dompteur. Ils sautaient dans des cerceaux enflammés. Un jongleur était en équilibre sur un ballon, il lançait des balles. Il les rattrapait avec adresse. Des trapézistes voltigeaient sous le chapiteau. Autour de nous, les yeux des enfants brillaient. Le jeune public enthousiasmé applaudissait pendant de longues minutes. Après le spectacle, je ne voulais pas quitter le chapiteau.

b. Dans le texte, relève :

Deux pronoms personnels sujets : ....

Deux groupes nominaux sans adjectif : ....

Deux groupes nominaux avec un ou deux adjectifs : ....

5. a. Dans chaque phrase, entoure le sujet et le ou les compléments circonstanciels.
Souligne le verbe et indique son infinitif et son groupe.

Deux fois par an, dans notre village, un petit cirque installait son chapiteau. ....

Le soir, nous assistions au spectacle. ....

....

Le jeune public enthousiasmé applaudissait pendant de longues minutes.

....

b. Sous chaque sujet indique sa nature : groupe nominal ou pronom.

Évaluation CM2

1. Lis ces groupes nominaux et entoure les adjectifs qualificatifs épithètes.
une petite maison bleue – des bêtes féroces – un immeuble neuf – un grand chapeau noir – une belle robe fleurie – une boisson rafraichissante – les vieux meubles – un fort vent glacial – ma nouvelle adresse postale – une occupation enrichissante

2. Ajoute un adjectif à ces groupes nominaux. Attention aux accords.
des chaussures – un arbre – un loup – des poussins – la fleur – un papillon – des nuages – une bouteille – un taureau – un dessert

3. Recopie ces groupes nominaux dans la case qui convient.
un visage allongé – ma vieille poupée – ses épais sourcils – certains jeunes canards – de gros arbres – sa lampe cassée – l'usine fermée – des volcans éteints – votre chaise fragile – notre moto bruyante – un ciel nuageux – les grandes fiches cartonnées – un étrange tunnel – des cabines vitrées

	Masculin	Féminin
Singulier		
Pluriel		

4. a. Lis le texte.
Quand j'avais huit ans, j'adorais le cirque. Deux fois par an, un petit cirque arrivait dans notre village. Maman prenait des places. Et le soir, nous assistions au spectacle. Sur la piste, avec une vieille trompette, un clown enfariné jouait de la musique. Il faisait rire tout le monde. Deux lions obéissaient à un dompteur. Ils sautaient dans des cerceaux enflammés. Un jongleur était en équilibre sur un ballon, il lançait des balles et il les rattrapait avec adresse. Des trapézistes voltigeaient sous le chapiteau. Autour de nous, les yeux des enfants brillaient. Comme le spectacle était superbe, le jeune public enthousiasmé applaudissait pendant de longues minutes. Après le spectacle, je ne voulais pas quitter le chapiteau.

b. Dans le texte, relève :

Trois pronoms personnels sujets : ....

Trois groupes nominaux sans adjectif : ....

Trois groupes nominaux avec un ou deux adjectifs : ....

5. a. Dans chaque phrase, entoure le sujet, les compléments circonstanciels.
Souligne le verbe et indique son infinitif et son groupe.

Deux fois par an, un petit cirque arrivait dans notre village.

....

Le soir, nous assistions au spectacle.

....

Sur la piste, avec une vieille trompette, un clown enfariné jouait de la musique.

....

Autour de nous, les yeux des enfants brillaient.

....

Comme le spectacle était superbe, le jeune public enthousiasmé applaudissait pendant de longues minutes.

....

b. Sous chaque sujet indique sa nature : groupe nominal ou pronom.

c. Indique la nature du complément circonstanciel dans la deuxième phrase.

d. Recopie les compléments circonstanciels dans la colonne qui convient :

CC de temps	CC de lieu	CC de cause
....	....	....

Période 4

Mars - Avril

Programmation

SEMAINE	JOUR	SÉQUENCES
1 Autour d'un compte-rendu	1 2 3, 4	• Lecture du texte *Les toupies magiques* ; transposition de la 1re personne du pluriel à la 1re personne du singulier du passé composé. • Activités sur les phrases. • **Structuration : le passé composé des verbes du 1er groupe avec l'auxiliaire *avoir*.**
2 Autour d'un compte-rendu	1 2, 3 4	• Lecture du texte : *Les toupies magiques* (suite) ; transposition du présent au passé composé. • **Structuration : le passé composé des autres verbes avec l'auxiliaire *avoir*.** • Vocabulaire et production écrite
3 Autour d'un conte	1 2 3 4	• Lecture du texte *Premier voyage de Sinbad* ; transposition de la 3e personne du singulier à la 3e personne du pluriel du passé composé. • Activités en autonomie sur les phrases. **Structuration : le complément du nom.** • **Structuration : la phrase négative.** Exercices sur le complément du nom. • Vocabulaire et production écrite.
4 Autour d'un conte	1 2 3	• Lecture du texte *Deuxième voyage de Sinbad* ; transposition de la 1re personne du singulier à la 1re personne du pluriel au passé composé. • **Structuration : le passé composé avec l'auxiliaire *être*.** • Vocabulaire. **Évaluation sur le passé composé.**
5 Autour d'articles de journaux	1 2 3 4	• Lecture du texte *Des brèves de journaux* ; transposition au passé composé en autonomie ; transposition à l'imparfait de la 3e personne du singulier à la 3e personne du pluriel ; transposition au passé simple. • Activités sur les phrases. • Activités sur les groupes nominaux en autonomie. Transposition au passé simple du texte *Les voyages de Sinbad.* • Vocabulaire et production écrite.
6 Autour d'un texte documentaire, d'un texte narratif	1 2 3 4	• Lecture du texte *Le koala* ; transposition au présent en autonomie à la 3e personne du pluriel ; transposition au passé simple de *La Fleur Rouge*. • Activités en autonomie sur les phrases. **Structuration : le passé simple des verbes du 1er groupe et du verbe *aller*.** • Activités en autonomie sur les groupes nominaux. **Structuration : le passé simple des autres verbes.** • Exercices.
7		• **Évaluation sur la phrase négative, le complément du nom, le passé simple.**

CE2 · CM1 · CE2 / CM1 · CM2 · CM1 / CM2 · CE2 / CM1 / CM2

Semaine 1 Fabriquer des toupies magiques

Autour d'un compte-rendu

Les toupies magiques

Deux élèves ont expliqué à leurs camarades comment fabriquer trois toupies magiques.
« Nous avons pris un bouchon de liège, trois allumettes et de la colle cellulosique. Nous avons découpé trois rondelles de 5 mm d'épaisseur dans le bouchon de liège et nous avons fait un trou au centre de chacune d'elles.
Ensuite, nous avons taillé les trois allumettes en pointe. Nous avons découpé des disques colorés et nous avons percé le centre de chaque disque avec une épingle. Puis nous avons mis un peu de colle sur une rondelle de bouchon. Nous avons passé une allumette, pointe en bas, à travers un des disques découpés puis à travers la rondelle de bouchon encollée. Enfin, nous avons appuyé le disque contre le bouchon pour bien le coller. Nous avons construit chaque toupie de la même façon. »

(Suite de cet extrait en semaine 2)

Lecture compréhension du texte

- Faire expliciter les différentes étapes de la fabrication en mettant en relation le texte et les dessins.
- Fabriquer éventuellement les toupies.
- Relever les mots ou groupes de mots qui donnent des indications d'espace : *au centre de*, *à travers*, *contre…*

Les disques colorés nécessaires à la fabrication des toupies sont à la fin de la semaine, page 139.

- Expliquer : *bouchon de liège* ; *colle cellulosique*.
- Distinguer l'introduction des étapes de la réalisation.
- Relever les mots ou groupes de mots qui donnent des indications de temps : *puis*, *et*, *ensuite*, *enfin.*

JOUR 1 > Transposition du texte

- Nommer les temps utilisés dans le texte.
- Transposer le texte en commençant par :

Un élève a expliqué à ses camarades comment…
Bien lire le texte à l'oral en le transposant, puis écrire les changements au tableau. Les faire peu à peu écrire par les élèves sur leur cahier ou leur ardoise. Remarquer les changements des verbes au moment où on les écrit, les nommer en précisant leur infinitif, souligner les verbes au passé composé et constater qu'ils sont en deux parties. Nommer l'auxiliaire et le participe passé.
Les CE2 peuvent s'arrêter à *épingle* et recopier la 5e phrase du texte à transposer et transposée. Poursuivre avec les CM. Puis les CM1 recopient la 5e phrase non transposée puis transposée. Poursuivre avec les CM2.

- Poursuivre le relevé de *et* (*un bouchon de liège, trois allumettes* ***et*** *de la colle cellulosique ; Nous avons découpé des disques colorés* ***et*** *nous avons percé le centre de chaque disque avec une épingle*) et expliciter son rôle.

Collecte

Passé 2
Ensuite, nous avons taillé en pointe les trois allumettes.
Ensuite, j'ai taillé en pointe les trois allumettes.

Passé 3
J'ai fait un trou au centre de chacune d'elle.

CE2 · CM1 · CE2/CM1 · CM2 · CM1/CM2 · CE2/CM1/CM2

Exercices

Transposer au passé composé en commençant par : *Hier…* Puis transposer avec *nous*.

Je fais du bricolage. Je découpe, je perce, je taille, je colle.

Transposer avec *tu* puis *vous*.

Texte transposé

Les toupies magiques

Un élève a expliqué à ses camarades comment fabriquer trois toupies magiques.
« J'ai pris un bouchon de liège, trois allumettes et de la colle cellulosique. J'ai découpé trois rondelles de 5 mm d'épaisseur dans le bouchon de liège et j'ai fait un trou au centre de chacune d'elles. Ensuite, j'ai taillé les trois allumettes en pointe. J'ai découpé des disques colorés et j'ai percé le centre de chaque disque avec une épingle. Puis j'ai mis un peu de colle sur une rondelle de bouchon. J'ai passé une allumette pointe en bas à travers un des disques découpés puis à travers la rondelle de bouchon encollée. Enfin, j'ai appuyé le disque contre le bouchon pour bien le coller. J'ai construit chaque toupie de la même façon. »

JOUR 2 > Activités sur les phrases

- Relire le texte *Les toupies magiques*.
- Compter le nombre de phrases du texte. Faire constater que ce sont toutes des phrases déclaratives.
- Constituer une phrase avec les groupes de mots suivants :

a fabriqué – avec des allumettes – un garçon – des bouchons – des toupies magiques – et de la colle – chez lui.

- Dans chaque phrase, entourer le sujet et le complément supprimable et déplaçable (le complément circonstanciel), souligner le verbe, indiquer son infinitif et son groupe. Lire les phrases en déplaçant ces compléments puis en les supprimant. Faire donner la nature des sujets.

Pour faire des toupies magiques, j'ai pris un bouchon de liège.
Ensuite, je taille les trois allumettes.
J'ai percé le disque avec une épingle.
J'ai appuyé le disque contre le bouchon pour bien les coller.

Trouver les compléments proches du verbe ni supprimables ni déplaçables (les compléments d'objet) : *un bouchon de liège*, *les trois allumettes*, *le disque*. Remplacer *le disque* et *les trois allumettes* par un pronom.

Les CM2 soulignent les verbes dans les phrases suivantes.
J'ai découpé trois rondelles de 5 mm d'épaisseur dans le bouchon de liège et j'ai fait un trou au centre de chacune d'elles.
J'ai découpé les disques colorés et j'ai percé le centre de chaque disque avec une épingle.

Collecte

Compléments 2

Pour faire des toupies magiques, j'ai pris un bouchon de liège.
J'ai percé le disque avec une épingle.
Ensuite, je taille les trois allumettes.
Ensuite, je les taille.

Exercice

Ajouter un complément circonstanciel en début de phrase.

Le pêcheur a attrapé un gros poisson.
J'ai joué au ballon.
Nora mange une glace au chocolat.

JOURS 3 ET 4 > Structuration : le passé composé des verbes du 1er groupe formé avec le verbe *avoir*

- Il s'agit de montrer que :
– le passé composé est un temps qui exprime des événements passés ;
– il est composé de deux mots : l'auxiliaire *avoir*, conjugué au présent et le participe passé se terminant par *-é*.
- Relire les textes au passé. Rappeler que les verbes expriment des événements passés. Il y a deux temps dans ces textes pour le passé : un temps dont les verbes sont en deux parties (le passé composé) et un autre temps (l'imparfait).
- Lire la page du cahier de collectes « Passé 2 ».
- Dans ces phrases, faire souligner les verbes conjugués au passé composé et faire donner leur infinitif : il s'agit de verbes du 1er groupe.
Constater que ces verbes conjugués se composent de deux parties : l'auxiliaire *avoir*, lui-même conjugué au présent et le participe passé terminé par *-é*. Comparer avec des verbes conjugués au présent : le verbe est constitué d'une seule partie, c'est un temps simple.
Établir ensuite la conjugaison complète d'un verbe du 1er groupe.
- Garder la conjugaison d'un verbe du 1er groupe qui servira de modèle pour tous les autres verbes de ce groupe, conjugués avec l'auxiliaire *avoir*. Les CM2 remarquent la présence du « y » dans le participe passé du verbe en *-yer*. Leur faire conjuguer les verbes *appeler* et *jeter*.
- Mettre quelques phrases des collectes à la forme négative et constater que la négation *pas* s'intercale entre l'auxiliaire et le participe passé.
- Donner aux élèves la conjugaison du verbe *être* dont le participe passé se termine par *-é*.

Exercices

Recopier les phrases puis souligner les verbes conjugués au passé composé et écrire leur infinitif.
Elle a donné la bonne réponse. Tu as refermé la bouteille. Vous avez plié le linge. Elle a deviné ton prénom. Nous avons raté le bus. J'ai emporté mon parapluie. Elle a été absente longtemps. Ils ont ennuyé tout le monde. Tu as acheté du pain.

Associer les pronoms sujets aux verbes du 1er groupe et recopier les groupes ainsi formés.
verbes → a bricolé – avons bavardé – ont grimpé – as discuté – ai piétiné – avez murmuré – a rayé – ont jeté
sujets → tu – ils – j' – vous – elle – nous

Récrire les phrases en conjuguant les verbes au passé composé.
Je trace des traits. Vous creusez un trou. Les voitures glissent sur la glace. Nous mangeons de la soupe. Elle gomme son dessin. Tu enjambes le fossé. Je suis malade. Elles enfournent le gâteau. Il nettoie la voiture.

Conjuguer au passé composé à toutes les personnes.
Je chante, je danse et je salue le public.

Recopier chaque phrase en mettant un pronom sujet qui convienne.
.... ont déterré un os. Cette nuit, ... as rêvé. .... a cassé un vase. Hier, ... ai remporté un tournoi de tennis. .... avez placé le moule dans le four. .... a grondé son chien. À l'annonce de cette mauvaise nouvelle, ... avons pleuré.

Recopier les phrases en écrivant le verbe au passé composé.
La semaine dernière, les élèves de CE2 (préparer) un jeu de piste. Les fillettes (patiner) ensemble. Le navire (couler). Nous (observer) des fourmis. Vous (déguster) un éclair au chocolat. J'(arracher) les mauvaises herbes. Tu (oublier) ton livre. Elles (dessiner). Tu (mélanger) tous les ingrédients. Ils (ramer) plusieurs heures. Les oiseaux (effrayer) les touristes.

Transposer au passé composé.
En janvier, nous tirons les rois. La maitresse apporte des galettes. Plusieurs élèves trouvent la fève. Nous crions : Vive le roi, vive la reine ! Et nous chantons. Nous aimons ce moment. Ensuite nous rangeons la classe. Quelques élèves nettoient les tables.

CE2 CM1 CE2 / CM1 CM2 CM1 / CM2 CE2 / CM1 / CM2

COLLECTES de la semaine 1

Ensuite, nous avons taillé en pointe les trois allumettes.
Ensuite, j'ai taillé en pointe les trois allumettes.

J'ai fait un trou au centre de chacune d'elle.

Pour faire des toupies magiques, j'ai pris un bouchon de liège.
J'ai percé le disque avec une épingle.
Ensuite, je taille les trois allumettes.
Ensuite, je les taille.

Semaine 2 Fabriquer des toupies magiques

Autour d'un compte-rendu

Les toupies magiques (suite)

Les camarades des deux élèves demandent :
« Mais pourquoi ces toupies sont-elles magiques ? »
« Ne soyez pas aussi impatients. Vous allez bientôt le savoir !
Nous prenons une toupie par l'allumette, entre le pouce et l'index. Nous lançons la toupie sur une surface lisse.
Elle tourne. En tournant, son dessin change de couleur ! Le disque bleu et jaune est vert. Quand la toupie finit de tourner, le vert disparait et on voit à nouveau le bleu et le jaune.
Ensuite, on fait tourner la toupie rouge et jaune. En tournant, le disque est orange. Quand la toupie finit de tourner, l'orange disparait et on voit à nouveau le rouge et le jaune. La vitesse fait croire que les couleurs sont mélangées.
Quand on fait tourner la toupie bleue et rouge, de quelle couleur est le disque ?
Si vous comprenez le phénomène, vous devez trouver la couleur du disque de la troisième toupie. »

Lecture compréhension du texte

- Laisser les élèves répondre à la question posée à la fin du texte pour voir si les élèves ont compris le phénomène.
- Distinguer les paroles des deux élèves et celles de leurs camarades.
- Observer la ponctuation du dialogue : des guillemets mais pas de tirets.
- Faire remarquer la phrase impérative : *Ne soyez pas aussi impatients.*

JOUR 1 > Transposition du texte

- Transposer le texte au passé composé.
- Bien lire le texte à l'oral en le transposant puis écrire les changements au tableau, les faire peu à peu écrire par les élèves sur leur cahier ou leur ardoise. Faire remarquer les changements des verbes au moment où on les écrit, les nommer en précisant leur infinitif, souligner les verbes. Distinguer les verbes à l'imparfait des verbes au passé composé.

Les CE2 peuvent s'arrêter à : « …le bleu et le jaune », et recopier de : « Nous prenons… » à « … lisse. » (texte à transposer et texte transposé). Puis les CM1 recopient les deux premières phrases en vert non transposées puis transposées. Poursuivre avec les CM2.

Collecte

Passé 3

Nous avons pris une toupie.
On a vu le bleu et le jaune.
La toupie a fini de tourner.

Exercice

Transposer au passé (passé composé/imparfait) en commençant par *hier soir*.

Nous observons le ciel. On voit une étoile filante. Elle traverse le ciel rapidement.
L'étoile est brillante.

■ CE2 ■ CM1 ■ CE2 / CM1 ■ CM2 ■ CM1 / CM2 ■ CE2 / CM1 / CM2

Texte transposé

Les toupies magiques (suite)

Les camarades des deux élèves ont demandé :
« Mais pourquoi ces toupies sont-elles magiques ? »
« Ne soyez pas aussi impatients. Vous allez bientôt le savoir !
Nous avons pris une toupie par l'allumette, entre le pouce et l'index. Nous avons lancé la toupie sur une surface lisse.
Elle a tourné. En tournant, son dessin a changé de couleur ! Le disque bleu et jaune était vert. Quand la toupie a fini de tourner, le vert a disparu et on a vu à nouveau le bleu et le jaune.
Ensuite, on a fait tourner la toupie rouge et jaune. En tournant le disque était orange. Quand la toupie a fini de tourner, l'orange a disparu et on a vu à nouveau le rouge et le jaune. La vitesse a fait croire que les couleurs étaient mélangées.
Quand on a fait tourner la toupie bleue et rouge, de quelle couleur était le disque ?
Si vous avez compris le phénomène, vous avez dû trouver la couleur du disque de la troisième toupie. »

JOURS 2 ET 3 > Structuration : le passé composé des autres verbes avec l'auxiliaire *avoir*

Il s'agit de montrer que, au passé composé, le participe passé des verbes du 2e groupe, des verbes fréquents du 3e groupe se termine par :
– *-i*, *-is*, *-it*, quand on entend [i];
– *-u*, quand on entend [y] ;
– *-t* dans les autres cas.

- Lire les phrases collectées dans le cahier « Passé 2 ».
- Dans ces phrases, faire souligner les verbes conjugués au passé composé et faire donner leur infinitif : il s'agit de verbes du 2e groupe, des verbes fréquents du 3e groupe et du verbe *avoir*.

Constater que ces verbes conjugués se composent de deux parties : l'auxiliaire *avoir* lui-même conjugué au présent et le participe passé terminé par *-i*, *-is*, *-u* ou *-t*.
Faire compléter le tableau à l'aide des phrases collectées et des verbes suivants :
Il a pu prendre son train. Vous avez pu venir à l'école à pied. J'ai pu ranger ma chambre.
Préciser que *dû* s'écrit avec un accent circonflexe afin qu'il ne soit pas confondu avec le déterminant *du*.

Participe passé terminé par **-i**	Participe passé terminé par **-is**	Participe passé terminé par **-it**	Participe passé terminé par **-u**	Participe passé terminé par **-t**

Faire entourer la terminaison de chaque participe passé. Indiquer aux élèves qu'il faut se demander comment le participe passé s'écrit quand on entend [i] à la fin. Afficher dans la classe les participes passés terminés par [i] déjà rencontrés puis chaque fois que l'on en rencontre : *dit*, *pris*, *fini*.
Faire écrire par les élèves de CM2 : *il a lu, tu as bu, vous avez reçu, nous avons entendu, elle a peint.*

- Comme trace écrite, garder la conjugaison des verbes *avoir*, *pouvoir*, *vouloir*, *faire*, *dire*, *prendre*, *voir* qu'il faut mémoriser.

Exercices

Recopier les phrases au passé composé avec les pronoms proposés :

J'ai grossi. Tu… Vous…
Tu as réfléchi à ma proposition. Nous… Ils…
Nous avons averti la police. Elle… J'…
Il a obéi. Ils… Nous…
Elles ont agi avec rapidité. Elle… Tu…

Recopier les verbes soulignés et écrire leur infinitif :

Les skieurs ont voulu skier malgré le mauvais temps.
J'ai eu un diplôme.
Tu as été le meilleur sportif.
Hier, elle a pris sa voiture pour rentrer chez elle.
Lina a eu de la chance.
Vous avez nourri les animaux.
Nous avons dit un poème.
Elle a pu danser.

Récrire les phrases au passé composé avec le pronom proposé :

Vous avez pu voir la montgolfière dans le ciel ? Tu…
J'ai pris du sirop contre la toux. Nous….
Il a dit merci. Ils…
Tu as été courageux. Il…
Ils ont fait un spectacle. Elle….
Nous avons pris le train. J'…
Ils ont eu très soif après la course. Vous…
Vous avez eu du retard. Tu….
Les randonneurs ont vu des chamois. Le randonneur…
Il a été très ennuyeux. Vous….

Récrire les phrases en conjuguant les verbes au passé composé :

Ils ont chaud.
Le spectacle est grandiose.
Je vois des marmottes.
Elle veut une glace.
Vous faites une pirouette.
Tu prends du lait dans le café.
Finalement, nous pouvons trouver une place.
La sorcière dit des paroles incompréhensibles.
Les roses flétrissent.
Le camion ralentit.
Il guérit lentement.

Écrire les phrases en conjuguant les verbes au passé composé :

Les alpinistes (gravir) le Mont Blanc.
Je (pouvoir) recopier la poésie à l'ordinateur.
Elles (prendre) du thé pour déjeuner.
Vous (dire) très souvent des bêtises.
Nous (avoir) des correspondants.
Tu (vouloir) visiter Londres.
Le castor (faire) un barrage.
Ma sœur (être) trop gourmande, elle (avoir) mal au cœur.

Récrire le texte au passé composé :

Nous faisons notre travail le matin et nous quittons le centre en début d'après-midi. Nous prenons le bus pour aller sur la plage. Nous jouons un peu sur le sable avant d'aller dans l'eau. Je réussis un beau plongeon. Tom prend des photos. Nous voulons rester plus longtemps dans l'eau mais au bout d'un moment, nous avons froid. Alors nous courons sur le sable. En rentrant j'envoie un SMS à mes parents.

CE2 CM1 CE2/CM1 CM2 CM1/CM2 CE2/CM1/CM2

JOUR 4 > Vocabulaire et production écrite

Vocabulaire

Chercher le mot à partir duquel est formé le verbe *encoller*. Puis chercher ce mot dans le dictionnaire et en recopier la famille de mots.
Mettre en évidence le sens du préfixe *en-* avec les verbes suivants :
enterrer, *ensabler*, *emboiter*, *emprisonner*.
À l'aide du dictionnaire, trouver d'autres verbes avec le préfixe *-en* - ou *-em* ayant ce sens.
Procéder de la même façon avec le préfixe *sur-* dans *survoler*.

Production écrite

Écrire à la personne de son choix un bricolage connu qui a déjà été réalisé.
Ou bien : réaliser un bricolage en classe et raconter les différentes étapes de sa fabrication.
Il est possible de réaliser un « yaourtophone ». Observer le dessin ci-contre.
Rechercher ensemble le matériel, l'écrire au tableau : 2 pots de yaourts, une grosse aiguille, un fil de 5 à 10 mètres, deux petites allumettes pour bloquer le fil.
Dire oralement les étapes de fabrication, réaliser le « yaourtophone ». Puis raconter sa réalisation au passé composé, à la personne que l'on veut.
Écrire éventuellement les verbes à l'infinitif au tableau, puis écrire les étapes
Relire le texte produit en veillant à la ponctuation et à la conjugaison au passé composé.

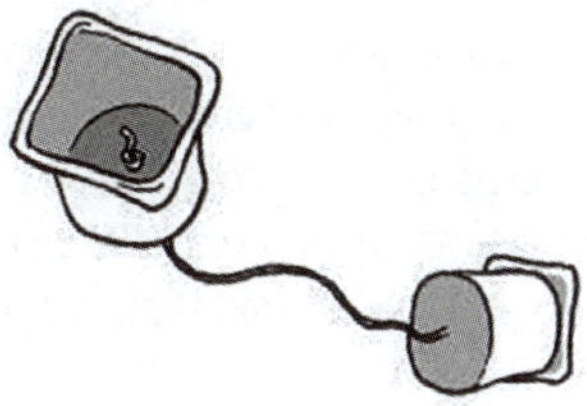

COLLECTES de la semaine 2

Nous avons pris une toupie.
On a vu le bleu et le jaune.
La toupie a fini de tourner.

Semaine 3 Les voyages de Sinbad le marin

Autour d'un conte

Premier voyage de Sinbad

À Bagdad, Sinbad a reçu une grande fortune, de sa famille, en héritage. Rapidement, il a dépensé une grande partie de l'argent puis il a décidé de voyager.

Un matin, il est allé sur le port de Bassora avec ses biens les plus précieux dans un sac. Avec quelques marchands, il est monté à bord d'un grand voilier, à destination des Indes orientales. Il a fait escale dans plusieurs iles.

Un jour, le navire est passé près d'une petite ile très verte. Le vent est tombé, alors, il a dû s'arrêter. Sinbad était content de pouvoir visiter cette charmante petite ile. Avec plusieurs marchands, il est descendu du bateau. Mais soudain, sous leurs pieds, l'ile a tremblé. Sinbad a alors compris que ce n'était pas une ile mais une baleine. Ses compagnons ont plongé et ont nagé jusqu'au bateau mais Sinbad a été moins rapide qu'eux. Quand l'Ile baleine a plongé, il a eu juste le temps d'attraper une planche de bois qui flottait sur la mer.

C'est alors qu'il a vu, avec désespoir, le navire hisser les voiles, s'éloigner puis disparaitre à l'horizon. Toute la nuit, les flots ont balloté Sinbad. Au matin, il est arrivé sur une ile, l'Ile Mirhage.

Lecture compréhension du texte

- Préciser qu'il s'agit d'un des contes que Schéhérazade raconte toutes les nuits au Sultan de Bagdad. Situer sur un planisphère : Bagdad, Bassora, le port de Bagdad, les Indes orientales.
- Comment Sinbad s'est-il retrouvé sur une planche en pleine mer ? Pourquoi le navire s'arrête-t-il quand il n'y a pas de vent ? Pourquoi les marins ont-ils confondu une baleine avec une ile ? Projeter le document suivant à partir de l'exposition « Mille et une nuits » de la BNF : http://expositions.bnf.fr/1001nuits/images/3/mil_001.jpg
- Expliquer : *en héritage – ses biens les plus précieux – faire escale – désespoir – à l'horizon – balloter.*
- Raconter la fin de ce premier voyage : *Sur l'ile, Sinbad a raconté son histoire au roi de l'ile qui a ordonné à tous de prendre soin de Sinbad. Un jour, comme il se promenait sur les quais du port, il a vu son nom inscrit sur des ballots qui étaient déchargés par des marins. Et parmi les marins, il a reconnu le capitaine du navire qui l'avait abandonné auprès de l'ile-baleine. Le capitaine l'avait cru mort, c'est pour cela qu'il ne l'avait pas attendu. Sinbad a récupéré ses précieux biens et il les a donnés au roi de Mirhage pour le remercier de son hospitalité. Ce dernier lui a donné des épices en échange. Sinbad est reparti avec le navire à Bagdad. Arrivé là-bas, il a vendu les épices pour un excellent prix car c'étaient des denrées très recherchées. Il a acheté des esclaves et s'est fait construire une somptueuse demeure.*
- Donner l'idée principale de chaque paragraphe.
- Trouver à quoi renvoient les mots soulignés. Faire indiquer si ces mots soulignés sont des pronoms ou des groupes nominaux.
- Relever les mots ou groupes de mots qui donnent des indications de temps, de lieu. Relever les indicateurs logiques : *alors*, *mais*, *c'est alors*.

JOUR 1 > Transposition du texte

• Retrouver les temps employés (présent, passé composé) et les justifier. Faire remarquer un temps que l'on ne connait pas employé dans les deux premières phrases : il indique ce qu'il s'est passé avant ce qui est raconté au passé composé.

• Transposer en parlant de Sinbad et Hinbad. Laisser les élèves écrire seuls les verbes au passé composé conjugués avec l'auxiliaire *avoir*. Faire constater l'accord du participe passé avec le sujet quand l'auxiliaire est le verbe *être*. Commencer une liste des verbes qui se conjuguent avec *être* : *aller*, *monter (dans)*, *passer (près de...)*, *tomber*, *descendre (du…)*, *arriver*. Faire remarquer l'emploi de *leur* à la place de *sa*, *leurs* à la place de *ses* (*sa fortune*, *leur fortune*, *ses biens*, *leurs bien*, *ses compagnons*, *leurs compagnons*).
Faire écrire : *Les navires sont passés près de l'île. De fortes pluies sont tombées.*
Les CE2 recopient le premier paragraphe transposé, ils entourent les verbes au passé composé et écrivent l'infinitif des verbes.
Poursuivre avec les CM puis les CM2. Les CM1 recopient les deux premières phrases transposées du troisième paragraphe, soulignent les verbes conjugués au passé composé et écrivent leur infinitif.

Collecte

Passé 4

Un matin, il est allé sur le port de Bassora. Un matin, ils sont allés sur le port de Bassora.
Il est monté à bord d'un navire. Ils sont montés à bord d'un navire.
Un jour, le navire est passé près d'une petite ile très verte.
Le vent est tombé.
Au matin, il est arrivé sur une ile. Au matin, ils sont arrivés sur une ile.

Passé 7

À Bagdad, Sinbad avait reçu une grande fortune.
Rapidement, il avait dépensé une grande partie de l'argent.
Puis il avait décidé de voyager.
Sinbad et Hinbad avaient reçu une grande fortune.
Rapidement, ils avaient dépensé une grande partie de l'argent.
Puis ils avaient décidé de voyager.

Exercice

Recopier en remplaçant *Enzo* par *Enzo et Julien*.

Enzo a grimpé dans les manèges. Il a fait plusieurs tours dans les autos tamponneuses. Puis il a mangé une gaufre.
Enzo est passé ensuite devant le Palais des Glaces et il y est entré.
Il est ensuite monté dans le train fantôme.

Texte transposé

Premier voyage de Sinbad et Hinbad

À Bagdad, Sinbad et Hinbad ont reçu une grande fortune, de leur famille, en héritage. Rapidement, ils ont dépensé une grande partie de l'argent puis ils ont décidé de voyager.
Un matin, ils sont allés sur le port de Bassora avec leurs biens les plus précieux dans un sac. Avec quelques marchands, ils sont montés à bord d'un grand voilier, à destination des Indes orientales. Ils ont fait escale dans plusieurs iles.
Un jour, le navire est passé près d'une petite ile très verte. Le vent est tombé, alors, il a dû s'arrêter. Sinbad et Hinbad étaient contents de pouvoir visiter cette charmante petite ile. Avec plusieurs marchands, ils sont descendus du bateau. Mais soudain, sous leurs pieds, l'ile a tremblé. Sinbad et Hinbad ont alors compris que ce n'était pas une ile mais une baleine. Leurs compagnons ont plongé et ont nagé jusqu'au bateau mais Sinbad et Hinbad ont été moins rapides qu'eux. Quand l'ile baleine a plongé, ils ont eu juste le temps d'attraper une planche de bois qui flottait sur la mer.
C'est alors qu'ils ont vu, avec désespoir, le navire hisser les voiles, s'éloigner puis disparaitre à l'horizon. Toute la nuit, les flots ont balloté Sinbad et Hinbad. Au matin, ils sont arrivés sur une ile, l'ile Mirhage.

JOUR 2 > Activités en autonomie sur les phrases. Structuration : le complément du nom

Activités en autonomie sur les phrases

- Dans chaque phrase, entoure le sujet, souligne le verbe.

Un matin, Sinbad et Hinbad sont allés sur le port de Bassora.
Un jour, le navire est passé près d'une petite ile très verte.
Sous leurs pieds, l'ile a tremblé.

- Recopie les trois phrases en changeant de place le complément qui peut être déplacé.

Structuration : le complément du nom

Il s'agit de montrer :
– que dans un groupe nominal, un nom peut être complété par un autre nom ;
– que les deux noms sont alors reliés par un petit mot (le plus souvent une préposition) : *de*, *à*, *sans*, *avec*, *pour*, etc.

- Lire les GN collectés à la page « Groupes nominaux 3 » du cahier. Dans chaque GN, faire entourer le nom principal : c'est ce dont on parle (remarquer que c'est toujours le premier).

- Faire trouver que le nom entouré peut parfois être complété par un adjectif (*étranges*, *grande*, *simple*…) mais qu'il est toujours complété par un groupe nominal qui donne un renseignement sur le premier nom, il le complète : c'est un complément du nom. Souligner les compléments du nom. Remarquer que dans ce complément du nom, le nom peut lui-même être complété par un adjectif.

- Faire observer que les compléments du nom sont reliés aux noms qu'ils complètent par des petits mots : *de*, *à*, *aux*, *en*, *contre*, *du*, etc. Les entourer dans les GN collectés.

Donner des GN avec un complément du nom, souligner ce dernier et entourer le petit mot qui l'introduit.
un pot de terre – un bijou en or – la fille du roi – le produit à douche – une cuillère à café – un bonnet pour enfant – un voyage en avion – une fenêtre sur rue – des patins à roulettes – le village de mon enfance – un bijou sans valeur – un portrait d'après nature – un album en français.
Redire chaque groupe nominal en changeant le complément du nom : le petit mot l'introduisant peut-être changé : *une cuillère à soupe*, *une fenêtre avec balcon*… Etc.

- Le complément du nom apporte des précisions sur le nom, tout comme l'adjectif. D'ailleurs, on peut parfois remplacer un adjectif par un complément du nom : *un garde de la forêt → un garde forestier.*

Remplacer l'adjectif par un complément du nom et vice versa : *l'amour maternel*, *la pollution terrestre*, *l'autorisation parentale*, *une maladie pulmonaire*, *une tenue estivale*.

- Compléter la trace écrite sur le groupe nominal.

> - Dans un groupe nominal, un **complément du nom** apporte des précisions sur le nom principal :
> *une tartine **de crème** – des produits **contre les prédateurs**.*
> - Le complément du nom est introduit par un petit mot (une préposition) : *à*, *de*, *sans*, *en*, *au*, *aux*, *en*, *avec* :
> *une bête à pois rouges – une barre de fer – une pièce sans meuble – une chaise en fer.*

Exercices

Parmi les GN, souligner seulement ceux qui contiennent un complément du nom :

une fleur fanée – un couteau de boucher– un chien de chasse – ma console de jeu – des joues rouges – un été agréable – un train à vapeur – une luge en plastique.

Dans les GN suivants, entourer le nom principal et souligner le complément du nom :

une chaine en argent – le repas du soir – la girafe du zoo – les magasins de la ville – une excursion en bateau - la salle à manger – le directeur de l'usine – le film pour enfants.

Dans chaque GN, entourer le nom principal et souligne le complément du nom.

l'exposition de voitures anciennes – le train de marchandises – un cahier d'histoire – une assiette de poissons – des fruits de mer – le portillon de la cour– le maillot des joueurs – la clé de la maison – un sac de plage.

Dans les GN, souligner le complément du nom, entourer le petit mot qui l'introduit et remplacer ce complément du nom par un autre, en gardant le même petit mot (préposition) :

le centre de l'univers → ....
un panier de cerises → ....
un fleuve d'Italie → ....
un groupe de manifestants → ....
un kilo de tomates → ....
une machine à laver → ....

Compléter les noms suivants avec un complément du nom (introduit par *à*, *d'* ou *de*) :

un sac ....
une partie..................................
une rondelle ....
un champion ....
une fête ....
le pied ....
une tasse ....
un cri ....
le roi...

Écrire des noms qui pourraient être complétés par ces compléments :

.... aux amandes
.... à thé
.... du verger
.... en ardoise
.... de Tom
.... sans chauffeur
.... pour courir
.... de magie

Récrire chaque GN en remplaçant le complément du nom souligné par un adjectif et inversement.

des cris de désespoir – cette manifestation de sports – un livre d'école – le soleil du matin – un paysage montagnard – des activités avec les mains – une cravate rayée – un pays nordique – une maladie du cœur – un château médiéval – le transport maritime – le trafic ferroviaire – un sport nautique

Compléter avec le petit mot (préposition) qui convient : *à*, *sans*, *avec*, *en*, *de*, *entre*, *par* :

une robe .... mariée – une voiture .... permis – un verre .... pied – un buffet .... chêne – des lunettes .... soleil – une robe .... rayures – un repas .... amis – un parc .... des animaux – la preuve .... neuf

JOUR 3 > Structuration : la phrase négative. Exercices sur le complément du nom

Exercices sur le complément du nom

À choisir parmi ceux de la séquence de structuration.

Structuration : la phrase négative

Il s'agit :
– de montrer qu'une phrase est soit à la forme affirmative soit à la forme négative ;
– de savoir transformer une phrase affirmative en phrase négative et *vice versa* ;
– de savoir utiliser des négations à bon escient.

- Lire dans le cahier les phrases collectées à la page « Phrases négatives et phrases affirmatives correspondantes ».
- Faire entourer les négations.

Constater qu'il y a un autre mot que *pas* qui marque la négation : *plus*, *rien*. Trouver les mots affirmatifs correspondants : *encore*, *toujours*, *quelque chose*.
Faire trouver d'autres mots négatifs en transformant les phrases suivantes à la forme négative en utilisant *jamais*.
Ici, l'hiver, il fait toujours froid. Ici, l'hiver, il fait souvent froid.

- Faire expliciter que devant un mot commençant par *a*, *e* ou *é*, on emploie *n'* au lieu de *ne*.

Montrer qu'il en est de même devant un mot commençant par *o*, *u*, *i*, *y*.
Il n'oublie pas ton anniversaire.
Vous n'inventez pas d'histoires.
Je n'utilise plus cet outil.

- À l'oral, faire transformer en phrase négative les phrases affirmatives suivantes pour mettre en évidence l'utilisation de *jamais/toujours* et conforter l'utilisation de *plus/encore* ou *toujours*, *rien/ quelque chose*.

Ils vont toujours au cinéma le mardi soir.
Cette fenêtre est souvent ouverte.
Il y a encore des pommes sur l'arbre.
Mon téléphone a encore besoin d'être rechargé.
Le chat guette quelque chose.
Maman boit toujours du thé à la fin du repas.
Cette utilisation des différents mots négatifs se fera toute l'année en contexte.

La phrase affirmative et la phrase négative	
1. Phrases affirmatives	**2. Phrases négatives**
Nous bougions.	Nous **ne** bougions **pas**.
Il y voyait **encore** très bien. Il y voyait **toujours** très bien.	Il **n'**y voyait **plus** très bien.
Et elle va **toujours** près de la tanière.	Et elle **ne** va **jamais** près de la tanière.
J'ai **tout** terminé.	Je **n'**ai **rien** terminé.
Elle regarde **quelque chose**.	Elle **ne** regarde **rien**.
Elle a rencontré **quelqu'un**.	Elle **n'**a rencontré **personne**.

- Les phrases de la colonne 2 sont des phrases négatives : elles contiennent des mots négatifs : *ne pas*, *ne… jamais*, *n'… rien*, *n'…*, *plus*, *n'… personne*.
- Les deux parties de la négation, *ne* (ou *n'*) et *pas* (ou *plus*, *jamais*, *personne*...) sont obligatoires.

Exercices

Compléter avec *ne* ou *n'* :

Le parc .... est pas ouvert.
Je .... cours pas vite.
Vous .... utilisez plus votre voiture dans la ville.
Marc .... a pas pris son sac ce matin.
Le chien .... veut pas jouer à la balle.
Tu .... obliges personne à t'accompagner.
Il .... imite pas bien le cri de cet animal.

Transformer ces phrases en phrases négatives :
Vous prenez encore du sucre ?
Cette vieille voiture roule toujours.
Il y a encore beaucoup de travail à faire.
Je cache quelque chose dans ma main.
Nous avons entendu quelqu'un crier.
Tu as tout fait.

Répondre aux questions par une phrase négative en employant : *ne* ou *n'… jamais*, *ne* ou *n'… plus*, *ne* ou *n'… rien.*
Mets-tu quelque chose d'autre dans ton sac ?
Tu es toujours à la maison pendant midi ?
Ton frère a toujours aimé les chats ?
Elle est encore dans son lit ?
Il y a quelqu'un derrière la porte ?

JOUR 4 > Vocabulaire et production écrite

Vocabulaire

Dans le texte, chercher quel mot signifie : *de manière rapide*. Observer la formation de ce mot invariable (adverbe) ; retrouver l'adjectif et le suffixe.
Dégager la règle de formation de ces mots invariables à partir des mots suivants (ajout du suffixe *-ment* à l'adjectif au féminin) : *heureusement*, *précieusement*, *curieusement*…
Trouver d'autres adverbes en *-ment* et l'adjectif correspondant. Employer ces adverbes dans des phrases.

Production écrite

Raconter l'aventure de deux garçons au passé composé en commençant par *Un jour* à partir des informations suivantes : *aller chez leurs grands-parents – monter dans le train – regarder le paysage – jouer des jeux – ne pas voir le premier arrêt où ils devaient descendre – descendre au deuxième arrêt – ne voir personne sur le quai de la gare – voir le train repartir*, etc.
Rechercher des mots invariables (adverbe) en *-ment* qui pourraient être ajoutés pour indiquer la manière dans certaines phrases.
Commencer en dictée à l'adulte puis laisser les élèves écrire en autonomie deux (CE2) ou trois phrases (CM).
Faire relire les productions en vérifiant la ponctuation, les terminaisons des verbes et les accords dans le groupe nominal.

COLLECTES de la semaine 3

Un matin, il est allé sur le port de Bassora. Un matin, ils sont allés sur le port de Bassora.
Il est monté à bord d'un navire. Ils sont montés à bord d'un navire.
Un jour, le navire est passé près d'une petite ile très verte.
Le vent est tombé.
Au matin, il est arrivé sur une ile. Au matin, ils sont arrivés sur une ile.

À Bagdad, Sinbad avait reçu une grande fortune.
Rapidement, il avait dépensé une grande partie de l'argent.
Puis il avait décidé de voyager.
Sinbad et Hinbad avaient reçu une grande fortune.
Rapidement, ils avaient dépensé une grande partie de l'argent.
Puis ils avaient décidé de voyager.

Semaine 4 Les voyages de Sinbad le marin

Autour d'un conte

Deuxième voyage de Sinbad

Après une année passée à Bagdad, j'ai eu envie de repartir pour une nouvelle odyssée. Au port de Bassora, j'ai trouvé un bon navire. J'ai acheté quelques marchandises et j'ai regagné mon domicile pour préparer cette longue expédition. Quelques jours plus tard, je suis revenu sur le port, j'ai chargé mes ballots sur le navire et j'ai quitté Bagdad.

Au cours du périple, le bateau est arrivé près d'une ile qui était un vrai petit paradis : des arbres fruitiers, des buissons de fleurs, des prairies verdoyantes, des ruisseaux et des torrents bondissants. Je suis descendu du navire. Sous un arbre, je me suis endormi. Hélas, à mon réveil, j'ai vu que le navire était parti. D'abord, j'ai poussé des cris de désespoir, puis j'ai grimpé au plus haut d'un arbre et j'ai observé les environs.

J'ai aperçu, au loin, sur la terre, quelque chose de rond et blanc. Je suis descendu de l'arbre et j'ai marché vers cette chose blanche. En m'approchant, j'ai remarqué que c'était une boule blanche, d'une hauteur et d'une grosseur prodigieuse.

Soudain, l'air s'est assombri et en levant les yeux, j'ai vu un oiseau de taille extraordinaire qui planait au-dessus de ma tête. C'était un Roc, un oiseau immense et fabuleux bien connu des marins. L'oiseau dont les pattes étaient aussi grosses que des troncs d'arbre est venu se poser sur la boule. Cette énorme boule, c'était son œuf !

Lecture compréhension du texte

- Pourquoi Sinbad est-il reparti en voyage ? Comment s'est-il retrouvé tout seul sur l'ile ? Qu'a-t-il aperçu du sommet de l'arbre ? Qu'est-ce que c'était ? Comment l'a-t-il su ?
- Expliquer : *une odyssée – un vrai petit paradis – des prairies verdoyantes – des ruisseaux et des torrents bondissants – prodigieuse – fabuleux*.
- Faire préciser qui est le narrateur.
- Donner l'idée principale de chaque paragraphe.
- Trouver à quoi renvoient les mots soulignés. Faire indiquer si ces mots soulignés sont des pronoms ou des groupes nominaux.
- Relever les différents groupes de mots désignant l'œuf.
- Relever les mots ou groupes de mots qui donnent des indications de temps, de lieu.

JOUR 1 > Transposition en autonomie

- Transposer en faisant raconter l'histoire par Sinbad et Hinbad. Laisser les élèves écrire seuls les verbes au passé composé, conjugués avec l'auxiliaire *avoir*. Faire constater l'accord du participe passé avec le sujet quand l'auxiliaire est le verbe *être*. Poursuivre la liste des verbes qui se conjuguent avec *être* : *retourner*, *rentrer*, *partir*, *revenir*, *arriver*, *s'endormir*, *venir*. Faire remarquer l'emploi de *nos*, *notre* à la place de *mes*, *mon*, *ma*.

Faire écrire : *Les navires sont arrivés près de l'île. Des mouettes sont arrivées. Les oiseaux sont venus.*

Les CE2 recopient les deux premières phrases du texte non transposées et transposées. Ils entourent les verbes au passé composé et écrivent l'infinitif des verbes.

Poursuivre avec les CM puis les CM2. Les CM1 recopient la deuxième et la troisième phrase du deuxième paragraphe non transposées et transposées, soulignent les verbes conjugués au passé composé et écrivent leur infinitif.

Collecte

Passé 4

Je suis revenu sur le port. Nous sommes revenus sur le port.
Le navire est arrivé.

Exercice

Écrire en remplaçant *je* par *nous*.

J'ai oublié mon livre de lecture à l'école, j'ai fait demi-tour pour aller le chercher.
À la maison, j'ai gouté. Puis j'ai regardé la télévision.
Je me suis endormi.
Je me suis réveillé à l'heure de diner.

Texte transposé

Deuxième voyage de Sinbad et Hinbad

Après une année passée à Bagdad, nous avons eu envie de repartir pour une nouvelle odyssée. Au port de Bassora, nous avons trouvé un bon navire. Nous avons acheté quelques marchandises et nous avons regagné notre domicile pour préparer cette longue expédition. Quelques jours plus tard, nous sommes revenus sur le port, nous avons chargé nos ballots sur le navire et nous avons quitté Bagdad.
Au cours du périple, le bateau est arrivé près d'une ile qui était un vrai petit paradis : des arbres fruitiers, des buissons de fleurs, des prairies verdoyantes, des ruisseaux et des torrents bondissants. Nous sommes descendus du navire. Sous un arbre, nous nous sommes endormis. Hélas, à notre réveil, nous avons vu que le navire était parti. D'abord, nous avons poussé des cris de désespoir, puis nous avons grimpé au plus haut d'un arbre et nous avons observé les environs.
Nous avons aperçu, au loin, sur la terre quelque chose de rond et blanc. Nous sommes descendus de l'arbre et nous avons marché vers cette chose blanche. En nous approchant, nous avons remarqué que c'était une boule blanche, d'une hauteur et d'une grosseur prodigieuse.
Soudain, l'air s'est assombri et en levant les yeux, nous avons vu un oiseau de taille extraordinaire qui planait au-dessus de notre tête. C'était un Roc, un oiseau immense et fabuleux bien connu des marins. L'oiseau dont les pattes étaient aussi grosses que des troncs d'arbre est venu se poser sur la boule. Cette énorme boule, c'était son œuf !

JOURS 2 ET 3 > Structuration : le passé composé avec l'auxiliaire *être*

Il s'agit de montrer que :
– certains verbes du 1er groupe et les verbes *aller* et *venir* se conjuguent au passé composé avec l'auxiliaire *être*. D'autres verbes se conjuguant avec *être* ne sont cependant pas à mémoriser : *devenir*, *partir*, *sortir*, *descendre*, *naitre* et *mourir* ;
– dans ce cas, le participe passé s'accorde avec le sujet.

- Lire les phrases collectées à la page de cahier « Passé 4 » :
- Faire souligner les verbes, identifier l'auxiliaire, constater les accords.
- Faire compléter les phrases suivantes en conjuguant le verbe proposé au passé composé et expliciter les accords :

ARRIVER

Sinbad est arrivé sur l'ile.
Les marins .... sur l'ile.
La fillette .... sur l'ile.
Les fillettes .... sur l'ile.

Faire de même avec *venir* et *aller*.

CE2 CM1 CE2/CM1 CM2 CM1/CM2 CE2/CM1/CM2

• Afficher une liste des verbes se conjuguant avec *être* au passé composé :
entrer, *passer par*, *monter dans*, *retourner*, *aller*, *tomber*, *rester*, *venir*, *devenir*, *partir*, *sortir*, *descendre de*, *naitre* et *mourir*.
Écrire ces phrases au tableau et faire expliciter les accords :
Tu es entrée en courant.
Vous êtes restées dans la même classe.
Nous sommes venus en métro.
Écrire ces phrases au tableau et faire expliciter les accords :
Je suis entrée dans la classe.
Nous sommes parties en vacances.
Vous êtes venus chez moi.
• Dans le cahier, garder la conjugaison au passé composé d'un des verbes du 1er groupe se conjuguant avec *être* : les verbes *aller* et *venir* en mettant les accords en rouge.
Rappeler que le participe passé ne s'accorde jamais avec le sujet quand le verbe est conjugué avec l'auxiliaire *avoir*.

Exercices

Recopier les phrases dont le verbe est conjugué au passé composé avec le verbe *être* :
Nous sommes allés en vacances.
Il a perdu ses clés.
Le jeune enfant est tombé dans la boue.
Vous avez mangé de la semoule.
Sonia est venue chez moi.

Recopier ces phrases dans la colonne qui convient :
Vous avez emporté un sac à dos.
Je suis entrée par la véranda.
Elle a regardé l'oiseau avec ses jumelles.
Elle est rentrée de bonne heure.
Ils sont allés au bord de la mer.
Le lion a bondi sur sa proie.
Tu es devenue une bonne acrobate.

Phrases avec un verbe conjugué avec l'auxiliaire *avoir*	Phrases avec un verbe conjugué avec l'auxiliaire *être*

Récrire chaque phrase au passé composé avec les sujets indiqués :
Je suis entré dans la classe. → Elle, Ils
Tu es resté plusieurs jours à l'hôpital. → Ils, Elles
Vous êtes allés au cirque. → Il, Ils
Nous sommes rentrées tôt. → Ils, Elle

Récrire chaque phrase au passé composé avec le verbe *être* :
Elle passe derrière moi.
Il passe derrière moi.
Sa mère rentre tard de son travail.
Ses parents rentrent tard de leur travail.
Les glands tombent sur les feuilles mortes.
La châtaigne tombe sur les feuilles mortes.
Mes cousins montent à pied au 3e étage.
Mon cousin monte à pied au 3e étage.

Récrire ensuite chaque phrase à la forme négative.

Remplacer *Enzo* par *Aïcha* puis recopier les groupes de mots en gras :
Enzo raconte :
J'ai toussé, j'ai eu mal à la tête d'un seul coup alors **je suis allé** boire un verre d'eau. **J'ai avalé** une cuillère de sirop.
Je suis retourné dans mon lit et **j'ai réussi** à me rendormir.

Remplacer *Zoé et Adèle* par *Tom et Julien* puis recopier les groupes de mots en gras.
Zoé et Adèle disent :
Nous sommes montées dans la voiture. **Nous sommes allées** au supermarché. **Nous avons fait** des courses.
Nous sommes rentrées une heure plus tard. En arrivant, **nous avons déchargé** la voiture.

Conjuguer au passé composé. Attention, certains verbes se conjuguent avec *être*, d'autres avec *avoir*.
Vous (choisir) de rester à la cantine.
Les pompiers (venir) aider les victimes.
Nous (gouter) à ce délicieux gâteau.
Laura (monter) dans sa chambre.
Tu (avoir) beaucoup de chance.
Les randonneurs (aller) jusqu'au sommet.
J'(être) très malade.
Les deux classes (aller) à la montagne.

JOUR 4 > Vocabulaire. Évaluation sur le passé composé

Vocabulaire

Chercher dans le dictionnaire les mots : *périple*, *odyssée*, *expédition*. Constater qu'ils sont synonymes de *voyage long*, avec des aventures, dans des pays lointains, difficiles d'accès.
Trouver d'autres mots pouvant désigner un voyage dans un certain contexte (en mer, en avion, à pied…) : *traversée*, *vol*, *excursion*, *croisière*, *randonnée*, etc.
Dans les deux textes de Sinbad, rechercher les différentes manières de nommer un bateau ; en trouver d'autres.
Trouver à partir de quel nom l'adjectif *prodigieux* est formé. En lire la définition dans le dictionnaire. Former d'autres adjectifs comme celui-ci à partir des noms suivants et en donner le sens : *délice*, *astuce*, *audace*, *gloire*, *mystère*, *silence*, *victoire*, *souci*, *grâce*, *minutie*, *mélodie*, *furie*.
Chercher le sens de *fabuleux* dans le dictionnaire et trouver des synonymes.

Évaluation CE2

Il s'agit d'évaluer si les élèves savent :
- identifier un verbe conjugué au passé composé et en donner l'infinitif ;
- conjuguer les verbes au passé composé (avec *être* et *avoir*) ;
- transposer un texte au passé composé

Évaluation CM1

Il s'agit d'évaluer si les élèves savent :
- identifier un verbe conjugué au passé composé et en donner l'infinitif ;
- conjuguer les verbes au passé composé (auxiliaire *être* et *avoir*) ;
- transposer un texte au passé composé.

Évaluation CM2

Il s'agit d'évaluer si les élèves savent :
- identifier un verbe conjugué au passé composé et en donner l'infinitif ;
- conjuguer les verbes au passé composé (auxiliaire *être* et *avoir*) ;
- transposer un texte au passé composé.

Évaluation CE2

1.a. Lis le texte. Souligne les verbes conjugués et écris leur infinitif.

La semaine dernière, j'ai apporté ma collection de timbres en classe. On a feuilleté l'album.

....

Tous mes camarades ont admiré mon plus beau timbre : le viaduc de Millau. Lisa a voulu emporter l'album chez elle.

....

b. À quel temps sont conjugués ces verbes ? ....

2. Récris les phrases au passé composé avec le pronom proposé.

Tu as remporté une coupe. Elle ....

Il a adoré la salade de fruits. Elles ....

Vous avez tracé un cercle. Tu ....

J'ai oublié un livre à la maison. Vous ....

Nous avons tapé dans le ballon. J' ....

Elles ont imaginé une belle histoire. Nous ....

Le garçon est allé à la piscine. La fille..

3. Récris les phrases en conjuguant les verbes entre parenthèses au passé composé.

Les animaux (chercher) un abri. ....

La girafe (brouter) des feuilles. ....

Vous (discuter) devant la porte de l'école. ....

J'(pousser) le caddie. ....

Nous (visiter) un musée. ....

Tu (recopier) un chant. ....

Le loup (rentrer) dans son enclos. ....

Le chevreau (retourner) dans la montagne. ....

4. Récris les phrases en conjuguant les verbes entre parenthèses au passé composé.

Les élèves (prendre) leur maillot pour aller à la piscine. ....

Vous (dire) un poème en vers. ....

Tu (pouvoir) faire plusieurs kilomètres à pied. ....

Nous (faire) un puzzle de 1000 pièces. ....

J'(vouloir) aller mettre les pieds dans l'eau. ....

Elle (voir) beaucoup d'animaux dans ce documentaire. ....

5. Transpose ce texte au passé composé.

En récréation, Tom et Enzo discutent. Moi, je joue aux billes avec mes copains. Ma voisine Léa recopie une leçon dans la classe.

Hier, ...

Évaluation CM1

1.a. Lis le texte. Souligne les verbes conjugués et écris leur infinitif.
La semaine dernière, j'ai apporté ma collection de timbres en classe. On a feuilleté l'album.

....

Nous avons tourné les pages avec précaution. Tous mes camarades ont admiré mon plus beau timbre : le viaduc

....

de Millau. Lisa a voulu emporter l'album chez elle.

....

b. À quel temps sont conjugués ces verbes ? ....

2. Récris les phrases au passé composé avec le pronom proposé.

Tu as remporté une coupe. Elle ....

Il a adoré la salade de fruits. Elles ....

Vous avez tracé un cercle. Tu ....

J'ai oublié un livre à la maison. Vous ....

Nous avons tapé dans le ballon. J' ....

Elles ont imaginé une belle histoire. Nous ....

3. Récris les phrases en conjuguant les verbes entre parenthèses au passé composé.

Les élèves (apprendre) leurs leçons. ....

Le cheval (trottiner) sur la piste. ....

Vous (dire) un poème en vers. ....

La mer (engloutir) le navire. ....

Tu (pouvoir) faire plusieurs kilomètres à pied. ....

Nous (faire) un puzzle de 1000 pièces. ....

4. Récris les phrases au passé composé avec le sujet proposé.

Les poules (rentrer) dans le poulailler. ....

Il (monter) dans sa chambre. ....

Deux élèves (observer) le ciel. ....

La chatte (venir) près de moi. ....

Les skieuses (tomber). ....

Le sorcier (entrer) par la fenêtre. ....

Nous, Léa et Sarah, nous (arriver) les premières. ....

Les pompiers (arroser) l'immeuble. ....

5. Transpose ce texte au passé composé.
Les élèves sortent en récréation. Tom et Enzo vont sous un arbre. Ils discutent. Moi, je joue aux billes avec mes copains. Ma voisine Léa reste dans la classe. Elle recopie une leçon.

Hier, ...

Évaluation CM2

1.a. Lis le texte. Souligne les verbes conjugués et écris leur infinitif.
La semaine dernière, j'ai apporté ma collection de timbres en classe. On a feuilleté l'album.

....

Nous avons tourné les pages avec précaution. Tous mes camarades ont admiré mon plus beau timbre : le viaduc

....

de Millau. Lisa a voulu emporter l'album chez elle. Elle a promis d'y faire attention.

....

b. À quel temps sont conjugués ces verbes ? ....

2. Récris les phrases au passé composé avec le pronom proposé.

Tu as remporté une coupe. Elle ....

Il a adoré la salade de fruits. Elles ....

Vous avez tracé un cercle. Tu ....

J'ai oublié un livre à la maison. Vous ....

Nous avons tapé dans le ballon. J' ....

Elles ont imaginé une belle histoire. Nous ....

Tu as envoyé une carte postale. Il ....

3. Récris les phrases en conjuguant les verbes entre parenthèses au passé composé.

Les élèves (apprendre) leurs leçons. ....

Le cheval (trottiner) sur la piste. ....

Vous (dire) un poème en vers. ....

La mer (engloutir) le navire. ....

Tu (pouvoir) faire plusieurs kilomètres à pied. ....

Nous (faire) un puzzle de 1000 pièces. ....

Ils (essuyer) les verres. ....

4. Récris les phrases au passé composé avec le sujet proposé.

Les poules (rentrer) dans le poulailler. ....

Il (monter) dans sa chambre. ....

Deux élèves (observer) le ciel. ....

La chatte (venir) près de moi. ....

Les skieuses (tomber). ....

Le sorcier (entrer) par la fenêtre. ....

Nous, Léa et Sarah, nous (arriver) les premières. ....

Les pompiers (arroser) l'immeuble. ....

Vous les garçons, vous (devoir) venir en vélo à l'école. ....

Moi, Alexia, j'(danser) à la fête de l'école. ....

5. Transpose ce texte au passé composé.

Les élèves vont en récréation. Tom et Enzo vont sous un arbre. Ils discutent. Moi, je joue aux billes avec mes copains. Ma voisine Léa reste dans la classe. Elle recopie une leçon. Au bout d'un quart d'heure, les élèves retournent en classe.

Hier, ...

COLLECTES de la semaine 4

Je suis revenu sur le port. Nous sommes revenus sur le port.
Le navire est arrivé.

Semaine 5 Des brèves de journaux

Autour d'articles de journaux

D'importantes inondations

Ce mois-ci, à causes de pluies violentes, des rivières débordent. En Autriche, en Allemagne, de nombreuses personnes abandonnent leurs maisons pour aller à plusieurs kilomètres de là. Les enfants ne fréquentent pas l'école pendant plusieurs semaines. Il y a deux mois, des inondations ont déjà dévasté plusieurs villages.

Un éléphant attaqué

Dans la nuit du vendredi 29 au samedi 30 mars, un individu a pénétré par effraction au muséum d'Histoire Naturelles à Paris. Il a escaladé une grille et il a brisé une vitre. Avec une tronçonneuse, il a coupé une défense au squelette de l'éléphante de Louis XIV. Il a emporté l'objet volé. La police, alertée par l'alarme du musée, a arrêté le voleur dans une rue voisine du musée.

Un astronaute a enregistré une chanson dans l'espace

Mardi, un astronaute canadien est rentré sur Terre. Il était depuis 146 jours dans la Station Spatiale Internationale. Avant de la quitter, il a chanté une chanson connue en flottant en apesanteur. Il a fait une vidéo que l'on peut voir sur Internet.

Insolite, une funambule entre deux montgolfières

Mercredi, en Chine, une acrobate installa une barre de 5 centimètres de large seulement entre deux montgolfières. Elle monta à environ trente mètres du sol. Et elle parcourut les 18 mètres entre les deux nacelles en 38 secondes. C'est un record ! Personne n'avait réussi cet exploit avant elle.

Lecture compréhension du texte

- La rédaction des faits divers dans les journaux se fait toujours en répondant à ces 6 questions : *Qui ? Quand ? Où ? Quoi ? Comment et/ou pourquoi ? Quelles conséquences ?* Y répondre pour chaque texte.
- Expliquer : *apesanteur*, *effraction*, *insolite*.
- Trouver à quoi renvoient les mots soulignés. Faire indiquer si ces mots soulignés sont des pronoms ou des groupes nominaux.
- Relever les mots ou groupes de mots qui donnent des indications de temps, de lieu.

JOUR 1 > Transposition du texte

- Constater que le premier texte est au présent et les trois autres au passé. Faire remarquer le temps employé dans le quatrième texte : le passé simple. Remarquer l'emploi d'un temps composé qui n'est pas le passé composé : le plus-que-parfait. Ce temps exprime une action qui se déroule avant une autre racontée au passé.
- Activité de transposition en autonomie pour les CE2 et CM1.

Transpose au passé composé et écris les groupes de mots (sujet et verbe) surlignés.

D'importantes inondations

Ce mois-ci, à causes de pluies violentes, des rivières débordent. En Autriche, en Allemagne,

....

de nombreuses personnes abandonnent leurs maisons pour aller à plusieurs kilomètres de là.

....

Les enfants ne fréquentent pas l'école pendant plusieurs semaines.

....

Transpose en parlant de *deux individus*. Écris ensuite les groupes de mots surlignés.

Un éléphant attaqué

Dans la nuit du vendredi 29 au samedi 30 mars, un individu a pénétré par effraction au muséum d'Histoire

....

Naturelle à Paris. Il a escaladé une grille et il a brisé une vitre. Avec une tronçonneuse, il a coupé une défense

....

au squelette de l'éléphante de Louis XIV. Il a emporté l'objet volé. La police, alertée par l'alarme du musée, a...................

....arrêté le voleur dans une rue voisine du musée.

- Activité de transposition en autonomie pour les CM1.

Transpose en parlant de *deux astronautes* et écris les groupes de mots surlignés.

Un astronaute a enregistré une chanson dans l'espace

Mardi, un astronaute canadien est rentré sur Terre. Il était depuis 146 jours dans la Station Spatiale

....

Internationale. Avant de la quitter, il a chanté une chanson connue, en flottant en apesanteur. Il a fait une vidéo................

.... que l'on peut voir sur Internet.

- Transposition des quatre brèves avec les élèves de CM2.

Transposer le texte *Insolite, une funambule entre deux montgolfières* qui est au passé simple en parlant de deux acrobates. Puis transposer les trois autres brèves en employant le passé simple. Pour le texte *D'importantes inondations*, commencer par « Ce mois-ci,… ». Remarquer les régularités : *a/èrent.*

Collecte

Passé 5

Des rivières débordèrent.
De nombreuses personnes abandonnèrent leurs maisons.
Les enfants ne fréquentèrent pas l'école.
Deux acrobates installèrent une barre entre deux montgolfières.
Elles montèrent à environ trente mètres du sol.
Il escalada une grille et il brisa une vitre.
Il emporta l'objet volé.

Passé 6

Il fit une vidéo.

Passé 7

Il y a deux mois, des inondations avaient déjà dévasté plusieurs villages.
Personne n'avait réussi cet exploit avant elle.

Exercice

Transposer avec *Tom et Mario.*

La semaine dernière, Tom resta chez lui le matin. Puis il alla à l'entrainement de judo. Ensuite il joua à des jeux sur son ordinateur.

Texte transposé

D'importantes inondations

Ce mois-ci, à causes de pluies violentes, des rivières débordèrent. En Autriche, en Allemagne, de nombreuses personnes abandonnèrent leurs maisons pour aller à plusieurs kilomètres de là. Les enfants ne fréquentèrent pas l'école pendant plusieurs semaines. Il y a deux mois, des inondations avaient déjà dévasté plusieurs villages.

Un éléphant attaqué

Dans la nuit du vendredi 29 au samedi 30 mars, un individu pénétra par effraction au muséum d'Histoire Naturelles à Paris. Il escalada une grille et il brisa une vitre. Avec une tronçonneuse, il coupa une défense au squelette de l'éléphante de Louis XIV. Il emporta l'objet volé. La police, alertée par l'alarme du musée, arrêta le voleur dans une rue voisine du musée.

Un astronaute a enregistré une chanson dans l'espace

Mardi, un astronaute canadien rentra sur Terre. Il était depuis 146 jours dans la Station Spatiale Internationale. Avant de la quitter, il chanta une chanson connue, en flottant en apesanteur. Il fit une vidéo que l'on peut voir sur Internet.

Insolite, deux funambules entre deux montgolfières

Mercredi, en Chine, deux acrobates installèrent une barre de 5 centimètres de large seulement entre deux montgolfières. Elles montèrent à environ trente mètres du sol. Et elles parcoururent les 18 mètres entre les deux nacelles en 38 secondes. C'est un record ! Personne n'avait réussi cet exploit avant elles.

JOUR 2 > Activités sur les phrases

- Faire constater que toutes les phrases sont des phrases déclaratives.
- Dans chaque phrase, entourer le sujet et le complément supprimable et déplaçable (le complément circonstanciel), souligner le verbe, indiquer son infinitif et son groupe. Lire les phrases en déplaçant ces compléments puis en les supprimant. Indiquer la nature des sujets.

Ce mois-ci, à causes de pluies violentes, des rivières débordent.
En Autriche, en Allemagne, de nombreuses personnes abandonnent leurs maisons.
Les enfants ne fréquentent pas l'école pendant plusieurs semaines.
Mercredi, en Chine, deux acrobates réussirent un exploit.

Trouver les compléments proches du verbe ni supprimables ni déplaçables (les compléments d'objet) : *leurs maisons*, *l'école*, *un exploit*. Pronominaliser ce groupe de mots dans la deuxième et la troisième phrase.

Exercices

Constituer une phrase à l'aide des mots suivants :

ont quitté – de nombreuses personnes – le mois dernier – leurs maisons – en Allemagne – à causes de pluies violentes

Dans les phrases suivantes, entourer le sujet, les compléments circonstanciels, souligner le verbe. Indiquer si le sujet est un groupe nominal ou un pronom.
Récrire les phrases en changeant de place le groupe qui peut l'être (le complément circonstanciel).

La police a arrêté le voleur dans une rue voisine du musée.
Il a emporté l'objet volé.
Pour voler une défense d'éléphant, un individu a brisé une vitre du musée.
Avant de quitter la station spatiale, l'astronaute a chanté une chanson connue en flottant en apesanteur.

JOUR 3 > Activités sur les groupes nominaux en autonomie. Transposition au passé simple

Activités sur les groupes nominaux

- Classer les groupes ci-dessous selon leur genre et leur nombre.

des pluies violentes – leurs maisons – plusieurs kilomètres – un individu – une grille – une vitre – l'objet volé – une rue voisine

	Masculin	Féminin
Singulier		
Pluriel		

Souligner les adjectifs dans les groupes nominaux.

- Ajouter un adjectif aux groupes nominaux :

un manteau – *l'eau*, *la lampe* – *la souris* – *l'animal* – *le sapin*.

- Remplacer l'adjectif en gras par un autre :

le ciel **clair** – une fleur **rouge** – un verre **plein** – un exercice **amusant**

- Remplacer l'adjectif par un autre :

le ciel clair – une fleur rouge – un verre plein – un exercice amusant – des voitures rapides – les jeunes piétons imprudents

Transposition de texte

- Relire le texte ci-dessous et le transposer au passé simple.

À Bagdad, Sinbad et Hinbad reçoivent une grande fortune, de leur famille, en héritage. Rapidement, ils dépensent une grande partie de l'argent puis ils décident de voyager.
Un matin, ils vont sur le port de Bassora avec leurs biens les plus précieux dans un sac. Avec quelques marchands, ils montent à bord d'un grand voilier, à destination des Indes orientales. Ils font escale dans plusieurs iles.
Un jour, le navire passe près d'une petite ile très verte. Le vent tombe, alors, il doit s'arrêter. Sinbad et Hinbad sont contents de pouvoir visiter cette charmante petite ile. Avec plusieurs marchands, ils descendent du bateau. Mais soudain, sous leurs pieds, l'ile tremble. Sinbad et Hinbad comprennent alors que ce n'était pas une ile mais une baleine. Leurs compagnons plongent et nagent jusqu'au bateau mais Sinbad et Hinbad sont moins rapides qu'eux. Quand l'ile baleine plonge, ils ont juste le temps d'attraper une planche de bois qui flotte sur la mer.
C'est alors qu'ils voient, avec désespoir, le navire hisser les voiles, s'éloigner puis disparaitre à l'horizon.
Toute la nuit, les flots ballotent Sinbad et Hinbad. Au matin, ils arrivent sur une ile, l'ile Mirhage.

- Faire donner l'infinitif de chaque verbe, remarquer les régularités pour les verbes du 1er groupe.

Collecte

Passé 5

Ils décidèrent de voyager.
Ils montèrent à bord d'un grand voilier.
Le navire passa près d'une petite ile très verte.
Le vent tomba.
L'ile trembla.
L'ile baleine plongea.
Leurs compagnons plongèrent et nagèrent jusqu'au bateau.
Ils arrivèrent sur une ile.

Passé 6

Ils firent escale dans plusieurs iles.
Sinbad et Hinbad furent contents.
Il dut s'arrêter.
Sinbad et Hinbad comprirent alors que ce n'était pas une ile.
Ils eurent juste le temps d'attraper une planche de bois.
Ils virent, avec désespoir, le navire hisser les voiles.

CE2 · CM1 · CE2/CM1 · CM2 · CM1/CM2 · CE2/CM1/CM2

Exercice

Écrire le texte au passé simple en parlant de *Sinbad* puis de *Sinbad et Hinbad*.
Sinbad arrive sur une ile. Il quitte le bateau et pose le pied sur l'ile. Il regarde autour de lui.

Texte transposé

À Bagdad, Sinbad et Hinbad reçurent une grande fortune, de leur famille, en héritage. Rapidement, ils dépensèrent une grande partie de l'argent puis ils décidèrent de voyager.
Un matin, ils allèrent sur le port de Bassora avec leurs biens les plus précieux dans un sac. Avec quelques marchands, ils montèrent à bord d'un grand voilier, à destination des Indes orientales. Ils firent escale dans plusieurs iles.
Un jour, le navire passa près d'une petite ile très verte. Le vent tomba, alors, il dut s'arrêter. Sinbad et Hinbad furent contents de pouvoir visiter cette charmante petite ile. Avec plusieurs marchands, ils descendirent du bateau. Mais soudain, sous leurs pieds, l'ile trembla. Sinbad et Hinbad comprirent alors que ce n'était pas une ile mais une baleine. Leurs compagnons plongèrent et nagèrent jusqu'au bateau mais Sinbad et Hinbad furent moins rapides qu'eux. Quand l'ile baleine plongea, ils eurent juste le temps d'attraper une planche de bois qui flottait sur la mer.
C'est alors qu'ils virent, avec désespoir, le navire hisser les voiles, s'éloigner puis disparaitre à l'horizon. Toute la nuit, les flots ballotèrent Sinbad et Hinbad. Au matin, ils arrivèrent sur une ile, l'ile Mirhage.

JOUR 4 > Vocabulaire et production écrite

Vocabulaire

Trouver des synonymes qui pourraient remplacer chacun des mots suivants : *abandonner – a escaladé – a brisé – a coupé – est entré – est monté*.
Chercher dans le dictionnaire le verbe *flotter*. Relever ses différents sens et trouver celui dans lequel il est employé dans le texte. Constituer sa famille de mots. Constituer la famille de mots de *alarme* et *installer*.

Production écrite (semaine 5 et semaine 6)

Rédiger une brève pour raconter un événement survenu à l'école.
Établir la structure de la brève en répondant aux questions suivantes à l'aide de groupes nominaux :
– Où ?
– Quand ?
– Qui ?
– Quoi ?
– Comment et/ou pourquoi ?
– Quelles conséquences ?
Puis rédiger une phrase au passé composé, au passé simple pour répondre aux quatre premières questions.
Rédiger une réponse au passé composé, au passé simple à chacune des autres questions.
Relire le texte en veillant à la ponctuation, à la conjugaison au passé composé ou au passé simple.

COLLECTES de la semaine 5

Des rivières débordèrent.
De nombreuses personnes abandonnèrent leurs maisons.
Les enfants ne fréquentèrent pas l'école.
Deux acrobates installèrent une barre entre deux montgolfières.
Elles montèrent à environ trente mètres du sol.
Il escalada une grille et il brisa une vitre.
Il emporta l'objet volé.

Il fit une vidéo.

Il y a deux mois, des inondations avaient déjà dévasté plusieurs villages.
Personne n'avait réussi cet exploit avant elle.

Ils décidèrent de voyager.
Ils montèrent à bord d'un grand voilier.
Le navire passa près d'une petite ile très verte.
Le vent tomba.
L'ile trembla.
L'ile baleine plongea.
Leurs compagnons plongèrent et nagèrent jusqu'au bateau.
Ils arrivèrent sur une ile.

Ils firent escale dans plusieurs iles.
Sinbad et Hinbad furent contents.
Il dut s'arrêter.
Sinbad et Hinbad comprirent alors que ce n'était pas une ile.
Ils eurent juste le temps d'attraper une planche de bois.
Ils virent, avec désespoir, le navire hisser les voiles.

CE2 CM1 CE2/CM1 CM2 CM1/CM2 CE2/CM1/CM2

Semaine 6 Le koala

Autour d'un texte documentaire

Le koala

Le koala est un mammifère. Il possède deux grandes oreilles rondes et poilues. Il a l'air d'un ours en peluche.
Le jeune koala vient au monde après avoir passé un mois dans le ventre de sa mère. Il va alors directement dans la poche ventrale de sa mère. Il reste là, cinq mois, sans sortir de la poche. Puis il fait quelques excursions vers l'extérieur. Au bout de huit mois, le koala quitte la poche.
Le koala passe presque toute la journée à dormir. Il bouge la nuit pour se nourrir d'eucalyptus. Il ne mange que de l'eucalyptus. Il peut vivre environ vingt ans.

JOUR 1 > Travail en autonomie. Transposition au passé simple

Travail en autonomie

Les CE2 et les CM1 réalisent une transposition à la 3e personne du pluriel au présent. Lire le texte silencieusement puis à haute voix. Faire constater que le texte est au présent. Transposer le texte à l'oral plusieurs fois en parlant des koalas. Puis travail en autonomie.

- Réponds aux questions suivantes :

Combien de temps le koala passe-t-il dans le ventre de sa mère ? ....

Quel âge a le koala quand il commence à sortir de la poche de sa mère ? ....

Que mange uniquement le koala ?..

Indique ce que représente *là* : ....

Entoure ce qu'est l'eucalyptus ? (Cherche dans le dictionnaire si besoin.)
un animal – un arbre – une fleur

- Transposer à l'écrit : Les koalas. Récrire les groupes surlignés en effectuant les changements nécessaires.

Les koalas

Le petit koala est un mammifère

....

Il possède deux grandes oreilles rondes et poilues

.... deux grandes oreilles rondes et poilues.

Il a l'air d'un ours en peluche

.... d'ours en peluche.

Le jeune koala vient au monde après avoir passé un mois dans le ventre de sa mère.

Les .... au monde après avoir passé un mois dans le ventre de ....

Il va alors directement dans la poche ventrale de sa mère.

.... alors directement dans la poche ventrale de ....

Il reste là, cinq mois, sans sortir de la poche.

.... cinq mois sans sortir de la poche.

Puis il fait quelques excursions vers l'extérieur.

Puis .... quelques excursions vers l'extérieur.

Au bout de huit mois, le koala quitte la poche.

Au bout de huit mois, ... la poche.

Le koala passe presque toute la journée à dormir.

.... presque toute la journée à dormir.

Il bouge la nuit pour se nourrir d'eucalyptus. Il ne mange que de l'eucalyptus.

.... la nuit pour se nourrir d'eucalyptus. .... de l'eucalyptus.

Il peut vivre environ vingt ans.

....vivre environ vingt ans.

Texte transposé

Les koalas

Les koalas sont des mammifères. Ils possèdent deux grandes oreilles rondes et poilues. Ils ont l'air d'ours en peluche.
Les jeunes koalas viennent au monde après avoir passé un mois dans le ventre de leur mère. Ils vont alors directement dans la poche ventrale de leur mère. Ils restent là, cinq mois, sans sortir de la poche. Puis ils font quelques excursions vers l'extérieur. Au bout de huit mois, les koalas quittent la poche.
Les koalas passent presque toute la journée à dormir. Ils bougent la nuit pour se nourrir d'eucalyptus. Ils ne mangent que de l'eucalyptus. Ils peuvent vivre environ vingt ans.

Transposition de texte

- Relire le texte ci-dessous et le transposer au passé simple.

La Fleur Rouge

Tapi derrière un buisson touffu, Mowgli ne bougeait pas, il observait le village. À un moment, quelqu'un est sorti d'une maison. Il tenait dans ses mains un pot où brillait une flamme. Mowgli a sauté, a arraché ce talisman qu'il convoitait et il est retourné dans la jungle en courant. La Fleur Rouge était à lui ! Il a porté le pot à la caverne, il a surveillé les braises chaudes, il a entretenu le feu avec des branchages.
Le Maître des loups vieillissait, il manquait ses proies, il n'y voyait plus très bien. Un jour, Shere Khan a osé réclamer la chair de Mowgli au Conseil supérieur des loups. Certains Loups hurlaient avec Shere Khan : « Mowgli n'est pas un loup, c'est un Homme ! Qu'il retourne avec les Hommes ! » Ils fouettaient rageusement l'espace avec leur queue. Alors Mowgli a dressé le pot de braise devant eux. Il a incendié une branche d'arbre. Tous les animaux ont reculé de terreur. Il était désormais le Maître.
Mais il ne voulait pas de guerre à l'intérieur du Clan. Il savait qu'il n'était pas un loup. L'eau des rivières et des lacs qui faisait miroir le lui montrait. Alors, il a dit adieu à sa mère Louve. Les petits ont voulu l'accompagner jusqu'à l'orée de la forêt. Il leur a fait une promesse :
« Je reviendrai, je tuerai Shere Khan et j'exposerai sa peau sur le Rocher du Conseil. »
Et il a descendu la colline vers ce qu'on appelle les Hommes.

- Faire donner l'infinitif de chaque verbe au passé simple, remarquer les régularités pour les verbes du 1er groupe. Constater que le verbe dire se conjugue de la même façon au présent et au passé simple à la 3e personne du singulier : *il dit*.

Exercice

Transposer au passé simple.
Le clown entre en piste. Il fait du vélo. Puis il veut jouer de la musique mais aucun son ne sort de son instrument.

Collecte

Passé 6

Alors, il dit adieu à sa mère Louve.
Les petits voulurent l'accompagner jusqu'à l'orée de la forêt.

Texte transposé

La Fleur Rouge

Tapi derrière un buisson touffu, Mowgli ne bougeait pas, il observait le village. À un moment, quelqu'un sortit d'une maison. Il tenait dans ses mains un pot où brillait une flamme. Mowgli sauta, arracha ce talisman qu'il convoitait et il retourna dans la jungle en courant. La Fleur Rouge était à lui ! Il porta le pot à la caverne, il surveilla les braises chaudes, il entretint le feu avec des branchages.
Le Maitre des loups vieillissait, il manquait ses proies, il n'y voyait plus très bien. Un jour, Shere Khan osa réclamer la chair de Mowgli au Conseil supérieur des loups. Certains Loups hurlaient avec Shere Khan : « Mowgli n'est pas un loup, c'est un Homme ! Qu'il retourne avec les Hommes ! » Ils fouettèrent rageusement l'espace avec leur queue. Alors Mowgli dressa le pot de braise devant eux. Il incendia une branche d'arbre. Tous les animaux reculèrent de terreur. Il était désormais le Maitre.
Mais il ne voulait pas de guerre à l'intérieur du Clan. Il savait qu'il n'était pas un loup. L'eau des rivières et des lacs qui faisait miroir le lui montrait. Alors, il dit adieu à sa mère Louve. Les petits voulurent l'accompagner jusqu'à l'orée de la forêt. Il leur fit une promesse :
« Je reviendrai, je tuerai Shere Khan et j'exposerai sa peau sur le Rocher du Conseil. »
Et il descendit la colline vers ce qu'on appelle les Hommes.

JOUR 2 > Activités en autonomie sur les phrases. Structuration : le passé simple des verbes du 1er groupe

Activités en autonomie sur les phrases

- Relis le texte.

Le koala

Le koala est un mammifère. Il possède deux grandes oreilles rondes et poilues. Il a l'air d'un ours en peluche.
Le jeune koala vient au monde après avoir passé un mois dans le ventre de sa mère. Il va alors directement dans la poche ventrale de sa mère. Il reste là, cinq mois, sans sortir de la poche. Puis il fait quelques excursions vers l'extérieur. Au bout de huit mois, le koala quitte la poche.
Le koala passe presque toute la journée à dormir. Il bouge la nuit pour se nourrir d'eucalyptus. Il ne mange que de l'eucalyptus. Il peut vivre environ vingt ans. .

Indique le nombre de phrases du texte : ....

Écris la huitième phrase à la forme négative.

....

Dans les phrases ci-dessous, entoure le sujet et souligne le verbe.

Il possède deux grandes oreilles rondes et poilues.
Le koala reste dans la poche pendant cinq mois.
Au bout de huit mois, les koalas quittent la poche.

Recopie les sujets dans la colonne qui convient :

Pronom sujet	Groupe nominal sujet

Dans les phrases ci-dessous, entoure le sujet, le complément circonstanciel s'il y en a un. Souligne le verbe.

Il possède deux grandes oreilles rondes et poilues.
Le koala reste dans la poche ventrale pendant cinq mois.

Au bout de huit mois, les koalas quittent la poche.

Récris la deuxième et la troisième phrase en changeant le complément circonstanciel de place.

....

....

Recopie les sujets dans la colonne qui convient :

Pronom sujet	Groupe nominal sujet

Constitue une phrase avec les groupes de mots suivants :

à sortir de la poche – le jeune koala – à partir de cinq mois – de sa maman – commence – des excursions à l'extérieur – pour faire

....

....

Structuration : le passé simple des verbes du 1er groupe et du verbe *aller*

- Synthèse sur le passé simple des verbes du 1er groupe et du verbe *aller*.

Il s'agit de mettre en évidence les terminaisons des verbes du 1er groupe au passé simple à la 3e personne.

- Lire la page de collecte du Passé 5. Souligner les verbes. Indiquer leur infinitif.
- Entourer la terminaison à la troisième personne du singulier : *-a* et à la 3e personne du pluriel : *-èrent*.

Indiquer que tous les verbes du 1er groupe se conjuguent ainsi.

- Compléter la conjugaison des verbes suivants :

ARRIVER	PLONGER	LANCER	DISTINGUER	ALLER
il/elle/on .... ils/elles	il/elle/on .... ils/elles	il/elle/on .... ils/elles	il/elle/on .... ils/elles	il/elle/on .... ils/elles ....

ACHETER	JETER	PELER	APPELER
il/elle, on achet.... ils/elles achet...	il/elle/on jet.... ils/elles jet....	il/elle/on pel.... ils/elles pel...	il/elle, appel.... ils/elles appel...
ENVOYER il/elle/on envoy.... ils/elles envoy....	**ESSAYER** il/elle/on essay.... ils/elles essay...	**ESSUYER** il/elle/on essuy.... ils/elles essuy...	

Remarquer le ç à la fin du radical du verbe *lancer*, le *e* à la fin du radical du verbe *plonger*, le non doublement de consonne à *appeler*, le *y* à *essayer* et *envoyer*.

- Faire observer dans les tableaux de conjugaison que, au passé simple, les verbes peuvent être conjugués à d'autres personnes que la 3e personne. Lire les verbes conjugués. Indiquer que la 1re personne et la 2e personne sont très peu employées.

Exercices

Recopier les phrases qui contiennent un verbe au passé simple ; souligner ces verbes.

Les gouttes de pluie frappèrent les carreaux.
Le vent souffla tous les soirs.
Tu joueras dehors.
Vous avez décidé de partir loin.
Le bus démarra à l'heure.
Nous commençons l'escalade.
Ils recopièrent le résumé.

Récrire cette phrase au passé simple à la 3e personne du singulier et du pluriel.

Elle arrive, ôte son manteau et va dans la classe.

Récrire chaque phrase au passé simple avec le pronom proposé.

Ils nagèrent longtemps. Elle…
Elles regardèrent le ciel. Il…
Elle alla dans sa chambre. Elles…
Ils commencèrent à chanter. Il…
Il envoya plusieurs messages. Ils…
Ils aboyèrent toute la nuit. Il…

Récrire chaque phrase au passé simple.

La sorcière empoisonne la pomme.
Les animaux regagnent leurs abris.
Maman monte dans la voiture.
Elles encouragent les cyclistes.
Les truites vont sous les pierres.
Le jeune garçon avoue son ignorance.
Il achète le pain, il paye et il rentre chez lui.

Recopier chaque phrase en conjuguant le verbe au passé simple.

Il (retrouver) ses forces.
Elles (tomber) dans un trou.
On (observer) une minute de silence.
Elle (explorer) la cavité.
Ils (aller) au cinéma.
Il (marquer) plusieurs essais.
Elle (distinguer) une lueur.
Il (appuyer) sur le bouton de la sonnette.
Elles (appeler) les renforts.

Récrire le texte au passé simple.

Les invités arrivent à l'heure. Ils souhaitent un bon anniversaire à Aminata. Ils lui donnent un cadeau. La fillette déballe le paquet et pousse un cri de joie en voyant la bande dessinée. Ensuite Aminata apporte le gouter. Son ami Enzo mange avec appétit un gros morceau de gâteau. Ensuite tous les enfants vont jouer dans la pelouse.

JOUR 3 > Activités sur les groupes nominaux. Structuration : le passé simple des autres verbes

Activités sur les groupes nominaux

- Relis le texte.

Le koala

Le koala est un mammifère. Il possède deux grandes oreilles rondes et poilues. Il a l'air d'un ours en peluche.
Le jeune koala vient au monde après avoir passé un mois dans le ventre de sa mère. Il va alors directement dans la poche ventrale de sa mère. Il reste là, cinq mois, sans sortir de la poche. Puis il fait quelques excursions vers l'extérieur. Au bout de huit mois, le koala quitte la poche.

- Recopie les groupes nominaux soulignés dans la colonne qui convient. Entoure les déterminants, souligne les noms.

Groupe nominal sans adjectif	Groupe nominal avec adjectif

Le koala

Le koala est un mammifère. Il possède deux grandes oreilles rondes et poilues. Il a l'air d'un ours en peluche.
Le jeune koala vient au monde après avoir passé un mois dans le ventre de sa mère. Il va alors directement dans la poche ventrale de sa mère. Il reste là, cinq mois, sans sortir de la poche. Puis il fait quelques excursions vers l'extérieur. Au bout de huit mois, le koala quitte la poche.
Le koala passe presque toute la journée à dormir. Il bouge la nuit pour se nourrir d'eucalyptus. Il ne mange que de l'eucalyptus. Il peut vivre environ vingt ans.

- Relis le texte.
- Recopie les groupes nominaux soulignés dans la colonne qui convient. Entoure les déterminants, souligne les noms.

Groupe nominal sans adjectif	Groupe nominal avec adjectif	Groupe nominal avec complément du nom

Structuration : le passé simple des autres verbes

Il s'agit de savoir que les terminaisons des autres verbes du programme (*être*, *avoir*, *faire*, *dire*, *prendre*, *vouloir*, *devoir*, *pouvoir*, *venir*, *voir*) au passé simple sont *-t* à la 3e personne du singulier, *-rent* à la 3e personne du pluriel et que le radical du verbe se termine par *-u*, *-i* ou *-in*.
Lire les phrases collectées sur la page « Passé 6 ».
Souligner les verbes et indiquer leur infinitif.
Entourer les terminaisons : à la 3e personne du singulier : *-t*, à la 3e personne du pluriel : *-rent*. Observer la fin du radical de chaque verbe et surligner *-i*, *-u*, *-in* .
Ajouter les phrases suivantes puis récrire chaque verbe en changeant le nombre du sujet :
L'homme vint près de moi en chancelant.
Les enfants finirent leur travail.
Compléter la conjugaison des verbes du tableau suivant :

FINIR il/elle, on .... ils/elles	**FAIRE** il/elle, on .... ils/elles	**VOIR** il/elle, on .... ils/elles ....
PRENDRE il/elle, on .... ils/elles	**DIRE** il/elle, on .... ils/elles	**VENIR** il/elle, on .... ils/elles ....
VOULOIR il/elle, on .... ils/elles	**POUVOIR** il/elle, on .... ils/elles	
ÊTRE il/elle, on .... ils/elles	**AVOIR** il/elle, on .... ils/elles	

Constater que certains verbes en *-ir* (finir) et le verbe *dire* se conjuguent à la 3e personne du singulier comme au présent.
Chercher d'autres verbes dont le radical se termine au passé simple par *-i* (*gravir*, *agir*, *sourire*, *mentir*, *partir*, *écrire*, *entendre*…), par *-u* (*lire*, *boire*, *apercevoir*…), par *-in* (*tenir*, *retenir*…).
Faire observer dans les tableaux de conjugaison les verbes conjugués au passé simple à toutes les personnes. Les lire.
Garder dans le cahier le tableau ci-dessus.

Exercices

Recopier les verbes avec leur sujet dans un tableau comme celui-ci.

Radical terminé par le son [i]	Radical terminé par le son [y]	Radical terminé par le son [ε]

La journée fut trop courte.
Les spectateurs applaudirent les funambules.
Elle eut du mal à comprendre la situation.
Ils prirent le bus.
Les élèves furent malades toutes la nuit.
Le plombier vint réparer la fuite.
Ils nourrirent les hérissons.
Elles virent une aurore boréale.
Ils parvinrent enfin à sortir de la grotte.

Recopier les phrases avec les pronoms proposés.

Ils prirent le temps de réfléchir. Elle…
Il entendit un grattement. Ils…
Ils finirent leur travail. Elle…
Elles firent beaucoup trop de bruit. Il…
Il dut repartir sans ses bagages. Ils…
Elle voulut trop bien faire. Elles…
Ils purent monter au château. Elle…
Elle dit bonjour à tout le monde. Ils…
Ils eurent envie d'une bonne douche chaude. Il…
Les nuages obscurcirent le ciel. Il…
L'oiseau battit des ailes. Ils…

Recopier les phrases en conjuguant les verbes au passé simple.

Le chaton veut téter.
Ils doivent recommencer leur travail.
Il apprend sa leçon.
Elle comprend son erreur.
Elle refait le même trajet.
Il a eu le record de lancer du marteau.
Matthieu est le premier devant la porte de la classe.
Ils franchissent les obstacles avec agilité.
Elle boit du jus d'orange.
Ils attendent le bus longtemps.

Récrire chaque phrase en conjuguant le verbe au passé simple.

Elle (pouvoir) sortir de sa cachette.
Les élèves (faire) leur exercice sans bruit.
On (prendre) une sage décision.
Les explorateurs (vouloir) faire le tour du monde.
Ils (dire) des mensonges comme d'habitude !
L'animal (voir) le photographe.
Les violettes (sortir) de terre.

Transposer le texte au passé simple. Attention ! Le verbe souligné est à écrire à l'imparfait.

Tout à coup, lors de sa promenade quotidienne, Yago le chien part en flèche. Julien le suit en courant. Mais il ne peut pas le rattraper. Le chien <u>file</u> trop vite. Alors Julien reprend le chemin de la maison. Une heure plus tard, il voit le chien arriver, la tête basse tout crotté. Julien le gronde et Yago vient se coucher à ses pieds tout honteux de son escapade.

COLLECTE de la semaine 6

Alors, il dit adieu à sa mère Louve.
Les petits voulurent l'accompagner jusqu'à l'orée de la forêt.

JOUR 4 > Exercices

Les CE2 revoient la phrase négative, les CM le complément du nom et les CM2 le passé simple.

• Transforme ces phrases en phrases négatives :
Tu veux encore des légumes ?
Il fait toujours les courses le soir.
Les ouvriers ont encore beaucoup de travail.
Il a trouvé quelque chose d'intéressant dans le grenier.
Aujourd'hui il y a beaucoup de brouillard.
Dans le noir, il aperçoit quelqu'un.

• Dans les GN suivants, entoure le nom principal et souligne le complément du nom :
un collier en or – un arbre de la forêt – les animaux du cirque – les rues du village – une promenade en vélo – la pince à épiler – le centre de la France – des croquettes pour chat
Remplace chaque complément du nom par un autre.

• Récris chaque phrase en conjuguant le verbe au passé simple.
La princesse (enfiler) sa plus belle robe.
Les chiens (faire) le tour de la maison en aboyant.
Ce matin-là, Dylan (prendre) le métro.
Les touristes (vouloir) absolument faire un tour en hélicoptère.
Il (dire) un poème devant ses camarades.
L'animal (avoir) la chance de pouvoir s'enfuir.
En voyant ce spectacle, tout le monde (être) surpris.
Il avait tellement mal aux dents qu'il (aller) chez le dentiste malgré sa peur.

Semaine 7 Évaluation sur la phrase négative, le complément du nom, le passé simple

Évaluation CE2

Il s'agit d'évaluer si les élèves savent :
- identifier une phrase à la forme négative ;
- transformer une phrase affirmative en phrase négative.

Évaluation CM1

Il s'agit d'évaluer si les élèves savent :
- identifier les groupes nominaux avec complément du nom ;
- employer des compléments du nom.

Évaluation CM2

Il s'agit d'évaluer si les élèves savent :
- identifier les groupes nominaux avec complément du nom ;
- employer des compléments du nom ;
- identifier des verbes au passé simple ;
- conjuguer des verbes au passé simple.

Évaluation CE2

1. a. Lis le texte. Recopie les phrases négatives.

La semaine dernière, j'ai apporté ma collection de timbres en classe. On a feuilleté l'album. Tous mes camarades ont admiré mon plus beau timbre : le viaduc de Millau. Lisa a voulu emporter l'album chez elle. Le lendemain, elle n'a pas rapporté l'album en classe. Ses parents n'avaient pas eu le temps de le regarder. Je n'étais pas content.

....

....

....

2. Écris chaque phrase à la forme négative.

Les hirondelles passent l'hiver en France. ....

La semaine a cinq jours. ....

Londres est la capitale de la Belgique. ....

L'eau bout à 70 degrés. ....

Il a fait aussi chaud l'hiver que l'été. ....

Vous êtes toujours de mauvaise humeur. ....

Vous êtes encore malade. ....

Elle a vu quelque chose dans le jardin. ....

J'ai tout décoré. ....

Ce sportif a fait le meilleur temps aux 100 mètres. ....

Évaluation CM1

1. a. Lis le texte.

La semaine dernière, j'ai apporté ma collection de timbres en classe. On a feuilleté l'album. Nous avons tourné les pages avec précaution. Tous mes camarades ont admiré mon plus beau timbre : le viaduc de Millau. Lisa a voulu emporter l'album chez elle.

b. Recopie les groupes nominaux soulignés qui contiennent un complément du nom.

....

....

2. Recopie les groupes nominaux suivants dans la colonne qui convient.

un endroit magnifique – la bouteille d'eau – un livre amusant – un appartement avec balcon – un bon lit douillet – une vue sur mer – une boite à lettres – un animal du zoo – une chaleur d'été.

Groupes nominaux avec un adjectif ou des adjectifs	Groupes nominaux avec complément du nom

3. Complète chaque groupe nominal avec un complément du nom.

une feuille ....

une machine ....

une soupe ....

un chapeau ....

des lunettes ....

Évaluation CM2

1.a. Lis le texte. Souligne les verbes conjugués au passé simple et écris leur infinitif.
Un jour, Nico apporta sa collection de timbres en classe. Les élèves feuilletèrent l'album.

....

Ils tournèrent les pages avec précaution. Tous ses camarades admirèrent son plus beau timbre : le viaduc de Millau.

....

Lisa voulut emporter l'album chez elle. Elle promit d'y faire attention. Le lendemain, elle ne rapporta pas l'album

....

en classe. Ses parents n'avaient pas eu le temps de le regarder. Nico n'était pas content.

....

b. Recopie les groupes nominaux soulignés qui contiennent un complément du nom

....

....

2. Recopie les groupes nominaux suivants dans la colonne qui convient.
un endroit magnifique – la bouteille d'eau – un livre amusant – un appartement avec balcon – un bon lit douillet – une vue sur mer – une boite à lettres – un animal du zoo – une chaleur d'été.

Groupes nominaux avec un adjectif ou des adjectifs	Groupes nominaux avec complément du nom

3. Complète chaque groupe nominal avec un complément du nom.

une feuille ....

une machine ....

une soupe ....

un chapeau ....

des lunettes ....

4. Récris les phrases au passé simple en changeant le nombre du sujet.
L'artisan fabriqua un meuble.
La jeune femme fit une révérence devant le roi.
Il voulut réussir.
Les renards revinrent la nuit suivante.
Les couturières songèrent à prendre leur retraite.
Les garçons essayèrent un nouveau costume.
Elles dirent au-revoir à tout le monde.
Il vit des paysages superbes.
Elle eut du mal à enfiler ses bottines.

5. Conjuguer les verbes au passé simple.
La neige (protéger) les cultures.
Ils (réviser) bien leurs leçons.
L'aigle (foncer) sur le chamois.
Les enfants (pouvoir) enfin aller faire du sport.
L'engin (niveler) le terrain.
Elle (prendre) son billet avant de monter dans le train.
L'été dernier, ils (aller) en Angleterre.

6. Récris le texte au passé simple.
Robinson retourne de nombreuses fois au navire. Il y prend tout ce qu'il peut. Il emporte le chien et les deux chats. Puis, sur l'ile, Robinson cherche un endroit favorable pour sa demeure. Il fabrique une petite tente avec des toiles et des perches et il range ses bagages. Les animaux trouvent un endroit pour s'installer. Le lendemain, Robinson et le chien font le tour de l'île. Ils voient de nombreux oiseaux inconnus mais pas de bêtes féroces.

Période 5

Mai - Juin

Programmation

SEMAINE	JOUR	SÉQUENCES
1 Autour d'un article de journal	**1** **2** **3** **4**	• Activités sur le texte : *Les JO de 2020*. Transposition au futur. • Activités sur les phrases en autonomie. **Structuration : l'attribut.** • Activités sur les groupes nominaux. Exercices sur l'attribut. • Vocabulaire et production écrite.
2 Autour d'un texte informatif	**1** **2** **3** **4**	• Activités sur le texte au futur : *Une voiture « intelligente »*. Transposition à la 3e personne du pluriel. • Activités sur les phrases. • Activités sur les groupes nominaux. **Structuration : le plus-que-parfait.** • Vocabulaire et production écrite.
3 Autour d'un texte informatif	**1** **2 et 3** **4**	• Activités sur le texte *Conseils pour une randonnée réussie*, transposition à la 1re personne du singulier. • **Structuration : le complément d'objet.** • Vocabulaire et production écrite.
4 Autour d'un texte informatif	**1** **2** **3** **4**	• Transposition du texte au futur : *Conseils pour une randonnée réussie* à la 1re personne du pluriel. • Activités sur les phrases. • Transposition au futur : *Une expérience en sciences*. • Vocabulaire et production écrite.
5	**1 et 2** **3 et 4**	• **Structuration : le futur des verbes du 1er groupe.** • **Structuration : le futur des autres verbes.**
6		• **Évaluation sur le futur, le plus-que-parfait, les constituants de la phrase, les constituants du groupe nominal.**

CE2 · CM1 · CE2/CM1 · CM2 · CM1/CM2 · CE2/CM1/CM2

Semaine 1 Les JO de 2020

Article de journal

Les JO de 2020

En 2020, le Japon organise les Jeux Olympiques. De nombreux athlètes participent aux JO et de nombreux spectateurs viennent à Tokyo pour l'événement. L'organisation des jeux nécessite parfois de simples aménagements mais également des travaux à grande échelle.
Un nouveau stade olympique futuriste doit accueillir 60 000 spectateurs. Il remplace le stade national. Il répond aux besoins des athlètes et des spectateurs. Ce stade est accessible à tous les types de public. Les épreuves de VTT ont lieu sur un parcours existant rénové. Le parcours a pour toile de fond le spectaculaire Mont Fuji. Les cyclistes sur piste participent aux épreuves dans le vélodrome. Celui-ci fait l'objet d'importantes rénovations et sa capacité en places assises est accrue.
Pendant leurs compétitions, les athlètes séjournent dans un village proche du site des épreuves ou au village olympique.
La cérémonie d'ouverture démarre avec un symbole fort : le relai de la flamme olympique se fait depuis les zones touchées par le tsunami en 2011 jusqu'à Tokyo.

Lecture compréhension du texte

- Où auront lieu les Jeux Olympiques en 2020 ? Pourquoi le Japon est-il obligé de réaliser des travaux ? Quel travail à grande échelle évoque le texte ? Quel parcours sera simplement rénové ? Quelles épreuves ont lieu dans un vélodrome ? Qu'est-ce que le spectaculaire Mont Fuji ?
Projeter éventuellement la vue de la montagne la plus haute du Japon : https://fr.wikipedia.org/wiki/Mont_Fuji#/media/File:FujiSunriseKawaguchiko2025WP.jpg
- Pourquoi la cérémonie constitue-t-elle un symbole fort ?
- Expliquer : *grande échelle* ; *futuriste* ; *toile de fond* ; *les compétitions* ; *épreuves* ; *rénovations* ; *symbole* ; *les zones touchées*.
- À quoi renvoient les mots soulignés ? Faire indiquer si ces mots soulignés sont des pronoms ou des groupes nominaux.
- Relever les mots ou groupes de mots qui donnent des indications de temps ou de lieu. Relever les indicateurs logiques : *mais* ; *également*.
- Poursuivre le relevé de *à* (*de nombreux spectateurs viennent à Tokyo ; des travaux à grande échelle ; accessible à tous les types de public*).

JOUR 1 > Transposition du texte

- Indiquer à quel temps est écrit le texte.
- Transposer le texte au futur. Faire constater les terminaisons : *-ra* ou *-ront*. Faire remarquer que pour les verbes du 1er groupe, le radical se termine par un *e* que l'on ne prononce pas toujours.

Les CE2 peuvent s'arrêter à « vélodrome » et recopier le premier paragraphe. Ils entourent les verbes et écrivent leur infinitif. Ils soulignent le *-e* que l'on n'entend pas toujours. Poursuivre avec les CM.

Collecte

Futur 1

Le Japon organisera les Jeux Olympiques.
L'organisation des jeux nécessitera parfois des travaux.
Les athlètes séjourneront dans un village satellite.

Futur 2

Ce stade sera accessible à tous les types de public.
Les épreuves de VTT auront lieu sur un parcours existant.
De nombreux spectateurs viendront à Tokyo pour l'événement.
Le parcours aura pour toile de fond le spectaculaire Mont Fuji.

Exercice

Écrire les phrases suivantes au futur.

La ville organise un carnaval. Il a lieu en juin. Des chars défilent dans les rues. Des gens chantent et dansent toute la journée. Les spectateurs viennent nombreux. Ils séjournent dans la ville ou dans les environs.

Texte transposé

Les JO de 2020

En 2020, le Japon organisera les Jeux Olympiques. De nombreux athlètes participeront aux JO et de nombreux spectateurs viendront à Tokyo pour l'événement. L'organisation des jeux nécessitera parfois de simples aménagements mais également des travaux à grande échelle.

Un nouveau stade olympique futuriste devra accueillir 60 000 spectateurs. Il remplacera le stade national. Il répondra aux besoins des athlètes et des spectateurs. Ce stade sera accessible à tous les types de public.

Les épreuves de VTT auront lieu sur un parcours existant rénové. Le parcours aura pour toile de fond le spectaculaire Mont Fuji. Les cyclistes sur piste participeront aux épreuves dans le vélodrome. Celui-ci fera l'objet d'importantes rénovations et sa capacité en places assises sera accrue.

Pendant leurs compétitions, les athlètes séjourneront dans un village proche du site des épreuves ou au village olympique.

La cérémonie d'ouverture démarrera avec un symbole fort : le relai de la flamme olympique se fera depuis les zones touchées par le tsunami en 2011 jusqu'à Tokyo.

JOUR 2 > Activités sur les phrases en autonomie. Structuration : l'attribut

1. a. Dans chaque phrase, entoure le sujet et le complément qui peut se déplacer s'il y en a un.
En 2020, le Japon organise les Jeux Olympiques.
L'organisation des jeux nécessite des travaux à grande échelle.
Le nouveau stade olympique futuriste a 60 000 places.
Bientôt, il remplacera le stade national.
b. Souligne le verbe de chaque phrase et indique son infinitif.
c. Indique la nature du sujet : pronom ou groupe nominal.
d. Recopie la première et la cinquième phrase en changeant de place le complément qui peut se déplacer.

2. a. Dans chaque phrase, entoure le sujet et le complément circonstanciel s'il y en a un.
En 2020, le Japon organise les Jeux Olympiques.
L'organisation des jeux nécessite des travaux à grande échelle.
Le nouveau stade olympique futuriste a 60 000 places.
Bientôt, il remplacera le stade national.
Le soir, les athlètes seront au village olympique.
De nombreux athlètes participeront aux JO.
Le stade répond aux besoins des spectateurs.
b. Souligne le verbe de chaque phrase et indique son infinitif.
c. Indique la nature du sujet : pronom ou groupe nominal.
d. Recopie la première et la cinquième phrase en changeant de place le complément circonstanciel.
e. Recopie la dernière phrase en ajoutant un complément circonstanciel.

Structuration : l'attribut

Il s'agit de montrer que :
– l'attribut ne peut pas être supprimé, il se trouve souvent après le verbe *être* ou un autre verbe d'état : *paraitre*, *sembler*, *rester*, *demeurer*, *devenir*, *avoir l'air* ;
– il donne un renseignement sur le sujet ;
– l'attribut s'accorde avec le sujet.

- Lire la page de cahier « Attributs ».
- Lire les phrases, rappeler ce qui a été dit à propos de ces mots ou groupes de mots situés après le verbe dans le groupe verbal : on ne peut pas les supprimer, ils nous renseignent sur les sujets, ils s'accordent en genre et en nombre avec le sujet de la phrase. Indiquer que leur fonction est : attribut du sujet.
- Vérifier les accords des attributs sur la page de cahier et lister les verbes suivis d'un attribut : *être*, *devenir*, *rester*. Faire trouver après quels autres verbes que le verbe *être* on trouve un attribut.
Pour cela, chercher par quels verbes on peut remplacer *être* dans les phrases suivantes.
Capi est fatigué. (*sembler*, *paraitre*, *avoir l'air*)
La soigneuse est prudente. (*demeurer*)
- Rapprocher l'accord de l'attribut après le verbe *être* de l'accord du participe passé au passé composé avec l'auxiliaire *être*.
- Préciser que, après le verbe *être*, on trouve souvent un attribut du sujet mais pas toujours. Dans les phrases suivantes, trouver l'attribut du sujet quand il y en a : *Le chien est féroce. Le chien est dans sa niche. Ces arbres sont des pommiers. Ces arbres sont dans le verger. La chaise est neuve. Elle est sur la table.*
- Garder une trace écrite dans le cahier.

L'attribut

- L'attribut du sujet ne peut pas être supprimé.
Il est situé **juste après le verbe *être* ou un autre verbe d'état**. Par exemple :
*La soigneuse **semble** prudente. La soigneuse **parait** prudente. La soigneuse **reste** prudente. La soigneuse **a l'air** prudente. La soigneuse **devient** prudente. La soigneuse **demeure** prudente.*
- L'attribut du sujet apporte des précisions sur le sujet. Il s'accorde avec le sujet.
*Le bouc était **fier**. Les boucs étaient **fiers**. La chèvre était **fière**. Les chèvres étaient **fières**.*

Exercices

Recopier uniquement les phrases qui contiennent un attribut du sujet.

Ces animaux ont une fourrure magnifique.
Le vent devient violent.
Ces deux chiens sont des bergers allemands.
Les meubles semblent anciens.
Le vase est sur la table.
Vous paraissez angoissés.
Ils ont un cheval.
Cette avenue est large.

Dans les phrases recopiées, entourer le sujet, souligner le verbe et entourer l'attribut du sujet.

Recopier les phrases et souligner les attributs du sujet.

Le chapeau semble neuf.
Ma mamie est une vieille dame.
Tina est devenue une chanteuse internationale.
Le chat demeure immobile.
L'oiseau parait agité.
L'exercice reste difficile.

Recopier les phrases et souligner les attributs du sujet. Récrire les phrases en mettant le sujet au pluriel.

L'homme semble fâché.
La chaussure est petite.
La feuille parait épaisse.
L'éléphanteau deviendra énorme.
La coccinelle est utile.

Recopier chaque phrase en la complétant avec un attribut ; faire les accords nécessaires.

La mer est ....
Le bateau est ....
Anne est ....
La chaleur devient ....
Ces routes sont.......................... .

Récrire les phrases en changeant le nombre (singulier/pluriel) des sujets ; accorder les attributs du sujet.
Le trottoir est encombré.
Ces voitures sont des bolides.
La maison parait hantée.
Les routes deviennent glissantes.
Les températures restent élevées.
L'exercice semble terminé.
Le film deviendra un succès.
Ces outils sont pratiques.

Récrire les phrases en changeant le genre (masculin/féminin) des sujets ; accorder les attributs du sujet.
Les chattes restent gentilles.
Le garçon devient sage.
Tes amies sont simples.
Le sorcier est laid.
Ce chanteur est âgé.
Ma sœur est souriante.
Le boulanger parait sympathique.

Récrire chaque phrase en la complétant avec un sujet au choix ; le sujet choisi doit s'accorder avec l'attribut proposé.
.... devient adorable.
.... semblent affamées.
.... sont des reptiles.
.... demeure féroce.
.... devient un grand danseur.

Compléter les phrases avec un attribut comme dans l'exemple :
La sauterelle est verte. La sauterelle est un insecte.
Natacha est .... Natacha est ....
Les ogres sont .... Les ogres sont ....
Ce livre est .... Ce livre est ....
Madame Durand est .... Madame Durand est ....
Les kangourous sont .... Les kangourous sont ....

JOUR 3 > Activités sur les groupes nominaux. Exercices sur l'attribut

- Relever, dans le texte, des noms propres et des groupes nominaux avec des déterminants différents. Entourer de couleurs différentes les articles définis et les articles indéfinis. Souligner de couleurs différentes les déterminants démonstratifs et les déterminants possessifs.
- Les CE2 relèvent des groupes nominaux avec adjectifs qualificatifs et les CM1 des groupes nominaux avec complément du nom.
- Les CM2 réalisent des exercices sur l'attribut à choisir parmi ceux proposés en jour 2.

Exercices

Classer les groupes nominaux suivant leur genre et leur nombre.
une bonne nouvelle – un peuple respectueux et pacifique – des routes anciennes – un aéroport moderne – le métro – des sommets enneigés – un paysage urbain – des installations sportives.

	Singulier	Pluriel
Masculin		
Féminin		

Récrire les groupes nominaux en changeant leur nombre.

Ajouter un adjectif qualificatif ou un complément du nom à chaque groupe nominal :
le fruit – un sentier – des engins – un oiseau – le chat

JOUR 4 > Vocabulaire et production écrite

Vocabulaire

- Rechercher dans le texte des mots de la famille de *spectacle*.
- Rechercher deux autres mots formés avec le suffixe *-drome*.
- Remplacer les sigles JO et VTT par les mots entiers. Faire de même avec un SDF, un PDG, un PV, un TGV, la SNCF, une HLM. Expliquer comment sont formés ces sigles.
- Inversement, faire écrire les sigles de : *société protectrice des animaux*, *objets volants non identifiés*, *journal télévisé*, *organisation des nations unies*, *département d'outre-mer*, *organisme génétiquement modifié*.
- Avec les CM, on peut différencier sigles et abréviations. Relever dans le dictionnaire les différentes abréviations indiquant la classe grammaticale des mots. Observer comment sont formées ces abréviations.

Production écrite

Imaginer la préparation d'un événement à l'école : fête, spectacle, kermesse…
Utiliser la structure du texte *Les JO de 2020* pour raconter ce qui se passera ce jour-là : quand et où aura lieu l'événement, ce qu'il faudra préparer.
Commencer le texte en dictée à l'adulte puis faire écrire trois, quatre ou cinq phrases au futur.
Relire le texte produit en veillant à la ponctuation et à la conjugaison au futur.

COLLECTES de la semaine 1

Le Japon organisera les Jeux Olympiques.
L'organisation des jeux nécessitera des travaux.
Les athlètes séjourneront dans un village satellite.

Ce stade sera accessible à tous les types de public.
Les épreuves de VTT auront lieu sur un parcours existant.
Le parcours aura pour toile de fond le spectaculaire Mont Fuji.
De nombreux spectateurs viendront à Tokyo pour l'événement.

Semaine 2 Une voiture « intelligente »

Texte informatif

Une voiture « intelligente »

La voiture sans conducteur arrivera bientôt ! Après six ans de recherche, la première voiture autonome pourra circuler sur les routes. Tu seras peut-être un jour un utilisateur assidu de ce genre d'engin. Tu imagines la révolution ?
Dans quelques mois, la voiture sans pilote aura les autorisations pour circuler sur la route afin de faire des essais. Plus besoin de prendre le volant, la voiture emmènera son passager là où il voudra aller.
Par contre, tu ne devras pas avoir de rendez-vous de dernière minute car elle ne dépassera pas les 40 kilomètres par heure. Cette voiture électrique de nouvelle génération pourra parcourir 130 kilomètres avant d'être rechargée.
Elle fonctionnera grâce à des capteurs qui percevront l'environnement à 360 degrés. Ce véhicule rempli d'électronique et de connexions Internet réagira en fonction des informations qui lui seront transmises.
Néanmoins, le véhicule ne circulera pas sans conducteur. Une personne sera installée aux commandes de l'engin même si elle ne touchera à rien et se laissera guider.
La voiture « intelligente » ne sera sans doute pas en vente sur le marché avant plusieurs années.

Lecture compréhension du texte

- Éventuellement, projeter une vue de cette voiture (la « *Google car* ») et la décrire : https://www.automobile-propre.com/wp-content/uploads/2014/05/google-car-voiture-electrique-2.png
- Quand la voiture pourra-t-elle être essayée sur route ? Pourquoi est-ce une révolution ? Comment fonctionne la voiture proposée ? Pourquoi dit-on qu'elle est « intelligente » ? Expliquer pourquoi on met des guillemets à « intelligente ». Quand sera-t-elle commercialisée ?
- Expliquer : *assidu* ; *capteur* ; *nouvelle génération.*
- Constater que le texte s'adresse à un jeune lecteur puisqu'on le tutoie.
- Trouver à quoi renvoient les mots soulignés. Relever les différentes manières de désigner la voiture.
- Relever les mots ou groupes de mots qui donnent des indications de temps, de lieu. Relever les indicateurs logiques : *par contre*, *néanmoins*.
- Poursuivre le relevé de *à* (*grâce à des capteurs*), de *et* (*Ce véhicule rempli d'électronique et de connexions Internet*).

JOUR 1 > Transposition du texte

- À quel temps est le texte ? Lire la phrase au présent. À qui s'adresse cette phrase ?
- Transposer en parlant de plusieurs voitures et en s'adressant à plusieurs personnes (*vous* au lieu de *tu*).
- Faire constater les terminaisons : *-ras*, *-ra*, *-rez* ou *-ront*. Faire remarquer que pour les verbes du 1er groupe, le radical se termine par un *-e* que l'on ne prononce pas toujours.

Les CE2 peuvent s'arrêter à « transmises » et recopier les trois premières phrases ; ils entourent les verbes et écrivent leur infinitif. Ils soulignent le *-e* que l'on n'entend pas toujours. Poursuivre avec les CM.

Collecte

Futur 1

La voiture sans conducteur arrivera bientôt !
Les voitures sans conducteur arriveront bientôt !
Elle fonctionnera grâce à des capteurs.
Elles fonctionneront grâce à des capteurs.

Futur 2

La première voiture autonome pourra circuler sur les routes.
La voiture sans pilote aura les autorisations pour circuler.
Tu seras peut-être un jour un utilisateur assidu de ce genre d'engin.
Les premières voitures autonomes pourront circuler sur les routes.
Les voitures sans pilote auront les autorisations pour circuler.
Vous serez peut-être un jour des utilisateurs assidus de ce genre d'engin.
Ces véhicules réagiront en fonction des informations qui leur seront transmises.
Ce véhicule réagira en fonction des informations qui lui seront transmises.

Exercices

Écrire au futur.

La fillette arrive en classe de découverte. Elle est contente. Le matin elle travaille et l'après-midi, elle observe les oiseaux près d'un étang. Elle peut aussi jouer avec ses camarades le soir.
Demain…

Puis récrire le texte en parlant de deux fillettes.

Texte transposé

Des voitures intelligentes

Les voitures sans conducteur arriveront bientôt ! Après six ans de recherche, les premières voitures autonomes pourront circuler sur les routes. Vous serez peut-être un jour des utilisateurs assidus de ce genre d'engin. Vous imaginez la révolution ?
Dans quelques mois, les voitures sans pilote auront les autorisations pour circuler sur la route afin de faire des essais. Plus besoin de prendre le volant, les voitures emmèneront leurs passagers là où ils voudront aller. Par contre, vous ne devrez pas avoir de rendez-vous de dernière minute car elles ne dépasseront pas les 40 kilomètres par heure. Ces voitures électriques de nouvelle génération pourront parcourir 130 kilomètres avant d'être rechargées.
Elles fonctionneront grâce à des capteurs qui percevront l'environnement à 360 degrés. Ces véhicules remplis d'électronique et de connexions Internet réagiront en fonction des informations qui leur seront transmises.
Néanmoins, les véhicules ne circuleront pas sans conducteur. Une personne sera installée aux commandes des engins même si elle ne touchera à rien et se laissera guider.
Les voitures « intelligentes » ne seront sans doute pas en vente sur le marché avant plusieurs années.

JOUR 2 > Activités sur les phrases

- Faire indiquer le nombre de phrases de chaque paragraphe.
- Faire récrire la phrase interrogative en utilisant *est-ce que* puis l'inversion du sujet.
- Lire la phrase déclarative à la forme exclamative et faire constater son rôle : susciter l'intérêt.
- Dans chaque phrase ci-dessous, entourer le sujet et le complément supprimable et déplaçable (le complément circonstanciel), souligner le verbe, indiquer son infinitif et son groupe. Lire les phrases en déplaçant ces compléments puis en les supprimant.

Trouver les compléments proches du verbe ni supprimables ni déplaçables (les compléments d'objet) : *la révolution*, *des voitures intelligentes*, *130 kilomètres*.
Entourer d'une autre couleur l'attribut du sujet quand il y en a un.
Les voitures sans conducteur arriveront bientôt !
Vous imaginez la révolution ?
En 2020, les vendeurs de voiture proposeront des voitures intelligentes.
Avant d'être rechargées, ces voitures électriques de nouvelle génération feront 130 kilomètres.
Vous serez des utilisateurs assidus de ce genre d'engin.
Lire les phrases en déplaçant puis en supprimant les compléments circonstanciels (*bientôt* ; *en 2020* ; *avant d'être rechargées*). Constater que certains sujets sont des groupes nominaux. Les remplacer par des pronoms.
Relever les verbes conjugués dans la phrase ci-dessous :
Par contre, vous ne devrez pas avoir de rendez-vous de dernière minute car elles ne dépasseront pas les 40 kilomètres par heure.

Exercices

Constituer une phrase avec les groupes de mots suivants :
sur les routes – afin de faire des essais – les voitures sans pilote – circuleront – bientôt et – dans plusieurs années – seront vendues – elles – aux particuliers.

Dans les phrases suivantes, entourer le sujet, les compléments circonstanciels, souligner le verbe. Entourer de couleurs différentes l'attribut du sujet et le complément d'objet quand il y en a un.
Dans les villes, à cause de leur nombre, les camions et les voitures polluent l'atmosphère.
Hier, dans le village, un camion a perdu son chargement de bois.
Pour la fête, les manèges envahissent la grande place du quartier.
Un jour, des enfants ont assisté à un spectacle de cirque.
Les voitures électriques sont silencieuses.
De nombreuses personnes prennent le métro.

Récrire les phrases en changeant de place le ou les compléments qui peuvent l'être (le complément circonstanciel).

Indiquer la nature des sujets et des compléments circonstanciels : groupe nominal, groupe nominal précédé d'une préposition, adverbe. Indiquer si les compléments circonstanciels sont de temps, de lieu ou de cause.

JOUR 3 > Activités sur les groupes nominaux. Structuration : le plus-que-parfait

- Relever, dans le texte, des groupes nominaux sans adjectifs qualificatifs, avec adjectifs qualificatifs, avec complément du nom. Les classer suivant leur genre et leur nombre.

Exercices

Ajouter un ou deux adjectifs dans chaque groupe nominal :
un pilote, la route, l'oiseau, un engin, un repas, une journée.

Remplacer les compléments du nom soulignés ci-dessous par d'autres :
le volant de la voiture – le passager du train – un bateau à moteur – un arbre du jardin – un manteau sans fourrure – un sac de voyage

Structuration : le plus-que-parfait

Il s'agit de :

– rappeler que le plus-que-parfait est utilisé pour raconter des faits antérieurs à ceux exprimés au passé composé, au passé simple ou à l'imparfait ;

– mettre en évidence que c'est un temps composé comme le passé composé : auxiliaire *être* ou *avoir* + participe passé, mais que l'auxiliaire est conjugué à l'imparfait ;

– que le participe passé s'accorde avec le sujet quand l'auxiliaire est le verbe *être*.

- Lire les phrases suivantes pour montrer le rôle du plus-que-parfait. Mettre les actions dans l'ordre chronologique et identifier le plus-que-parfait.

J'étais monté sur mon vélo quand ma sœur m'a appelé.
Vous aviez ouvert l'enveloppe quand vous avez vu que la lettre n'était pas pour vous.
L'enfant avait franchi la grille lorsqu'il a aperçu le chien.

- Lire les phrases sur la page de cahier de collectes « Passé 7 ».
- Faire préciser l'infinitif de chaque verbe. Trouver les deux parties de chaque verbe conjugué : auxiliaire et participe passé. Faire nommer l'auxiliaire et le temps auquel il est conjugué. Comparer avec le passé composé.
- Lire les verbes conjugués au plus-que-parfait dans les tableaux de conjugaison.
- Dire au plus-que-parfait les phrases suivantes dont les verbes sont au passé composé :

Il a porté un gros sac. Nous avons vu un beau spectacle. Je suis allée à l'hôpital. Vous avez pris le bateau. Tu avais voulu une glace. Le chien est monté dans la montagne pour rechercher les blessés.

Exercices

Récrire les phrases suivantes avec le verbe *être* ou *avoir* à l'imparfait pour former le plus-que-parfait.

Les skieurs .... tombés dès le départ.
Nous .... fait des farces.
Tu .... envoyé plusieurs messages.
De nombreuses personnes .... venues voir ces vieilles voitures.
Les lionceaux .... restés près de la lionne.
J' .... fermé les portes à double tour.
Vous .... fini vos devoirs.

Récrire chaque phrase au plus-que-parfait avec le sujet proposé.

J'avais fait des expériences. Vous ....
Nous avions apporté des jeux mais nous avions les dés. Tu ....
Les bateaux étaient rentrés au port. Le bateau ....
Vous avez traversé toute la France en train. Je ....
Tu as hésité en récitant ta poésie. Nous ....

Récrire chaque phrase en conjuguant le verbe en gras au plus-que-parfait.

Des nuages **ont caché** le soleil.
Il **a rempli** son arrosoir et il a arrosé les fleurs.
Vous **avez déjeuné** avec vos amis.
Tu **as déménagé** plusieurs fois.
Les renards **sont rentrés** dans leur terrier.
J'**ai glissé** et ma tête a heurté le trottoir.
Liam **a envoyé** le ballon dans la vitre.

Conjuguer les verbes au plus-que-parfait.

Soudain, le soleil (revenir).
L'animal (traverser) la route juste devant la voiture, heureusement elle (pouvoir) l'éviter.
Les campeurs (finir) d'installer leur tente quand l'orage a éclaté.
Vous (dire) que vous vouliez m'accompagner au cinéma.
La grenouille (plonger) en entendant le héron arriver.

CE2 CM1 CE2/CM1 CM2 CM1/CM2 CE2/CM1/CM2

Tableau de conjugaison

ORGANISER j'avais organis**é** tu avais organis**é** il/elle/on avait organis**é** nous avions organis**é** vous aviez organis**é** ils/elles avaient organis**é**	**ÊTRE** j'avais ét**é** tu avais ét**é** il, elle, on avait ét**é** nous avions ét**é** vous aviez ét**é** ils, elles avaient ét**é**	**ACHETER** j'avais achet**é** tu avais achet**é** il, elle, on avait achet**é** nous avions achet**é** vous aviez achet**é** ils, elles avaient achet**é**	**MODELER** j'avais model**é** tu avais modele**é** il, elle, on avait model**é** nous avions model**é** vous aviez model**é** ils, elles avaient model**é**
JETER j'avais jet**é** tu avais jet**é** il, elle, on avait jet**é** nous avions jet**é** vous aviez jet**é** ils, elles avaient jet**é**	**APPELER** j'avais appel**é** tu avais appel**é** il, elle, on avait appel**é** nous avions appel**é** vous aviez appel**é** ils, elles avaient appel**é**	**NETTOYER** j'avais nettoy**é** tu avais nettoy**é** il, elle, on avait nettoy**é** nous avions nettoy**é** vous aviez nettoy**é** ils, elles avaient nettoy**é**	**PAYER** j'avais pay**é** tu avais pay**é** il, elle, on avait pay**é** nous avions pay**é** vous aviez pay**é** ils, elles avaient pay**é**
AVOIR j'avais **eu** tu avais **eu** il, elle, on avait **eu** nous avions **eu** vous aviez **eu** ils, elles avaient **eu**	**CHOISIR** j'avais chois**i** tu avais chois**i** il, elle, on avait chois**i** nous avions chois**i** vous aviez chois**i** ils, elles avaient chois**i**	**FAIRE** j'avais fai**t** tu avais fai**t** il, elle, on avait fai**t** nous avions fai**t** vous aviez fai**t** ils, elles avaient fai**t**	**DIRE** j'avais di**t** tu avais di**t** il, elle, on avait di**t** nous avions di**t** vous aviez di**t** ils, elles avaient di**t**
VOIR j'avais v**u** tu avais v**u** il, elle, on avait v**u** nous avions v**u** vous aviez v**u** ils, elles avaient v**u**	**VOULOIR** j'avais voul**u** tu avais voul**u** il, elle, on avait voul**u** nous avions voul**u** vous aviez voul**u** ils, elles avaient voul**u**	**POUVOIR** j'avais p**u** tu avais p**u** il, elle, on avait p**u** nous avions p**u** vous aviez p**u** ils, elles avaient p**u**	**PRENDRE** j'avais pri**s** tu avais pri**s** il, elle, on avait pri**s** nous avions pri**s** vous aviez pri**s** ils, elles avaient pri**s**
TOMBER j'étais tomb**é(e)** tu étais tomb**é(e)** il, on était tomb**é** elle était tomb**ée** nous étions tomb**é(e)s** vous étiez tomb**é(e)s** ils étaient tomb**és** elles étaient tomb**ées**	**ALLER** j'étais all**é(e)** tu étais all**é(e)** il, on était all**é** elle était all**ée** nous étions all**é(e)s** vous étiez all**é(e)s** ils étaient all**és** elles étaient all**ées**	**VENIR** j'étais ven**u(e)** tu étais ven**u(e)** il, on était ven**u** elle était ven**ue** nous étions ven**u(e)s** vous étiez ven**u(e)s** ils étaient ven**us** elles étaient ven**ues**	

JOUR 4 > Vocabulaire et production écrite

Vocabulaire

- À l'aide du dictionnaire, chercher des mots de la famille d'*autonome*.
- Observer la formation du mot *autonomie* puis écrire des mots avec le suffixe *-ie* pour former des noms d'état, de qualité ou comportement à partir d'adjectifs : *malade*, *paralysé*, *jaloux*, *courtois*, *modeste*, *fou*.
- À partir de noms, former des noms de local, de collection, de qualité avec *-ie* ou *-erie* : *maire*, *photographe*, *chocolat*, *boulanger*, *garde*, *chevalier*, *camarade*, *libraire*, *image*, *orange*, *message*, *tisane*, *verre*, *plombier*, *couteau*, *argent*.
- Observer la formation de l'autre mot de la famille de *autonome* : *autonomiste*. Et trouver des mots formés avec le suffixe *-iste* et dégager le sens du suffixe.
- Écrire des noms formés avec ce suffixe à partir des mots suivants : *alpin*, *art*, *anesthésie*, *auberge*, *chimie*, *guitare*, *flute*, *violon*, *piano*, *grève*, *paysage*, *parachute*, *humain*, *paix*, *tour*, *roi*.
- Chercher la définition d'*assidu* et employer cet adjectif dans une phrase.

Production écrite

Pepper est un robot humanoïde. Il a déjà été adopté par des familles japonaises.
Imaginer ce que l'on pourra faire avec Pepper ou ce que le robot fera dans une famille, dans quelques années quand il sera commercialisé en France.
Chercher des idées. Écrire au tableau les expressions dont les élèves peuvent avoir besoin.
Faire écrire trois, quatre ou cinq phrases au futur en commençant ainsi :
À la maison, Pepper…
Relire les textes produits en veillant à la ponctuation et à la conjugaison des verbes au futur.

COLLECTES de la semaine 2

La voiture sans conducteur arrivera bientôt !
Elle fonctionnera grâce à des capteurs.
Elles fonctionneront grâce à des capteurs.

La première voiture autonome pourra circuler sur les routes.
La voiture sans pilote aura les autorisations pour circuler.
Tu seras peut-être un jour un utilisateur assidu de ce genre d'engin.
Les premières voitures autonomes pourront circuler sur les routes.
Les voitures sans pilote auront les autorisations pour circuler.
Vous serez peut-être un jour des utilisateurs assidus de ce genre d'engin.
Ce véhicule réagira en fonction des informations qui lui seront transmises.
Ces véhicules réagiront en fonction des informations qui leur seront transmises.

CE2 CM1 CE2/CM1 CM2 CM1/CM2 CE2/CM1/CM2

Semaine 3 Consignes pour une randonnée réussie

Texte informatif

Consignes pour une randonnée réussie

Tu porteras des vêtements clairs, si tu marches sur le bord d'une route, la nuit. Des bandes réfléchissantes sur tes pantalons pourront te rendre encore plus visible.
Tu marcheras toujours face à la circulation. Ainsi, tu verras mieux les voitures qui viendront vers toi.
Tu n'iras pas dans les champs, tu marcheras en bordure. En forêt, tu resteras sur les chemins balisés, comme cela, tu n'abimeras pas la flore et tu ne dérangeras pas la faune.
Tu seras vigilant(e) si tu allumes des feux. Tu les surveilleras bien pour qu'ils ne se propagent pas.
Tu auras ton chien en laisse, ainsi il ne courra pas partout.
Tu respecteras le silence, tu ne crieras pas, tu ne feras pas peur aux animaux.
Tu refermeras toujours les barrières derrière toi. Ainsi les animaux ne pourront pas quitter leur enclos.
Tu seras prudent(e) face aux animaux ; avant de partir en randonnée, tu prendras des renseignements sur ceux de la région à traverser. Tu ne les nourriras pas.
Tu remporteras tes déchets. Tu ne les jetteras pas dans la nature.

Lecture compréhension du texte

- Lire le texte en utilisant des phrases impératives pour donner ces conseils.
- Faire expliciter les différents conseils. Quels conseils ont un rapport avec la sécurité, le respect de l'environnement ? Quelles interdictions sont formulées ?
- Expliquer : *des bandes réfléchissantes* ; *les chemins balisés* ; *la flore* ; *la faune* ; *vigilant* ; *propager*.
- Indiquer que les consignes sont données au futur. Trouver l'autre temps utilisé dans le texte.
- Relever les indicateurs logiques : *comme cela*, *ainsi*.
- Trouver à quoi renvoient les mots soulignés.

JOUR 1 > Transposition du texte

- Transposer le texte à la 1re personne du futur.

Faire constater que la terminaison avec *je* est *-rai*, avec tu : *-ras*, et avec ils : *-ront*. Faire remarquer que pour les verbes du 1er groupe, le radical se termine par un *-e* que l'on ne prononce pas toujours. Remarquer les deux *r* aux verbes *pouvoir* et *courir*.
Les CE2 recopient les deux premiers paragraphes au futur. Ils soulignent les verbes et indiquent leur infinitif.
Poursuivre avec les CM.

Collecte

Futur 1

Je porterai des vêtements clairs.
Tu porteras des vêtements clairs.
Je marcherai face à la circulation.
Tu marcheras face à la circulation.
Je ne crierai pas.
Tu ne crieras pas.
Je ne les jetterai pas dans la nature.
Tu ne les jetteras pas dans la nature.

Futur 2

Je n'irai pas dans les champs.
Tu n'iras pas dans les champs.
Je ne ferai pas peur aux animaux.
Tu ne feras pas peur aux animaux.
Je verrai les voitures.
Tu verras les voitures.
Je serai vigilant (e).
Tu seras vigilant (e).
Des bandes réfléchissantes pourront me rendre plus visible.
Les voitures viendront vers moi.

Exercice

Transposer au futur les phrases suivantes :

J'arrive en classe de découverte. Je suis contente. Le matin je travaille et l'après-midi, j'observe les oiseaux près d'un étang. Je peux aussi jouer avec mes camarades le soir.

Texte transposé

Consignes pour une randonnée réussie

Je porterai des vêtements clairs, si je marche sur le bord d'une route, la nuit. Des bandes réfléchissantes sur mes pantalons pourront me rendre encore plus visible.
Je marcherai toujours face à la circulation. Ainsi, je verrai mieux les voitures qui viendront vers moi.
Je n'irai pas dans les champs, je marcherai en bordure. En forêt, je resterai sur les chemins balisés, comme cela, je n'abimerai pas la flore et je ne dérangerai pas la faune.
Je serai vigilant(e) si j'allume des feux. Je les surveillerai bien pour qu'ils ne se propagent pas.
J'aurai mon chien en laisse, ainsi il ne courra pas partout.
Je respecterai le silence, je ne crierai pas, je ne ferai pas peur aux animaux.
Je refermerai toujours les barrières derrière moi. Ainsi les animaux ne pourront pas quitter leur enclos.
Je serai prudent(e) face aux animaux ; avant de partir en randonnée, je prendrai des renseignements sur ceux de la région à traverser. Je ne les nourrirai pas.
Je remporterai mes déchets. Je ne les jetterai pas dans la nature.

JOURS 2 ET 3 > Structuration : le complément d'objet

Il s'agit de montrer que :
– le verbe est généralement accompagné d'un ou plusieurs compléments qui ne peuvent pas être placés en début de phrase : les compléments d'objet ;
– ils apportent un complément de sens essentiel, ils ne peuvent pas être supprimés ;
– certains peuvent être pronominalisés avec *le*, *la*, *les*, *l'*, *lui*, *leur* ;
– ils sont rattachés directement ou indirectement au verbe. Ce sont les COD, COI.

- Lire les phrases collectées à la page « Compléments 2 » du cahier.
- Entourer les compléments d'objet : ces groupes nominaux qui ne peuvent être ni supprimés ni déplacés en début de phrase. Faire indiquer quelles informations manquent si on supprime ces compléments d'objet.
Entourer le pronom qui remplace le groupe nominal complément d'objet du verbe.
- Dans les phrases suivantes, remarquer qu'un petit mot (la préposition *à* ou *de*) peut séparer le verbe du complément d'objet. Indiquer qu'il existe deux sortes de compléments d'objet : ceux qui sont liés directement au verbe (les COD), ceux qui sont liés au verbe par une préposition (les COI).
- Remarquer qu'il peut y avoir deux compléments d'objet :
Un jour, des paysans vendent Rémi à Vitalis.
- Pronominaliser le complément du verbe dans les phrases suivantes et mettre en évidence les pronoms employés : *le*, *la*, *les*, *l'*.
Les soigneuses inspectent les clôtures. Nous acceptons l'invitation.
Au sommet d'une montagne, les tailleurs rencontrent le géant. Un jour, des paysans vendent Rémi à Vitalis.
- Remarquer qu'il ne faut pas confondre le complément du verbe avec l'attribut qui se rapporte au sujet.
- Garder une trace écrite dans le cahier.

Le complément proche du verbe (le complément d'objet)

- Proche du verbe, il y a souvent un **complément** qui ne peut être ni supprimé ni déplacé. C'est un **complément d'objet**.

Chaque matin, les soigneuses font le tour de l'enclos.
Les petits tailleurs rencontrent un géant au sommet d'une montagne.
Dans leur poche, les deux petits tailleurs emportent un fromage et un oiseau.

- **Le complément d'objet** peut être rattaché directement au verbe : c'est un **COD**.

Des paysans ont recueilli un enfant abandonné.

Le complément d'objet peut être rattaché indirectement au verbe par une préposition : c'est un **COI**.

Vous téléphonez à votre sœur.
Tu rêves de ton chien.

- Le verbe peut être complété par un COD et un COI.

Un jour, des paysans vendent Rémi à Vitalis.

- **Le COD** peut être remplacé par un **pronom personnel** : *le*, *la*, *les*, *l'*.

Des paysans ont recueilli un enfant abandonné. Des paysans l' ont recueilli.
Elles inspectent les clôtures. Elles les inspectent.

- **Le COI** peut être remplacé par un **pronom personnel** : *leur*, *lui*

Vous téléphonez à votre sœur. Vous lui téléphonez.
Vous téléphonez à vos parents. Vous leur téléphonez.

Exercices

Lire les phrases. Souligner le verbe et entourer le complément qu'on ne peut ni supprimer ni déplacer (le complément d'objet).
Les écoliers font leurs devoirs tous les soirs.
Le jardinier retourne la terre.
Les élèves saluent les professeurs.
Le taxi dépose ses passagers devant leur maison.
Elle écrit à ses parents.

Dans les phrases, souligner le verbe et entourer le complément qu'on ne peut ni supprimer ni déplacer (le complément d'objet). Entourer le complément que l'on peut déplacer ou supprimer s'il y en a un (le complément circonstanciel).
Indiquer si le complément d'objet est un COD ou un COI.

Dans le pré, la vache allaite son petit.
Au cirque, les spectateurs admirent les acrobates.
Pour la nouvelle année, vous expédiez une carte.
Cet arbre donne des fruits délicieux.
J'ai rapporté ton livre.
Tes enfants respectent la nature.
Le renard attrape une poule.
Elle distribue le courrier.
Vous pliez des serviettes.
Demain, vous parlerez de votre promenade.

Récrire la phrase en remplaçant le complément d'objet encadré par le pronom *le*, *la*, *les*.

Nous prenons [*les livres*] *sur l'étagère. Avant de partir, Enzo range* [*sa chambre*].
Nous confectionnons [*une tarte*].
Le touriste regarde [*les maisons anciennes*]. *Vous soulevez* [*la pierre*].
L'enfant attrape [*les coccinelles*] *entre ses doigts. Les tigres attrapent* [*les gazelles*].
Le jardinier tond [*le gazon*]. *Il lit* [*le texte*]. *Tu bois* [*ton sirop contre la toux*].

Compléter chaque complément d'objet. Puis récrire la phrase en le remplaçant par *le*, *la*, *les* ou *l'*.

Caroline invite sa.............
Je rencontre le................
Tu aperçois le................
Les élèves imaginent la.............

Recopier les phrases qui contiennent un complément d'objet et l'entourer. Attention à ne pas le confondre avec un attribut.

Les nuages deviennent noirs.
Tous les jours, je descends ces escaliers.
La voiture est neuve.
Sur les genoux de sa mère, le bébé boit son biberon.
En guise d'adieu, des enfants agitent leurs bras.
Sur l'océan, des vagues engloutissent la barque.
Les musiciens saluent le public.
Autrefois, les rues étaient sombres.
Marc ressemble à Matthieu, son jumeau.

Souligner le verbe et entourer le complément qu'on ne peut ni supprimer ni déplacer (le complément d'objet). Entourer le complément que l'on peut déplacer ou supprimer s'il y en a un (le complément circonstanciel).
Indiquer si le complément d'objet est un COD ou un COI.

L'enfant lit son livre dans le lit.
Vous allumez la lampe pour lire.
Vos grimaces effraient le jeune enfant.
Bientôt, les élèves prendront leur livre de lecture.
Elles observent les étoiles avec une lunette.
Dans son magasin, le commerçant vérifie les dates de fraicheur.

Recopier ensuite les phrases en pronominalisant le complément d'objet.
Compléter les phrases avec un complément d'objet.

Je dessine .... et je les peins de toutes les couleurs.
Martha épluche .... et elle la mange.
Il prend .... et il le pose sur la table.
Nous voyons ...... et nous l'appelons.
Vous sortez .... du sac et vous les rangez.

■ CE2 ■ CM1 ■ CE2/CM1 ■ CM2 ■ CM1/CM2 ■ CE2/CM1/CM2

JOUR 4 > Vocabulaire et production écrite

Vocabulaire

- À l'aide du dictionnaire, chercher des mots de la famille de *randonnée*.
Constater que le nom est féminin et qu'il est formé à partir d'un verbe.
- Trouver les noms féminins formés à partir d'un verbe du 1er groupe et du suffixe *-ée* qui indique « le fait de » :
arriver, *traversée*, *plonger*, *entrer*, *veiller*, *monter*, *envoler*, *pousser*, *tomber (la tombée de la nuit)*, *avancer*, *crier*.
Employer, à l'oral, chaque mot trouvé dans une phrase.

Production écrite

Faire écrire au futur à la 2e personne du singulier ou du pluriel trois, quatre ou cinq consignes qui pourraient être données pour une visite réussie dans un musée ou autre lieu.
Rechercher les idées collectivement, écrire les verbes et expressions nécessaires au tableau.
Faire relire les consignes produites en veillant à la ponctuation et à la conjugaison du futur.

COLLECTES de la semaine 3

Je porterai des vêtements clairs.
Tu porteras des vêtements clairs.
Je marcherai face à la circulation.
Tu marcheras face à la circulation.
Je ne crierai pas.
Tu ne crieras pas.
Je ne les jetterai pas dans la nature.
Tu ne les jetteras pas dans la nature.

Je n'irai pas dans les champs.
Tu n'iras pas dans les champs.
Je ne ferai pas peur aux animaux.
Tu ne feras pas peur aux animaux.
Je verrai les voitures.
Tu verras les voitures.
Je serai vigilant(e).
Tu seras vigilant(e).
Des bandes réfléchissantes pourront me rendre plus visible.
Les voitures viendront vers moi.

Semaine 4 Conseils pour une randonnée réussie

Texte informatif

Conseils pour une randonnée réussie

Je porterai des vêtements clairs, si je marche sur le bord d'une route, la nuit. Des bandes réfléchissantes sur mes pantalons pourront me rendre encore plus visible.
Je marcherai toujours face à la circulation. Ainsi, je verrai mieux les voitures qui viendront vers moi.
Je n'irai pas dans les champs, je marcherai en bordure. En forêt, je resterai sur les chemins balisés, comme cela, je n'abimerai pas la flore et je ne dérangerai pas la faune.
Je serai vigilant(e) si j'allume des feux. Je les surveillerai bien pour qu'ils ne se propagent pas.
J'aurai mon chien en laisse, ainsi il ne courra pas partout.
Je respecterai le silence, je ne crierai pas, je ne ferai pas peur aux animaux.
Je refermerai toujours les barrières derrière moi. Ainsi les animaux ne pourront pas quitter leur enclos.
Je serai prudent(e) face aux animaux ; avant de partir en randonnée, je prendrai des renseignements sur ceux de la région à traverser. Je ne les nourrirai pas.
Je remporterai mes déchets. Je ne les jetterai pas dans la nature.

Lecture compréhension du texte

- Lire les trois premiers paragraphes en commençant par *nous*. Écrire les changements.
- Faire constater que la terminaison avec *nous* est *-rons* (à ne pas confondre avec celle de la 3e personne du pluriel *-ront*). Faire remarquer que pour les verbes du 1er groupe, le radical se termine par un *-e* que l'on ne prononce pas toujours.
- Lire les deux paragraphes suivants en commençant par *vous*. Écrire les changements.
- Faire constater que la terminaison avec *vous* est *-rez* (à ne pas confondre avec celle de la 1re personne du singulier *-rai*). Faire remarquer que pour les verbes du 1er groupe, le radical se termine par un -*e* que l'on ne prononce pas toujours. S'arrêter à *partout*.

JOUR 1 > Transposition du texte

Faire transposer le texte à la 1re personne du pluriel au futur.

Collecte

Futur 1

Nous porterons des vêtements clairs.
Nous marcherons face à la circulation.
Vous respecterez le silence.
Vous ne crierez pas.

Futur 2

Nous verrons les voitures.
Nous n'irons pas dans les champs.
Vous ne ferez pas peur aux animaux.
Vous serez vigilants.

Exercices

Écrire en autonomie le sixième paragraphe du texte avec *nous* puis *vous* (pluriel).

Écrire les trois derniers paragraphes avec *nous*.

Texte transposé

Conseils pour une randonnée réussie

Nous porterons des vêtements clairs si nous marchons sur le bord d'une route, la nuit. Des bandes réfléchissantes sur nos pantalons pourront nous rendre encore plus visibles.
Nous marcherons toujours face à la circulation. Ainsi, nous verrons mieux les voitures qui viendront vers nous.
Nous n'irons pas dans les champs, nous marcherons en bordure. En forêt, nous resterons sur les chemins balisés, comme cela, nous n'abimerons pas la flore et nous ne dérangerons pas la faune.
Vous serez vigilant(e) si vous allumez des feux. Vous les surveillerez bien pour qu'ils ne se propagent pas.
Vous aurez votre chien en laisse, ainsi il ne courra pas partout.

JOUR 2 > Activités sur les phrases

- Faire indiquer le nombre de phrases de chaque paragraphe.
- Dans chaque phrase, entourer le sujet et le complément supprimable et déplaçable (le complément circonstanciel), souligner le verbe, indiquer son infinitif et son groupe. Lire les phrases en déplaçant ces compléments puis en les supprimant. Entourer le complément proche du verbe (le complément d'objet).

Pronominaliser ce complément.
Nous porterons des vêtements clairs, la nuit.
Pendant la randonnée, nous n'abimerons pas la flore.
Nous ne dérangerons pas la faune.
Dans la forêt, je respecterai le silence.
En rentrant, vous jetterez vos déchets dans une poubelle.
Dans la phrase ci-dessous, les CM2 soulignent les verbes :
Je respecterai le silence, je ne crierai pas, je ne ferai pas peur aux animaux.

Exercices

Constituer une phrase à l'aide des mots suivants :
ferai – à la faune – pendant la randonnée – je – attention – et à la flore
laisserai – dans la forêt – pendant la randonnée – je – sur les chemins – aucun déchet

Dans les phrases suivantes, entourer de couleurs différentes, le sujet, le complément supprimable et déplaçable (le complément circonstanciel), le complément ni supprimable ni déplaçable (le complément d'objet).
Pendant la récréation, Abdel mangera un chausson aux pommes.
Zoé jouera à la corde à sauter.
À travers la grille, des passants regarderont les élèves.
Pour prendre la parole, les élèves lèveront le doigt.

Indiquer la nature des sujets et des compléments de phrase : groupe nominal, groupe nominal précédé d'une préposition.

JOUR 3 > Transposition au futur

Une expérience en sciences

1. Les élèves prennent du papier Canson.
Ils y découpent un disque de 10 centimètres de diamètre.
2. Puis, ils plient trois fois ce disque en deux.
Ensuite, ils découpent huit fentes en suivant les plis.
Ils font attention de ne pas couper jusqu'au centre du disque.
3. Ils inclinent les pales dans le même sens comme sur la photo.
4. Ils percent un petit trou au centre du disque.
Ils enfilent un capuchon de stylo dedans.
Enfin, ils installent ce moulinet sur une pique plantée dans un support.

- Lire le texte.

Le transposer au futur à l'oral puis écrire les changements jusque « disque ».
Faire constater que la terminaison à la troisième personne du pluriel est *-ront* (à ne pas confondre avec celle de la première personne du pluriel *-rons*). Faire remarquer que pour les verbes du 1er groupe, le radical se termine par un *-e* que l'on ne prononce pas toujours.

Collecte

Futur 1

Puis, ils plieront trois fois ce disque en deux.
Ensuite, ils découperont huit fentes en suivant les plis.

Futur 2

Les élèves prendront du papier Canson.
Ils feront attention de ne pas couper jusqu'au centre du disque.

Exercice

Transposer la consigne 3 du texte au futur. Transposer le texte jusqu'à la fin.

Texte transposé

Une expérience en sciences

1. Les élèves prendront du papier Canson.
Ils y découperont un disque de 10 centimètres de diamètre.
2. Puis, ils plieront trois fois ce disque en deux.
Ensuite, ils découperont huit fentes en suivant les plis.
Ils feront attention de ne pas couper jusqu'au centre du disque.
3. Ils inclineront les pales dans le même sens comme sur la photo.
4. Ils perceront un petit trou au centre du disque.
Ils enfileront un capuchon de stylo dedans.
Enfin, ils installeront ce moulinet sur une pique plantée dans un support.

JOUR 4 > Vocabulaire et production écrite

Vocabulaire

À l'aide du dictionnaire, constituer les familles des mots ci-dessous. Travailler par groupes puis mettre en commun. Identifier les préfixes et les suffixes étudiés au cours de l'année. En rappeler le sens.
bord – circuler – marcher – veiller – silence – visible – clair – vêtements – porter – fermer

Production écrite

Faire écrire des phrases au futur pour indiquer ce que feront certains animaux avant l'hiver et pendant l'hiver prochain que l'on annonce très froid : les écureuils, les oiseaux, les hérissons, les hirondelles…
Rechercher des idées oralement, les écrire au tableau : *aller près des maisons, manger de la graisse, faire des provisions de noisettes, rester au chaud dans un trou, préparer un nid, dormir tout l'hiver, aller dans les pays chauds,* etc.
Commencer le texte en dictée à l'adulte puis faire écrire trois, quatre ou cinq phrases au futur.
Relire les textes produits en veillant à la ponctuation et à la conjugaison des verbes au futur.

COLLECTES de la semaine 4

Nous porterons des vêtements clairs.
Nous marcherons face à la circulation.
Vous respecterez le silence.
Vous ne crierez pas.

Nous verrons les voitures.
Nous n'irons pas dans les champs.
Vous ne ferez pas peur aux animaux.
Vous serez vigilants.

Puis, ils plieront trois fois ce disque en deux.
Ensuite, ils découperont huit fentes en suivant les plis.

Les élèves prendront du papier Canson.
Ils feront attention de ne pas couper jusqu'au centre du disque.

CE2 CM1 CE2/CM1 CM2 CM1/CM2 CE2/CM1/CM2

Semaine 5

JOURS 1 ET 2 > Structuration : le futur des verbes du 1er groupe

Il s'agit de :
- rappeler que le futur est utilisé pour raconter ce qui se passera dans l'avenir ;
- mettre en évidence que les terminaisons sont : *-rai*, *-ras*, *-ra*, *-rons*, *-rez*, *-ront*, et que certaines terminaisons sont similaires à l'oral mais s'écrivent différemment ;
- que dans la terminaison, le *-r* est la marque du futur et que *-ai*, *-as*, *-a*, *-ons*, *-ez*, sont les marques de personne ;
- insister sur le fait que le radical des verbes du 1er groupe se termine par un *-e* qui ne se prononce pas toujours mais qu'il ne faut pas oublier.

Séance 1

- Relire les textes au futur pour montrer que le futur exprime des actions qui ne se sont pas encore déroulées.
- Lire les phrases sur la page de cahier du futur 1.

Faire préciser l'infinitif de chaque verbe et constater qu'il se termine par *-er*. Surligner les terminaisons, constater qu'elles commencent par la lettre *r*.
Entourer le *-e* qui se trouve à la fin du radical et bien dire qu'il n'est pas toujours prononcé mais qu'il ne faut pas l'oublier.
Faire compléter la conjugaison du verbe *jouer* et la garder comme trace écrite. Écrire les terminaisons en rouge et souligner le *-e* à la fin du radical.

JOUER
je jou… tu jou… il/elle, on jou… nous jou... vous jou… ils/elles jou…

Ajouter que les verbes *distinguer*, *manger*, *lancer* n'ont rien de particulier au futur.
Les CE2 et les CM1 font des exercices.
Poursuivre la séquence avec les CM2 en leur faisant remplir les tableaux suivants qu'ils conserveront comme trace écrite.

VOLETER	JETER	PELER	APPELER
je vol… tu vol… il/elle, on vol… nous vol... vous vol… ils/elles vol…	je j… tu j… il/elle/on j… nous j… vous j… ils/elles j…	je p… tu p… il/elle/on p… nous p… vous p… ils/elles p…	j'app… tu app… il/elle, app… nous app... vous app... ils/elles app…
EMPLOYER j'emplo… tu emplo… il/elle/on emplo… nous emplo… vous emplo… ils/elles emplo…	**ENVOYER** j'enver… tu enver… il/elle/on enver… nous enver… vous enver… ils/elles enver…	**ESSAYER** j'essa… tu essa… il/elle/on essa… nous essa… vous essa… ils/elles essa…	

Entourer les terminaisons en rouge et souligner le *e* à la fin du radical (sauf pour *envoyer*). Observer que pour un même verbe, le radical ne change pas. Remarquer les deux *r* de *envoyer*.
Comme au présent, le verbe *payer* peut s'écrire avec un *y* mais le mieux est de le conjuguer comme *employer*, *nettoyer*, etc.

Exercices

Recopier les phrases qui sont au futur :

Tu guideras ta sœur dans le labyrinthe. Vous emportiez un parapluie. Je viderai la cave. J'ôterai mes chaussures. Elles lanceront la balle. Tu as attaché tes cheveux. Demain ils mangeront des fraises parfumées. Le vent souffle tous les jours ! Les moineaux mangeront les miettes. Resterez-vous à la cantine ?

Souligner les verbes conjugués, écrire leur infinitif. Entourer la terminaison et souligner le *e* à la fin du radical.

La fleur fanera. Les fleurs …
Tu prépareras un dessert. Il …
Les troupeaux rentreront à l'étable. Le troupeau …
Nous ramasserons du bois mort. Ils …
Ils annonceront une bonne nouvelle. Nous …
Je marcherai sous le soleil. Vous …
Vous rechercherez la réponse. Je …
Monteront-ils dans ces manèges ? … nous …
On paiera la note avant de partir. Les convives…

Recopier ces phrases avec le sujet proposé.
Recopier les phrases en les complétant avec le pronom sujet qui convient :

Pour la fête, …………….. porterons un déguisement.
Le soir, …………….. danseront dans les rues.
Tout à l'heure, …………….. observeras des insectes.
Dans la cuisine, …………….. fabriquera un cerf-volant.
À la piscine, …………….. passerez au pédiluve.
…………….. remarquerai des erreurs.
…………….. débordera.
…………….. déborderont.

Recopier les phrases en les complétant avec le verbe *jouer* conjugué au futur.

Les enfants …………….. dans le bac à sable.
Nous …………….. du piano.
Vous …………….. au loto.
Tu …………….. le rôle d'une vieille dame.
Mélanie …………….. dans cette pièce de théâtre.
Je …………….. aux billes.

Recopier les phrases en conjuguant les verbes au futur :

Les voisins (déménager) la semaine prochaine.
Vous (oser) chanter dans la chorale.
Le caissier (compter) les billets.
Tu (vérifier) les comptes.
Je (fermer) les volets.
Nous (brosser) nos chaussures.
Ils (étudier) le trajet avant de partir.
Tu (ennuyer) tes camarades.
Il (envoyer) un message.

Écrire ce texte au futur :

Demain, nous (entrer) en classe. Nous (copier) la date. Nous (réciter) une poésie. Puis le car (arriver). Nous y (monter). Nous n'(oublier) pas nos affaires de piscine. Un quart d'heure plus tard, nous (arriver). Je (commencer) à être impatient(e) d'aller dans l'eau. J'(enlever) mes vêtements, j'(enfiler) mon maillot de bain. Je (passer) au pédiluve. Quand j'(arriver) près du bassin, j'(entrer) doucement dans l'eau.

CE2 CM1 CE2/CM1 CM2 CM1/CM2 CE2/CM1/CM2

JOURS 3 ET 4 > Structuration : le futur des autres verbes du programme

- Lire les phrases collectées de la page « Futur 2 ».

Trouver l'infinitif de chaque verbe.

Pour chaque personne, entourer la terminaison. Constater que ce sont les mêmes terminaisons que pour les verbes du 1er groupe.

Constater que le radical du verbe conjugué est parfois très différent de celui de l'infinitif : *aller* → *ira, être* → *serez, avoir* → *aurons, venir* → *viendra,* etc.

Insister sur le fait qu'il n'y a pas de *e* muet à la fin du radical.

- Compléter la conjugaison des verbes suivants. Faire remarquer les deux *r* pour le verbe *voir*. Ajouter pour les CM2 que les verbes *courir*, *parcourir*, *accourir*, *secourir* prennent aussi deux *r*.
- Compléter la conjugaison des verbes suivants et la garder comme trace écrite. Faire remarquer les deux *r* pour le verbe *voir*.

ÊTRE	AVOIR	ALLER
je **serai** tu **seras** il/elle/on **sera** nous … vous **serez** ils/elles **seront**	j'… tu … il/elle/on **aura** nous … vous … ils/elles **auront**	j'irai tu … il/elle/on … nous **irons** vous … ils/elles …

RÉAGIR	VENIR	VOIR
je … tu … il/elle/on **réagira** nous … vous … **ils/elles réagiront**	je … tu … il/elle/on … nous … vous … ils/elles **viendront**	je **verrai** tu … il/elle/on … nous **verrons** vous … ils/elles …
PRENDRE	**FAIRE**	**DIRE**
je … tu … il/elle/on … nous … vous … ils/elles …	je ferai tu … il/elle/on … nous … vous … ils/elles …	je … tu … il/elle/on … nous … vous … ils/elles …
VOULOIR	**POUVOIR**	
je … tu … il/elle/on … nous … vous … ils/elles …	je tu … il/elle/on **pourra** nous … vous … ils/elles **pourront**	

Exercices

Colorier d'une même couleur le verbe à l'infinitif et au futur de l'indicatif :

aller		je pourrai		il veut	
vouloir	tu voyais		il alla		il fera
grandir		il prendra		il dit	
faire	vous direz		il peut		il voulait
prendre		il voit		nous verrons	
voir	il a		il sera		il va
dire		tu auras		il a vu	
pouvoir	il pouvait		il avait		ils iront
avoir		il fait		il voudra	
être	il grandira		il prit		il était

Compléter les phrases avec un pronom sujet qui convienne :

.... regarderons le train. .... regarderont le train.
.... ne verrai pas mes cousins. .... ne verrez pas vos cousins.
.... diras des poèmes. .... dira des poèmes.
.... voudront bien danser. .... voudrons bien danser.
.... fera la sieste. .... feras la sieste.
.... multiplierez les efforts. .... multiplierai les efforts.
.... surgira du brouillard. .... surgiras du brouillard.

Recopier les phrases avec le pronom proposé :

Vous ferez des crêpes. Je ....
Ils pourront venir aussi. Nous ....
Nous obéirons. Elle ....
Tu verras le Mont Blanc ! Il .... !
Il viendra avec ses parents. Tu ....
Je prendrai un gouter. Vous ....
Tu bâtiras ta maison. Il ....

Relier les sujets aux verbes puis écrire les phrases ainsi formées. Il peut y avoir plusieurs possibilités :

Les chiens	•	•	ne pourra pas grimper si haut.
Tu	•	•	fera le problème.
Le garçon	•	•	voudront courir.
Nous	•	•	verrez des oiseaux migrateurs.
Les filles	•	•	dirai merci.
Je	•	•	feras un saut périlleux
Vous	•	•	sauteront de joie.
On	•	•	prendrons le métro.

Recopier les phrases en conjuguant les verbes au futur :

En hiver, nous (voir) les sommets enneigés.
Le skieur (faire) des acrobaties.
Vous (pouvoir) jouer dans la neige poudreuse.
Tu (dire) des bêtises et tu (faire) le clown.
Les animaux (aller) vers les pays chauds.
Nous (manger) trop et nous (grossir).
Samia (surprendre) tout le monde.
Vous (essayer) une nouvelle coiffure.

Récrire les phrases en italique au futur :

Hansel et Gretel

La femme du bucheron a dit :
« Nous conduisons les enfants au plus profond de la forêt, nous leur allumons un feu et nous leur donnons à chacun un petit morceau de pain. Puis nous allons à notre travail et nous les laissons seuls. Ils ne retrouvent plus leur chemin, et nous sommes tranquilles, nous n'avons plus à les nourrir. »
Le bucheron a répondu.
« Non, femme, je ne fais pas cela ! Je ne peux pas laisser nos enfants seuls dans la forêt avec les bêtes sauvages. »
La femme rétorque :
« Alors dans une semaine, nous sommes morts de faim ! »

CE2 CM1 CE2/CM1 CM2 CM1/CM2 CE2/CM1/CM2

Semaine 6

Évaluation sur le futur, le plus-que-parfait, les constituants de la phrase, les constituants du groupe nominal

Évaluation CE2

Il s'agit d'évaluer si les élèves savent :
- identifier un verbe conjugué au futur ;
- conjuguer les verbes du programme au futur ;
- dans une phrase, identifier le sujet, le verbe, les compléments ni supprimables ni déplaçables ;
- dans un texte, relever des groupes nominaux et en identifier les constituants ;
- transposer un texte au futur.

Évaluation CM1

Il s'agit d'évaluer si les élèves savent :
- identifier un verbe conjugué au futur et en donner l'infinitif ;
- conjuguer les verbes au programme au futur de l'indicatif ;
- dans une phrase, identifier le sujet, les compléments circonstanciels, le verbe et les compléments d'objet ;
- dans un texte, relever des groupes nominaux ;
- transposer un texte.

Évaluation CM2

Il s'agit d'évaluer si les élèves savent :
- identifier un verbe conjugué au futur et donner l'infinitif ;
- conjuguer les verbes au programme au futur de l'indicatif ;
- dans une phrase, identifier le sujet, les compléments circonstanciels, le verbe, les compléments d'objet et l'attribut ;
- dans un texte, relever des verbes à l'infinitif, des groupes nominaux ;
- transposer un texte.

Évaluation CE2

1. a. Lis le texte. Souligne les verbes qui sont conjugués au futur.

Pour le projet d'autoroute

Cette nouvelle autoroute est indispensable. Elle apportera des emplois pour notre petite ville.

D'ailleurs, un projet d'hôtel est actuellement à l'étude. Un centre commercial s'installera à la sortie de l'autoroute. La zone industrielle connaitra un nouvel essor. Les touristes pourront venir plus facilement dans notre ville. Ils visiteront notre belle église romane.

b. Indique le nombre de phrases du texte.

c. Écris qui est désigné par le pronom souligné.

Elle (apportera) : ....

Ils (visiteront) : ....

d. Dans le texte, relève trois groupes nominaux avec un ou plusieurs adjectifs qualificatifs. Souligne les adjectifs qualificatifs.

....

2. Dans chaque phrase, entoure le sujet, souligne le verbe. Indique l'infinitif du verbe. Entoure d'une couleur le ou les compléments que l'on peut supprimer et déplacer, et d'une autre couleur le complément proche du verbe.

Ce soir, au théâtre, les acteurs jouent une pièce de Molière.
Vous mangez un fruit pour votre gouter.
Tous les jours, le jardinier arrose ses salades.

3. Écris les phrases au futur.
Nous expédions un colis.
Les jeunes enfants font des bêtises.
Je peux courir aussi vite que lui.
Vous allez au théâtre.
L'arbre plie sous la tempête.
Tu vois mieux avec des lunettes.

4. Récris chaque phrase au futur avec le sujet proposé.

Nous serons devant l'ordinateur. Elle ....

Vous voudrez rester à la maison. Nous ....

Tu auras certainement soif. J'................................

Le magicien dira des paroles magiques. Les magiciens ....

Je prendrai le métro. Tu ....

Des amis viendront demain. Vous ....

5. Conjugue les verbes au futur.
Le vent (secouer) l'arbre.
Les fleurs (déplier) leurs pétales.
Nous (voir) nos amis.
Je (préparer) les légumes.
Tu (fermer) la valise.
Vous (venir) prendre le dessert avec nous.

6. Transpose ce texte au futur.
J'ai froid, alors je fais du feu dans la cheminée. Je place du papier froissé puis des brindilles de bois. Je craque une allumette et je la pose sous le papier. Puis je vais chercher des buches. Je suis content de pouvoir lire devant un bon feu.

Évaluation CM1

1. a. Lis les deux textes.

Pour le projet d'autoroute

Cette nouvelle autoroute est indispensable. Elle apportera des emplois pour notre petite ville. D'ailleurs, un projet d'hôtel est actuellement à l'étude. Un centre commercial s'installera à la sortie de l'autoroute. La zone industrielle connaitra un nouvel essor. Les touristes pourront venir plus facilement dans notre ville. Ils visiteront notre belle église romane.

Contre le projet d'autoroute

Des dizaines de milliers de camions et de voitures circuleront chaque jour tout près de la ville.

....

Avec leurs gaz d'échappement, ils pollueront la ville. On coupera de nombreux arbres, une forêt entière !

....

On rasera une belle demeure du XIXe siècle. Plus de champs de blé autour de la ville !

....

Ils deviendront des parkings.

....

b. Souligne les verbes qui sont conjugués au futur dans les deux textes.

c. Indique l'infinitif des verbes dans le deuxième texte.

d. Écris qui est désigné par le pronom souligné.

Elle (apportera) : ....

Ils (visiteront) : ....

ils (pollueront) : ....

Ils (deviendront) : ....

e. Dans le premier texte, relève :

– un groupe nominal avec un déterminant possessif et un groupe nominal avec un déterminant démonstratif ;

– trois groupes nominaux avec un ou plusieurs adjectifs qualificatifs et trois groupes nominaux avec un complément du nom. Souligne les adjectifs qualificatifs.

....

....

2. Dans chaque phrase, entoure le sujet, le ou les compléments circonstanciels, souligne le verbe et entoure le complément d'objet.

Ce soir, au théâtre, les acteurs jouent une pièce de Molière.
Vous mangez un pain au chocolat pour votre gouter.
Tous les jours, le jardinier arrose ses salades.
Un bon feu de cheminée éclaire le salon.
La route devient dangereuse.

3. Écris les phrases au futur.

Nous expédions un colis.
Les jeunes enfants font des bêtises.
Je peux courir aussi vite que lui.
Vous allez au théâtre.
L'arbre plie sous la tempête.
Tu vois mieux avec des lunettes.

4. Récris chaque phrase au futur avec le sujet proposé.

Nous serons devant l'ordinateur. Elle ....

Je voudrai être déjà en vacances. Nous ....

Tu auras certainement soif. J'..................................

Le magicien dira des paroles magiques. Les magiciens ....

Vous remplirez le panier. Tu ....

Des amis viendront demain. Vous ....

5. Conjugue les verbes au futur.

Le vent (secouer) l'arbre.
Les fleurs (déplier) leurs pétales.
Nous (voir) les avions décoller.
Je (préparer) les légumes.
Tu (fermer) la valise.
Vous (prendre) ce médicament avant le repas.

6. Transpose ce texte au futur.

J'ai froid, alors je fais du feu dans la cheminée. Je place du papier froissé puis des brindilles de bois. Je craque une allumette et je la pose sous le papier. Le papier commence à bruler. J'ajoute des petits rondins de bois. Puis je vais chercher des buches et je les dépose sur les rondins. Je suis content de pouvoir lire devant un bon feu.

Évaluation CM2

1. a. Lis les deux textes.

Pour le projet d'autoroute

Cette nouvelle autoroute est indispensable. Elle apportera des emplois pour notre petite ville. D'ailleurs, un projet d'hôtel est actuellement à l'étude. Un centre commercial s'installera à la sortie de l'autoroute. La zone industrielle connaitra un nouvel essor. Les touristes pourront venir plus facilement dans notre ville. Ils visiteront notre belle église romane.

Contre le projet d'autoroute

Des dizaines de milliers de camions et de voitures circuleront chaque jour tout près de la ville.

....

Avec leurs gaz d'échappement, ils pollueront la ville. On coupera de nombreux arbres, une forêt entière !

....

On rasera une belle demeure du XIXe siècle. Plus de champs de blé autour de la ville !

....

Ils deviendront des parkings.

....

b. Souligne les verbes qui sont conjugués au futur dans les deux textes. Indique l'infinitif des verbes conjugués dans le deuxième texte.

c. Écris qui est désigné par le pronom souligné.

Elle (apportera) : ....

Ils (visiteront) : ....

ils (pollueront) : ....

Ils (deviendront) : ....

d. Indique si chaque mot ou groupe de mots surlignés est un complément d'objet ou un attribut.

indispensable : ....

des emplois : ....

notre belle église romane : ....

la ville : ....

des parkings : ....

e. Dans le premier texte, relève trois groupes nominaux avec un ou plusieurs adjectifs qualificatifs épithètes et trois groupes nominaux avec un complément du nom. Souligne les adjectifs.

....

....

f. Relève le verbe à l'infinitif dans le texte. ....

2. a. Dans chaque phrase, entoure le sujet, le ou les compléments circonstanciels, souligne le verbe et entoure le complément d'objet ou l'attribut.

Ce soir, au théâtre, les acteurs jouent une pièce de Molière.
Les travaux sont nécessaires.
Vous mangez un pain au chocolat pour votre gouter.
Tous les jours, le jardinier arrose ses salades.
Un bon feu de cheminée éclaire le salon.
Mon réveil sonne chaque matin.
La route devient dangereuse.

b. Recopie le groupe de mots qui suit le verbe dans la colonne qui convient.

Compléments d'objet	Attributs

3. Écris les phrases au futur.
Nous expédions un colis.
Les jeunes enfants font des bêtises.
Je peux courir aussi vite que lui.
Vous allez au théâtre.
L'arbre plie sous la tempête.
Tu vois mieux avec des lunettes.
Nous essuyons nos lunettes.

4. Récris chaque phrase au futur avec le sujet proposé.

Nous serons devant l'ordinateur. Elle ....

Je voudrai surement une belle voiture plus tard. Nous ....

Tu auras certainement soif. J'..................................

Le magicien dira des paroles magiques. Les magiciens..................................

Vous remplirez le panier. Tu..................................

Des amis viendront demain. Vous..................................

Vous nettoierez la voiture. Ils..................................

5. Conjugue les verbes au futur.
Le vent (secouer) l'arbre.
Les fleurs (déplier) leurs pétales.
Nous (voir) les avions décoller.
Je (préparer) les légumes.
Tu (fermer) la valise).
Vous (prendre) ce médicament avant le repas.
Le vent (effrayer) le cheval.

6. Transpose ce texte au futur.
J'ai froid, alors je fais du feu dans la cheminée. Je place du papier froissé puis des brindilles de bois. Je craque une allumette et je la pose sous le papier. Le papier commence à bruler. J'ajoute des petits rondins de bois. Puis je vais chercher des buches et je les dépose sur les rondins. Je suis content de pouvoir lire devant un bon feu.

7. Écris les phrases au plus-que-parfait.
Vous (promener) votre chien dans le bois et il (bondir) de fossé en fossé.
Le jardinier (semer) des graines et elles (pousser) rapidement.
Les gendarmes (venir) à l'école et j'(parler) de la sécurité routière avec eux.
Tu (vouloir) du sirop d'orange et tu (renverser) ton verre.
Nous (prendre) le train plusieurs fois.
Vous (faire) un superbe gâteau pour l'anniversaire de Tom.

Le cahier du

CE2

Présent 1

La soigneuse inspecte les clôtures.
Elle entre le moins possible dans l'enclos.
Les soigneuses inspectent les clôtures.
Elles entrent le moins possible dans l'enclos.
Un tailleur prépare une tartine de crème.
Deux tailleurs préparent une tartine de crème.
Tu admires le monde.
Les tailleurs arrivent à la grotte.
Ils avancent vers eux.
Les petits tailleurs mangent aussi.
Nous arrivons à la grotte.
Nous avançons vers eux.
Nous mangeons aussi.
On utilise des insectes carnivores.
Tu utilises des insectes carnivores.
Vous utilisez des insectes carnivores.
Il pousse dans les bois.
Je pousse dans les bois.

Présent 2

Chaque matin, Morgane fait le tour de l'enclos.

Elle veut laisser les loups tranquilles.

Chaque matin, Morgane et Tiphaine font le tour de l'enclos.

Elles veulent laisser les loups tranquilles.

Le géant voit la ceinture.

Il lui dit :...

Ils lui disent :...

Vers minuit, le géant vient doucement vers le lit.

Si vous voulez, vous pouvez venir dans notre caverne.

Ils voient les autres géants autour du feu.

Nous voyons les autres géants autour du feu.

Si on veut lutter contre les pucerons...

Si tu veux lutter contre les pucerons...

On prend des produits efficaces contre les prédateurs.

Tu prends des produits efficaces contre les prédateurs.

Si vous voulez lutter contre les pucerons...

Vous prenez des produits efficaces contre les prédateurs.

Ils voient un village.

Je fais la toilette des chiens.

Il prend un bâton.

Ils prennent un bâton.

Je peux courir plus vite à travers les herbes.

Il peut courir plus vite à travers les herbes.

Je viens tomber aux pieds de mon maitre.

Il vient tomber aux pieds de son maitre.

Présent 3

Et elle ne va jamais près de la tanière.

Et elles ne vont jamais près de la tanière.

Le tailleur est très fier de son exploit.

Les tailleurs sont très fiers de leur exploit.

C'est là que je vais.

C'est là que nous allons.

On va dans une jardinerie.

On a pourtant une autre solution.

Tu vas dans une jardinerie.

Tu as pourtant une autre solution.

Vous allez dans une jardinerie.

Vous avez pourtant une autre solution.

Il a un chapeau.

J'ai un chapeau.

Je suis debout sur mon pied.

Je suis dans le mot « tant ».

Ils vont droit devant eux.

Il a beaucoup de mal à y parvenir.

J'ai beaucoup de mal à y parvenir.

Ils ont beau ouvrir les yeux.

Groupes nominaux 1

chaque matin
les soigneuses
la meute
les loups
la tanière
une naissance
Morgane – Tiphaine
deux tailleurs
les mouches
un fromage
un oiseau
sa poche – leur poche
un géant
ces mots
la grotte
leur lit – notre lit
notre caverne
ces insectes
un chapeau
son pied – mon pied
les bois
l'année
le singe
des chiens
un village
l'œil

Groupes nominaux 2

le vaillant petit tailleur
le vaste monde
un monstrueux rôti
les petits hommes
l'équilibre naturel
une entrée triomphale
les terres cultivées
les poils hérissés
la gueule menaçante
le Tigre boiteux

Passé 1

Le mien ne mangeait pas les souris.

Il n'aimait pas ça.

Il lui faisait grâce de la vie.

Il allait rêver ailleurs.

La souris était morte.

Tu ne mangeais pas les souris.

Vous ne mangiez pas les souris.

Tu n'aimais pas ça.

Vous n'aimiez pas ça.

Tu lui faisais grâce de la vie.

Vous lui faisiez grâce de la vie.

Tu allais rêver ailleurs.

Vous alliez rêver ailleurs.

Toute la journée, je grimpais aux arbres.

J'étais habile et agile comme les singes.

Je parlais le langage des bêtes.

Des jeunes loups écoutaient le Tigre boiteux.

Je ne bougeais pas, j'observais le village.

Nous ne bougions pas, nous observions le village.

Il n'y voyait plus très bien.

Certains Loups hurlaient avec Shere Khan.

Ils fouettaient rageusement l'espace avec leur queue.

Ils ne bougeaient pas, ils observaient le village.

Passé 2

Père Loup m'a enseigné la jungle et la chasse.

J'ai porté le pot à la caverne. Nous avons porté le pot à la caverne.

J'ai sauté, j'ai arraché ce talisman. Nous avons sauté, nous avons arraché ce talisman.

Tous les animaux ont reculé de terreur.

Ils ont sauté, ils ont arraché ce talisman.

Ils ont porté le pot à la caverne.

Il a avancé jusqu'à lui.

Tom a tourné la tête vers Ben.

Vous avez plié trois fois ce disque en deux. Tu as plié trois fois ce disque en deux.

Vous avez percé un petit trou. Tu as percé un petit trou.

Il a volé pour la première fois dans un avion de sa conception.

Ensuite, nous avons taillé en pointe les trois allumettes.

Ensuite, j'ai taillé en pointe les trois allumettes.

Passé 3

J'ai eu de la chance.

Il a dit : …

Oui, a fait Tom.

Ben a vu Tom.

La traversée de la Manche en avion a eu un retentissement mondial.

Il a fait un aller-retour de 26 km au-dessus de la Beauce.

Le 25 juillet 1909, il a entrepris la traversée.

Louis Blériot a voulu relever le défi.

J'ai fait un trou au centre de chacune d'elle.

Nous avons pris une toupie.

On a vu le bleu et le jaune.

Vous avez fait attention. Tu as fait attention.

Passé 4

Je suis retourné dans la jungle en courant. Nous sommes retournés dans la jungle en courant.

Ils sont retournés dans la jungle en courant.

Un matin, il est allé sur le port de Bassora. Un matin, ils sont allés sur le port de Bassora.

Il est monté à bord d'un navire. Ils sont montés à bord d'un navire.

Un jour, le navire est passé près d'une petite ile très verte.

Le vent est tombé.

Je suis revenu sur le port. Nous sommes revenus sur le port.

Le navire est arrivé.

Futur 1

Le Japon organisera les Jeux Olympiques.
L'organisation des jeux nécessitera des travaux.
Les athlètes séjourneront dans un village satellite.
La voiture sans conducteur arrivera bientôt !
Les voitures sans conducteur arriveront bientôt !
Elle fonctionnera grâce à des capteurs.
Elles fonctionneront grâce à des capteurs.
Je porterai des vêtements clairs.
Tu porteras des vêtements clairs.
Je marcherai face à la circulation.
Tu marcheras face à la circulation.
Je ne crierai pas.
Tu ne crieras pas.
Nous porterons des vêtements clairs.
Nous marcherons face à la circulation.
Vous respecterez le silence.
Vous ne crierez pas.
Puis, ils plieront trois fois ce disque en deux.
Ensuite, ils découperont huit fentes en suivant les plis.

Futur 2

Ce stade sera accessible à tous les types de public.
Les épreuves de VTT auront lieu sur un parcours existant.
De nombreux spectateurs viendront à Tokyo pour l'événement.
Le parcours aura pour toile de fond le spectaculaire Mont Fuji.
La première voiture autonome pourra circuler sur les routes.
La voiture sans pilote aura les autorisations pour circuler.
Tu seras peut-être un jour un utilisateur assidu de ce genre d'engin.
Les premières voitures autonomes pourront circuler sur les routes.
Les voitures sans pilote auront les autorisations pour circuler.
Vous serez peut-être un jour des utilisateurs assidus de ce genre d'engin.
Je n'irai pas dans les champs.
Tu n'iras pas dans les champs.
Je ne ferai pas peur aux animaux.
Tu ne feras pas peur aux animaux.
Je verrai les voitures.
Tu verras les voitures.
Je serai vigilant(e).
Tu seras vigilant(e).
Des bandes réfléchissantes pourront me rendre plus visible.
Les voitures viendront vers moi.
Nous verrons les voitures.
Nous n'irons pas dans les champs.
Vous ne ferez pas peur aux animaux.
Vous serez vigilants.
Les élèves prendront du papier Canson.
Ils feront attention de ne pas couper jusqu'au centre du disque.

Phrases négatives et phrases affirmatives correspondantes

Et elle ne va jamais près de la tanière. Et elle va toujours près de la tanière.

Toi, mon chat, tu ne mangeais pas les souris ; tu n'aimais pas ça.

Toi, mon chat, tu mangeais les souris ; tu aimais ça.

Nous ne bougions pas. Nous bougions.

Il n'y voyait plus très bien. Il y voyait encore très bien. Il y voyait toujours très bien.

Mowgli et son frère ne sont pas des loups. Mowgli et son frère sont des loups.

On n'a pas tous les jours l'occasion de passer une palissade au lait de chaux à notre âge.

On a tous les jours l'occasion de passer une palissade au lait de chaux à notre âge.

Sa boussole ne fonctionnait plus. Sa boussole fonctionnait encore. Sa boussole fonctionnait toujours.

Face à l'immensité de la mer, il n'avait plus de repère. Face à l'immensité de la mer, il avait encore des repères.

Face à l'immensité de la mer, il avait toujours des repères.

Compléments 1

Chaque matin, les soigneuses font le tour de l'enclos.

Dans leur poche, les deux petits tailleurs emportent un fromage et un oiseau.

Autour du feu, les géants dévorent un monstrueux rôti.

Il y a quelques années, des paysans ont recueilli un enfant abandonné.

Un jour, des paysans vendent Rémi à Vitalis.

Ils ont marché toute la journée.

Il gravit la pente courageusement.

Le 25 juillet 1909, Louis Blériot a entrepris la traversée.

Pour faire des toupies magiques, j'ai pris un bouchon de liège.

Compléments 2

Tous les jours, les hommes tendaient des pièges.

Ce matin, Tom repeint la palissade en bois.

Tu as percé un petit trou au centre du disque.

Le 25 juillet 1909, Louis Blériot a entrepris la traversée.

Pour faire des toupies magiques, j'ai pris un bouchon de liège.

Le verbe

- **Le verbe change avec la personne :**

Ils arrivent. Nous arrivons.
Tu prends. Vous prenez.
Elle fait le tour. Elles font le tour.
Ils voient les géants. Nous voyons les géants.

- **Le verbe, à la forme négative, est encadré par les mots de la négation :**

Il voit le géant.
*Il **ne** voit **pas** le géant.*

- **Le verbe change avec le temps :**

Elle fait le tour des enclos. Hier, elle a fait le tour des enclos. Demain, elle fera le tour des enclos.

- **Le verbe a un infinitif :** *avoir*, *aller*, *être*, *arriver*, *prendre*…

- **Les verbes peuvent être classés suivant leur groupe :**

– verbes du 1er groupe : *manger*, *observer*, *arriver*, *utiliser*, etc.
– verbes du 2e groupe : *choisir*, *nourrir*, etc.
– verbes du 3e groupe : *entendre*, *vendre*, *lire*, *sourire*, *écrire*, *connaitre*, etc.

- **Les verbes *être* et *avoir* sont des verbes dont la conjugaison est très irrégulière.**

Le sujet

- **Le sujet indique de qui ou de quoi on parle dans une phrase :**

La soigneuse *nourrit les loups.*

- **On peut encadrer le sujet avec *c'est … qui*, *ce sont … qui* ou poser la question *Qui est-ce qui ?***

C'est la soigneuse qui nourrit les loups.
Qui est-ce qui nourrit les loups ?

- **Le sujet commande l'accord du verbe :**

La soigneuse *nourrit les loups.* **Les soigneuses** *nourrissent les loups.*

- **Le sujet peut être composé de :**

– **un groupe nominal :** *le petit tailleur – les géants*
– **un nom propre :** *Morgane*
– **un pronom personnel :** *je, tu, il, elle, nous, vous, ils, elles*
– **un autre pronom :** *on*

Le groupe nominal

- Le **nom** est le mot principal du **groupe nominal** :
les mouches, *un oiseau*, *la tanière*, *les loups*.
Il y a des **noms communs** : *mouches*, *oiseau*, *tanière*,
et des **noms propres** : *Tiphaine*, *Morgane*.
Les noms propres commencent par une majuscule.
- Le **déterminant** accompagne le **nom** :
le, *la*, *les*, *l'* sont des articles définis, *un*, *une*, *des* sont des articles indéfinis.
- Le **déterminant** a le même **genre** (masculin ou féminin) et le même **nombre** (singulier ou pluriel) que le **nom** qu'il précède.

	Masculin	Féminin
Singulier	**un** fromage, **l'**oiseau, **le** géant	**la** meute, **une** naissance, **l'**année
Pluriel	**les** oiseaux, **des** chiens	**les** soigneuses, **des** grottes,

L'adjectif qualificatif est placé auprès du nom pour apporter des précisions sur le nom.
un ***monstrueux*** *rôti – la gueule* ***menaçante*** *– le* ***vaillant petit*** *tailleur.*
L'adjectif prend le genre (masculin ou féminin) et le nombre (singulier ou pluriel) du nom.
masculin singulier : *un champ cultivé* ;
masculin pluriel : *des champs cultivés* ;
féminin singulier : *une terre cultivée* ;
féminin pluriel : *des terres cultivées*.

La phrase négative

La phrase affirmative et la phrase négative	
1. Phrases affirmatives	**2. Phrases négatives**
Nous bougions. Il y voyait **encore** très bien. Il y voyait **toujours** très bien. Et elle va **toujours** près de la tanière. J'ai **tout** terminé. Elle regarde **quelque chose**. Elle a rencontré **quelqu'un**.	Nous **ne** bougions **pas**. Il **n'**y voyait **plus** très bien. Et elle **ne** va **jamais** près de la tanière. Je **n'**ai **rien** terminé. Elle **ne** regarde **rien**. Elle **n'**a rencontré **personne**.

- Les phrases de la colonne **2** sont des **phrases négatives** : elles contiennent des **mots négatifs** : *ne pas*, *ne… jamais*, *n'… rien*, *n'… plus*, *n'… personne*.
- Les deux parties de la négation, **ne** (ou ***n'***) et **pas** (ou *plus*, *jamais*, *personne*…) sont **obligatoires**.

Les compléments supprimables et déplaçables

- Dans une phrase, des mots ou groupes de mots peuvent être **déplacés** ou **supprimés :** ce sont des **compléments**.

[Chaque matin], [les soigneuses] font le tour de l'enclos.

[Les soigneuses], [chaque matin], font le tour de l'enclos.

[Les soigneuses] font le tour de l'enclos, [chaque matin].

[Les soigneuses] font le tour de l'enclos.

- Les compléments apportent des **renseignements supplémentaires** dans la phrase, ils ne sont pas obligatoires.

Le complément proche du verbe

Proche du verbe, il y a souvent un **complément** qui ne peut être ni supprimé ni déplacé.

Chaque matin, les soigneuses font [le tour de l'enclos].

Les petits tailleurs rencontrent [un géant] au sommet d'une montagne.

Dans leur poche, les deux petits tailleurs emportent [un fromage et un oiseau].

Tableaux de conjugaison

PRÉSENT

UTILISER j'utilise tu utilises il, elle, on utilise nous utilisons vous utilisez ils, elles utilisent	**MANGER** je mange tu manges il, elle, on mange nous mangeons vous mangez ils, elles mangent	**AVANCER** j'avance tu avances il, elle, on avance nous avançons vous avancez ils, elles avancent

ÊTRE je suis tu es il, elle, on est nous sommes vous êtes ils, elles sont	**AVOIR** j'ai tu as il, elle, on a nous avons vous avez ils, elles ont	**ALLER** je vais tu vas il, elle, on va nous allons vous allez ils, elles vont

FAIRE je fais tu fais il, elle, on fait nous faisons vous faites ils, elles font	**PRENDRE** je prends tu prends il, elle, on prend nous prenons vous prenez ils, elles prennent	**VOIR** je vois tu vois il, elle, on voit nous voyons vous voyez ils, elles voient	**DIRE** je dis tu dis il, elle, on dit nous disons vous dites ils, elles disent
VOULOIR je veux tu veux il, elle, on veut nous voulons vous voulez ils, elles veulent	**POUVOIR** je peux tu peux il, elle, on peut nous pouvons vous pouvez ils, elles peuvent	**VENIR** je viens tu viens il, elle, on vient nous venons vous venez ils, elles viennent	

IMPARFAIT

TROUVER	OUBLIER	NAGER	COMMENCER
je trouvais tu trouvais il, elle, on trouvait nous trouvions vous trouviez ils, elles trouvaient	j'oubliais tu oubliais il, elle, on oubliait nous oubliions vous oubliiez ils, elles oubliaient	je nageais tu nageais il, elle, on nageait nous nagions vous nagiez ils, elles nageaient	je commençais tu commençais il, elle, on commençait nous commencions vous commenciez ils, elles commençaient

ÊTRE	AVOIR	ALLER
j'étais tu étais il, elle, on était nous étions vous étiez ils, elles étaient	j'avais tu avais il, elle, on avait nous avions vous aviez ils, elles avaient	j'allais tu allais il, elle, on allait nous allions vous alliez ils, elles allaient

FAIRE	PRENDRE	VOIR	DIRE
je faisais tu faisais il, elle, on faisait nous faisions vous faisiez ils, elles faisaient	je prenais tu prenais il, elle, on prenait nous prenions vous preniez ils, elles prenaient	je voyais tu voyais il, elle, on voyait nous voyions vous voyiez ils, elles voyaient	je disais tu disais il, elle, on disait nous disions vous disiez ils, elles disaient
VOULOIR je voulais tu voulais il, elle, on voulait nous voulions vous vouliez ils, elles voulaient	**POUVOIR** je pouvais tu pouvais il, elle, on pouvait nous pouvions vous pouviez ils, elles pouvaient		

PASSÉ COMPOSÉ

TROUVER j'ai trouvé tu as trouvé il, elle, on a trouvé nous avons trouvé vous avez trouvé ils, elles ont trouvé	**NAGER** j'ai nagé tu as nagé il, elle, on a nagé nous avons nagé vous avez nagé ils, elles ont nagé	**COMMENCER** j'ai commencé tu as commencé il, elle, on a commencé nous avons commencé vous avez commencé ils, elles ont commencé

AVOIR j'ai eu tu as eu il, elle, on a eu nous avons eu vous avez eu ils, elles ont eu

FAIRE j'ai fait tu as fait il, elle, on a fait nous avons fait vous avez fait ils, elles ont fait	**PRENDRE** j'ai pris tu as pris il, elle, on a pris nous avons pris vous avez pris ils, elles ont pris	**VOIR** j'ai vu tu as vu il, elle, on a vu nous avons vu vous avez vu ils, elles ont vu	**DIRE** j'ai dit tu as dit il, elle, on a dit nous avons dit vous avez dit ils, elles ont dit
VOULOIR j'ai voulu tu as voulu il, elle, on a voulu nous avons voulu vous avez voulu ils, elles ont voulu	**POUVOIR** j'ai voulu tu as voulu il, elle, on a voulu nous avons voulu vous avez voulu ils, elles ont voulu		

FUTUR

TROUVER je trouverai tu trouveras il, elle, on trouvera nous trouverons vous trouverez ils, elles trouveront	**JOUER** je jouerai (e muet) tu joueras il, elle, on jouera nous jouerons vous jouerez ils, elles joueront	**NAGER** je nagerai tu nageras il, elle, on nagera nous nagerons vous nagerez ils, elles nageront	**COMMENCER** je commencerai tu commenceras il, elle, on commencera nous commencerons vous commencerez ils, elles commenceront

ÊTRE Je serai tu seras il, elle, on sera nous serons vous serez ils, elles seront	**AVOIR** j'aurai tu auras il, elle, on aura nous aurons vous aurez ils, elles auront	**ALLER** j'irai tu iras il, elle, on ira nous irons vous irez ils, elles iront

FAIRE je ferai tu feras il, elle, on fera nous ferons vous ferez ils, elles feront	**PRENDRE** je prendrai tu prendras il, elle, on prendra nous prendrons vous prendrez ils, elles prendront	**VOIR** je verrai tu verras il, elle, on verra nous verrons vous verrez ils, elles verront	**DIRE** je dirai tu diras il, elle, on dira nous dirons vous direz ils, elles diront
VOULOIR je voudrai tu voudras il, elle, on voudra nous voudrons vous voudrez ils, elles voudront	**POUVOIR** je pourrai tu pourras il, elle, on pourra nous pourrons vous pourrez ils, elles pourront	**VENIR** je viendrai tu viendras il, elle, on viendra nous viendrons vous viendrez ils, elles viendront	

Le cahier du

CM1

Présent 1

La soigneuse inspecte les clôtures.
Elle entre le moins possible dans l'enclos.
Les soigneuses inspectent les clôtures.
Elles entrent le moins possible dans l'enclos.
Un tailleur prépare une tartine de crème.
Deux tailleurs préparent une tartine de crème.
Tu admires le monde.
Les tailleurs arrivent à la grotte.
Ils avancent vers eux.
Les petits tailleurs mangent aussi.
Nous arrivons à la grotte.
Nous avançons vers eux.
Nous mangeons aussi.
On utilise des insectes carnivores.
Tu utilises des insectes carnivores.
Vous utilisez des insectes carnivores.
Il pousse dans les bois.
Je pousse dans les bois.

Présent 2

Chaque matin, Morgane fait le tour de l'enclos.
Elle veut laisser les loups tranquilles.
La soigneuse nourrit les loups tous les deux jours.
Chaque matin, Morgane et Tiphaine font le tour de l'enclos.
Elles veulent laisser les loups tranquilles.
Les soigneuses nourrissent les loups tous les deux jours.
Le géant voit la ceinture.
Il lui dit :...
Ils lui disent :...
Ils choisissent de coucher par terre.
Nous choisissons de coucher par terre.
Vers minuit, le géant vient doucement vers le lit.
Si vous voulez, vous pouvez venir dans notre caverne.
Ils voient les autres géants autour du feu.
Nous voyons les autres géants autour du feu.
Si on veut lutter contre les pucerons...
Si tu veux lutter contre les pucerons...
On choisit souvent la solution la plus simple.
Tu choisis souvent la solution la plus simple.
On prend des produits efficaces contre les prédateurs.
Tu prends des produits efficaces contre les prédateurs.
Si vous voulez lutter contre les pucerons...
Vous choisissez souvent la solution la plus simple.
Vous prenez des produits efficaces contre les prédateurs.
Elle finit le matin.
Je finis le matin.
Ils voient un village.
Je fais la toilette des chiens.
Il prend un bâton.
Ils prennent un bâton.
Je peux courir plus vite à travers les herbes.
Il peut courir plus vite à travers les herbes.
Je viens tomber aux pieds de mon maitre.
Il vient tomber aux pieds de son maitre.

Présent 3

Et elle ne va jamais près de la tanière.
Et elles ne vont jamais près de la tanière.
Le tailleur est très fier de son exploit.
Les tailleurs sont très fiers de leur exploit.
C'est là que je vais.
C'est là que nous allons.
On va dans une jardinerie.
On a pourtant une autre solution.
Tu vas dans une jardinerie.
Tu as pourtant une autre solution.
Vous allez dans une jardinerie.
Vous avez pourtant une autre solution.
Il a un chapeau.
J'ai un chapeau.
Je suis debout sur mon pied.
Je suis dans le mot « tant ».
Qui suis-je ?
Ils vont droit devant eux.
Il a beaucoup de mal à y parvenir.
J'ai beaucoup de mal à y parvenir.
Ils ont beau ouvrir les yeux.

Compléments 1

Chaque matin, les soigneuses font le tour de l'enclos.
Tous les deux jours, les soigneuses nourrissent les loups.
Peu à peu, elles habituent les loups à leur présence.
Dans leur poche, les deux petits tailleurs emportent un fromage et un oiseau.
Au sommet d'une montagne, les tailleurs rencontrent un géant.
Autour du feu, les géants dévorent un monstrueux rôti.
À notre arrivée dans la grotte, autour du feu, nous voyons les autres géants.
Il y a quelques années, des paysans ont recueilli un enfant abandonné.
Un jour, des paysans vendent Rémi à Vitalis.
Rémi fait la toilette des chiens avec soin.
Pour défiler dans le village, Joli-Cœur enfile son habit de général.
Ils ont marché toute la journée.
Il gravit la pente courageusement.
Au loin, ils aperçoivent une grande ombre au-dessus des genêts.
Aujourd'hui, Vitalis et sa troupe rencontrent un géant.

Compléments 2

Tous les jours, les hommes tendaient des pièges.
Un matin, Bagheera la Panthère montre la « Fleur Rouge » à Mowgli.
Ce matin, Tom repeint la palissade en bois.
Tom maniait son pinceau avec désinvolture.
Aussitôt, le jeune orphelin a pris un air désolé.
Tu as percé un petit trou au centre du disque.
Tu as découpé huit fentes.
Le 25 juillet 1909, Louis Blériot a entrepris la traversée.
À travers la brume, quelques bateaux lui indiquaient la direction de Douvres.
Pour faire des toupies magiques, j'ai pris un bouchon de liège.
J'ai percé le disque avec une épingle.
Ensuite, je taille les trois allumettes.

Groupes nominaux 1

chaque matin
les soigneuses
la meute
les loups
la tanière
une naissance
Morgane – Tiphaine
deux tailleurs
les mouches
un fromage
un oiseau
sa poche – leur poche
un géant
ces mots
la grotte
leur lit – notre lit
notre caverne
ces guerriers
ces insectes
un chapeau
son pied – mon pied
les bois
l’année
le singe
des chiens
un village
l’oeil

Groupes nominaux 2

le vaillant petit tailleur
le vaste monde
un monstrueux rôti
les petits hommes
l'équilibre naturel
une entrée triomphale
les terres cultivées
les poils hérissés
la gueule menaçante
le Tigre boiteux
les Loups rebelles

Groupes nominaux 3

une tartine de crème
une pièce d'étoffe
un coin de la chambre
une barre de fer
ces insectes ravageurs du jardin
des produits efficaces contre les prédateurs
une belle plante vivace aux fleurs jaunes
les jolies petites bêtes rouges à pois noirs
l'œil de Capi
le rôle d'un vieux soldat
son habit de général
la toilette des chiens
les malices du singe
le Clan des loups
les frères de Mowgli
la lisière de la forêt
le village des Hommes
le langage des bêtes
le centre du disque
un capuchon de stylo
le radiateur de la classe
l'immensité de la mer
la direction de Douvres
un avion de sa conception

Passé 1

Le mien ne mangeait pas les souris.
Il n’aimait pas ça.
Il lui faisait grâce de la vie.
Il allait rêver ailleurs.
La souris était morte.
Tu ne mangeais pas les souris.
Vous ne mangiez pas les souris.
Tu n’aimais pas ça.
Vous n’aimiez pas ça.
Tu lui faisais grâce de la vie.
Vous lui faisiez grâce de la vie.
Tu allais rêver ailleurs.
Vous alliez rêver ailleurs.
Toute la journée, je grimpais aux arbres.
J’étais habile et agile comme les singes.
Je parlais le langage des bêtes.
Des jeunes loups écoutaient le Tigre boiteux.
Shere Khan me haïssait.
Je ne bougeais pas, j’observais le village.
Nous ne bougions pas, nous observions le village.
Il n’y voyait plus très bien.
Certains Loups hurlaient avec Shere Khan.
Ils fouettaient rageusement l’espace avec leur queue.
Le Maitre des loups vieillissait.
Ils ne bougeaient pas, ils observaient le village.

Passé 2

Père Loup m'a enseigné la jungle et la chasse.

J'ai porté le pot à la caverne. Nous avons porté le pot à la caverne.

J'ai sauté, j'ai arraché ce talisman. Nous avons sauté, nous avons arraché ce talisman.

Tous les animaux ont reculé de terreur.

Ils ont sauté, ils ont arraché ce talisman.

Ils ont porté le pot à la caverne.

Il a avancé jusqu'à lui.

Tom a tourné la tête vers Ben.

Vous avez plié trois fois ce disque en deux. Tu as plié trois fois ce disque en deux.

Vous avez percé un petit trou. Tu as percé un petit trou.

Il a volé pour la première fois dans un avion de sa conception.

Ensuite, nous avons taillé en pointe les trois allumettes.

Ensuite, j'ai taillé en pointe les trois allumettes.

Passé 3

J'ai eu de la chance.

J'ai grandi parmi les louveteaux.

Il a dit : ...

Oui, a fait Tom.

Ben a vu Tom.

Tom a réfléchi.

Vous avez fait attention. Tu as fait attention.

La traversée de la Manche en avion a eu un retentissement mondial.

Il a fait un aller-retour de 26 km au-dessus de la Beauce.

Le 25 juillet 1909, il a entrepris la traversée.

Louis Blériot a voulu relever le défi.

J'ai fait un trou au centre de chacune d'elle.

Nous avons pris une toupie.

On a vu le bleu et le jaune.

La toupie a fini de tourner.

Passé 4

Je suis retourné dans la jungle en courant. Nous sommes retournés dans la jungle en courant.

Un matin, il est allé sur le port de Bassora. Un matin, ils sont allés sur le port de Bassora.

Il est monté à bord d'un navire. Ils sont montés à bord d'un navire.

Un jour, le navire est passé près d'une petite ile très verte.

Le vent est tombé.

Je suis revenu sur le port. Nous sommes revenus sur le port.

Le navire est arrivé.

Futur 1

Le Japon organisera les Jeux Olympiques.

L'organisation des jeux nécessitera parfois des travaux.

Les athlètes séjourneront dans un village satellite.

La voiture sans conducteur arrivera bientôt !

Les voitures sans conducteur arriveront bientôt !

Elle fonctionnera grâce à des capteurs.

Elles fonctionneront grâce à des capteurs.

Je porterai des vêtements clairs.

Tu porteras des vêtements clairs.

Je marcherai face à la circulation.

Tu marcheras face à la circulation.

Je ne crierai pas.

Tu ne crieras pas.

Nous porterons des vêtements clairs.

Nous marcherons face à la circulation.

Vous respecterez le silence.

Vous ne crierez pas.

Puis, ils plieront trois fois ce disque en deux.

Ensuite, ils découperont huit fentes en suivant les plis.

Futur 2

Ce stade sera accessible à tous les types de public.
Les épreuves de VTT auront lieu sur un parcours existant.
De nombreux spectateurs viendront à Tokyo pour l'événement.
Le parcours aura pour toile de fond le spectaculaire Mont Fuji.
La première voiture autonome pourra circuler sur les routes.
La voiture sans pilote aura les autorisations pour circuler.
Tu seras peut-être un jour un utilisateur assidu de ce genre d'engin.
Les premières voitures autonomes pourront circuler sur les routes.
Les voitures sans pilote auront les autorisations pour circuler.
Vous serez peut-être un jour des utilisateurs assidus de ce genre d'engin.
Ces véhicules réagiront en fonction des informations qui leur seront transmises.
Ce véhicule réagira en fonction des informations qui lui seront transmises.
Je n'irai pas dans les champs.
Tu n'iras pas dans les champs.
Je ne ferai pas peur aux animaux.
Tu ne feras pas peur aux animaux.
Je verrai les voitures.
Tu verras les voitures.
Je serai vigilant(e).
Tu seras vigilant(e).
Des bandes réfléchissantes pourront me rendre plus visible.
Les voitures viendront vers moi.
Nous verrons les voitures.
Nous n'irons pas dans les champs.
Vous ne ferez pas peur aux animaux.
Vous serez vigilants.
Les élèves prendront du papier Canson.
Ils feront attention de ne pas couper jusqu'au centre du disque.

Le verbe

- **Le verbe change avec la personne :**

Ils arrivent. Nous arrivons.
Tu prends. Vous prenez.
Elle fait le tour. Elles font le tour.
Ils voient les géants. Nous voyons les géants.

- **Le verbe, à la forme négative, est encadré par les mots de la négation :**

Il voit le géant.
Il ***ne*** *voit* ***pas*** *le géant.*

- **Le verbe change avec le temps :**

Elle fait le tour des enclos. Hier, elle a fait le tour des enclos. Demain, elle fera le tour des enclos.

- **Le verbe a un infinitif :** *avoir*, *aller*, *être*, *arriver*, *prendre*…

- **Les verbes peuvent être classés suivant leur groupe :**

– verbes du 1er groupe : *manger*, *observer*, *arriver*, *utiliser*, etc.
– verbes du 2e groupe : *choisir*, *nourrir*, etc.
– verbes du 3e groupe : *entendre*, *vendre*, *lire*, *sourire*, *écrire*, *connaitre*, etc.

- **Les verbes *être* et *avoir* sont des verbes dont la conjugaison est très irrégulière.**

Le sujet

● **Le sujet indique de qui ou de quoi on parle dans une phrase :**

La soigneuse *nourrit les loups.*

● **On peut encadrer le sujet avec *c'est … qui, ce sont … qui* ou poser la question *Qui est-ce qui ?***
C'est la soigneuse qui nourrit les loups.
Qui est-ce qui nourrit les loups ?

● **Le sujet commande l'accord du verbe :**

La soigneuse *nourrit les loups.* ***Les soigneuses*** *nourrissent les loups.*

● **Le sujet peut être séparé du verbe par un mot ou un groupe de mots :**

Les soigneuses, chaque matin, font le tour de l'enclos.

Le géant leur indique un lit.

● **Le sujet peut être composé de :**
– **un groupe nominal :** *le petit tailleur – les géants*
– **un nom propre :** *Morgane*
– **deux groupes nominaux :** *les soigneurs et les soigneuses*
– **deux noms propres :** *Morgane et Tiphaine*
– **un pronom personnel :** *je, tu, il, elle, nous, vous, ils, elles*
– **un autre pronom :** *on*

Les compléments circonstanciels

- Dans une phrase, des mots ou groupes de mots peuvent être **déplacés** ou **supprimés** : ce sont des compléments circonstanciels.

Chaque matin, les soigneuses font le tour de l'enclos.

Les soigneuses, chaque matin, font le tour de l'enclos.

Les soigneuses font le tour de l'enclos, chaque matin.

Les soigneuses font le tour de l'enclos.

- Les compléments circonstanciels apportent des **renseignements supplémentaires** dans la phrase, ils ne sont pas obligatoires.

le complément d'objet

Proche du verbe, il y a souvent un **complément** qui ne peut être ni supprimé ni déplacé. C'est **un complément d'objet**.

Chaque matin, les soigneuses font le tour de l'enclos.

Les petits tailleurs rencontrent un géant au sommet d'une montagne.

Dans leur poche, les deux petits tailleurs emportent un fromage et un oiseau.

Le groupe nominal

- Le **nom** est le mot principal du **groupe nominal** :
les mouches, *un oiseau*, *la tanière*, *les loups*.
Il y a des **noms communs** : *mouches*, *oiseau*, *tanière*,
et des **noms propres** : *Tiphaine*, *Morgane*.
Les noms propres commencent par une majuscule. Ils désignent des êtres, des lieux uniques.
- Le **déterminant** accompagne le **nom** :
le, *la*, *les*, *l'* sont des articles définis, *un*, *une*, *des* sont des articles indéfinis, *mon*, *ma*, *mes*, *ton*, *ta*, *tes*, *son*, *sa*, *ses*, *notre*, *votre*, *nos*, *vos*, *leur*, leurs sont des déterminants possessifs, *ces*, *ce*, *cet*, *cette* sont des déterminants démonstratifs..
- Le **déterminant** a le même **genre** (masculin ou féminin) et le même **nombre** (singulier ou pluriel) que le **nom** qu'il précède.

	Masculin	**Féminin**
Singulier	**un** fromage, **l'**oiseau, **le** géant **notre** lit, **mon** pied, **leur** lit **ce** guerrier, **cet** insecte	**la** meute, **une** naissance, **l'**année **ton** écharpe, **sa** poche, **notre** caverne, **cette** année
Pluriel	**les** oiseaux, **des** chiens **nos** lits, **leurs** pieds **ces** insectes	**les** soigneuses, **des** grottes, **mes** poches, **leurs** poches, **ces** cavernes

L'adjectif qualificatif est placé auprès du nom pour apporter des précisions sur le nom.
un ***monstrueux*** *rôti – la gueule* ***menaçante*** *– le* ***vaillant petit*** *tailleur.*
L'adjectif prend le genre (masculin ou féminin) et le nombre (singulier ou pluriel) du nom.
masculin singulier : *un champ cultivé* ;
masculin pluriel : *des champs cultivés* ;
féminin singulier : *une terre cultivée* ;
féminin pluriel : *des terres cultivées*.

- Dans un groupe nominal, un **complément du nom** apporte des précisions sur le nom principal :
une tartine ***de crème*** *– des produits* ***contre les prédateurs***.
- Le complément du nom est introduit par un petit mot (une préposition) : *à*, *de*, *sans*, *en*, *au*, *aux*, *en*, *avec* :
une bête à pois rouges – une barre de fer – une pièce sans meuble – une chaise en fer.

Tableaux de conjugaison

PRÉSENT

TROUVER je trouve tu trouves il, elle, on trouve nous trouvons vous trouvez ils, elles trouvent	**NAGER** je nage tu nages il, elle, on nage nous nageons vous nagez ils, elles nagent	**COMMENCER** je commence tu commences il, elle, on commence nous commençons vous commencez ils, elles commencent	**DISTINGUER** je distingue tu distingues il, elle, on distingue nous distinguons vous distinguez ils, elles distinguent

ÊTRE je suis tu es il, elle, on est nous sommes vous êtes ils, elles sont	**AVOIR** j'ai tu as il, elle, on a nous avons vous avez ils, elles ont	**ALLER** je vais tu vas il, elle, on va nous allons vous allez ils, elles vont

FAIRE je fais tu fais il, elle, on fait nous faisons vous faites ils, elles font	**PRENDRE** je prends tu prends il, elle, on prend nous prenons vous prenez ils, elles prennent	**VOIR** je vois tu vois il, elle, on voit nous voyons vous voyez ils, elles voient	**DIRE** je dis tu dis il, elle, on dit nous disons vous dites ils, elles disent
VOULOIR je veux tu veux il, elle, on veut nous voulons vous voulez ils, elles veulent	**POUVOIR** je peux tu peux il, elle, on peut nous pouvons vous pouvez ils, elles peuvent	**VENIR** je viens tu viens il, elle, on vient nous venons vous venez ils, elles viennent	

IMPARFAIT

TROUVER je trouvais tu trouvais il, elle, on trouvait nous trouvions vous trouviez ils, elles trouvaient	**NAGER** je nageais tu nageais il, elle, on nageait nous nagions vous nagiez ils, elles nageaient	**COMMENCER** je commençais tu commençais il, elle, on commençait nous commencions vous commenciez ils, elles commençaient	**DISTINGUER** je distinguais tu distinguais il, elle, on distinguait nous distinguions vous distinguiez ils, elles distinguaient

ÊTRE j'étais tu étais il, elle, on était nous étions vous étiez ils, elles étaient	**AVOIR** j'avais tu avais il, elle, on avait nous avions vous aviez ils, elles avaient	**ALLER** j'allais tu allais il, elle, on allait nous allions vous alliez ils, elles allaient

FAIRE je faisais tu faisais il, elle, on faisait nous faisions vous faisiez ils, elles faisaient	**PRENDRE** je prenais tu prenais il, elle, on prenait nous prenions vous preniez ils, elles prenaient	**VOIR** je voyais tu voyais il, elle, on voyait nous voyions vous voyiez ils, elles voyaient	**DIRE** je disais tu disais il, elle, on disait nous disions vous disiez ils, elles disaient
VOULOIR je voulais tu voulais il, elle, on voulait nous voulions vous vouliez ils, elles voulaient	**POUVOIR** je pouvais tu pouvais il, elle, on pouvait nous pouvions vous pouviez ils, elles pouvaient	**VENIR** je venais tu venais il, elle, on venait nous venions vous veniez ils, elles venaient	

PASSÉ COMPOSÉ

TROUVER	NAGER	COMMENCER	DISTINGUER
j'ai trouvé tu as trouvé il, elle, on a trouvé nous avons trouvé vous avez trouvé ils, elles ont trouvé	j'ai nagé tu as nagé il, elle, on a nagé nous avons nagé vous avez nagé ils, elles ont nagé	j'ai commencé tu as commencé il, elle, on a commencé nous avons commencé vous avez commencé ils, elles ont commencé	j'ai distingué tu as distingué il, elle, on a distingué nous avons distingué vous avez distingué ils, elles ont distingué

ÊTRE
j'ai été tu as été il, elle, on a été nous avons été vous avez été ils, elles ont été

FAIRE	PRENDRE	VOIR	DIRE
j'ai fait tu as fait il, elle, on a fait nous avons fait vous avez fait ils, elles ont fait	j'ai pris tu as pris il, elle, on a pris nous avons pris vous avez pris ils, elles ont pris	j'ai vu tu as vu il, elle, on a vu nous avons vu vous avez vu ils, elles ont vu	j'ai dit tu as dit il, elle, on a dit nous avons dit vous avez dit ils, elles ont dit
AVOIR j'ai eu tu as eu il, elle, on a eu nous avons eu vous avez eu ils, elles ont eu	**VOULOIR** j'ai voulu tu as voulu il, elle, on a voulu nous avons voulu vous avez voulu ils, elles ont voulu	**POUVOIR** j'ai pu tu as pu il, elle, on a pu nous avons pu vous avez pu ils, elles ont pu	

ALLER	TOMBER	VENIR
je suis allé / allée tu es allé / allée il, on est allé elle est allée nous sommes allés / allées vous êtes allés / allées ils sont allés elles sont allées	je suis tombé / tombée tu es tombé / tombée il, on est tombé elle est tombée nous sommes tombés / tombées vous êtes tombés / tombées ils sont tombés elles sont tombées	je suis venu(e) tu es venu(e) il, on est venu elle est venue nous sommes venu(e)s vous êtes venu(e)s ils sont venus elles sont venues

FUTUR

TROUVER je trouverai tu trouveras il, elle, on trouvera nous trouverons vous trouverez ils, elles trouveront	**JOUER** je jouerai (e muet) tu joueras il, elle, on jouera nous jouerons vous jouerez ils, elles joueront	**NAGER** je nagerai tu nageras il, elle, on nagera nous nagerons vous nagerez ils, elles nageront	**COMMENCER** je commencerai tu commenceras il, elle, on commencera nous commencerons vous commencerez ils, elles commenceront
DISTINGUER je distinguerai tu distingueras il, elle, on distinguera nous distinguerons vous distinguerez ils, elles distingueront			

ÊTRE je serai tu seras il, elle, on sera nous serons vous serez ils, elles seront	**AVOIR** j'aurai tu auras il, elle, on aura nous aurons vous aurez ils, elles auront	**ALLER** j'irai tu iras il, elle, on ira nous irons vous irez ils, elles iront

FAIRE je ferai tu feras il, elle, on fera nous ferons vous ferez ils, elles feront	**PRENDRE** je prendrai tu prendras il, elle, on prendra nous prendrons vous prendrez ils, elles prendront	**VOIR** je verrai tu verras il, elle, on verra nous verrons vous verrez ils, elles verront	**DIRE** je dirai tu diras il, elle, on dira nous dirons vous direz ils, elles diront
VOULOIR je voudrai tu voudras il, elle, on voudra nous voudrons vous voudrez ils, elles voudront	**POUVOIR** je pourrai tu pourras il, elle, on pourra nous pourrons vous pourrez ils, elles pourront	**VENIR** je viendrai tu viendras il, elle, on viendra nous viendrons vous viendrez ils, elles viendront	

Le cahier du

CM2

Présent 1

La soigneuse inspecte les clôtures.
Elle entre le moins possible dans l'enclos.
Morgane nettoie aussi les enclos.
Les soigneuses inspectent les clôtures.
Elles entrent le moins possible dans l'enclos.
Morgane et Tiphaine nettoient aussi les enclos.
Un tailleur prépare une tartine de crème.
Deux tailleurs préparent une tartine de crème.
Tu admires le monde.
Le géant envoie la pierre très haut dans le ciel.
Les tailleurs arrivent à la grotte.
Ils avancent vers eux.
Les petits tailleurs mangent aussi.
Nous arrivons à la grotte.
Nous avançons vers eux.
Nous mangeons aussi.
Le géant essaie de tuer les petits hommes.
On utilise des insectes carnivores.
Tu utilises des insectes carnivores.
Vous utilisez des insectes carnivores.
Il pousse dans les bois.
Je pousse dans les bois.

Présent 2

Chaque matin, Morgane fait le tour de l'enclos.
Elle veut laisser les loups tranquilles.
La soigneuse nourrit les loups tous les deux jours.
Chaque matin, Morgane et Tiphaine font le tour de l'enclos.
Elles veulent laisser les loups tranquilles.
Les soigneuses nourrissent les loups tous les deux jours.
Le géant voit la ceinture.
Il lui dit :…
Ils lui disent :…
Ils choisissent de coucher par terre.
Nous choisissons de coucher par terre.
Vers minuit, le géant vient doucement vers le lit.
Si vous voulez, vous pouvez venir dans notre caverne.
Ils voient les autres géants autour du feu.
Nous voyons les autres géants autour du feu.
Si on veut lutter contre les pucerons…
Si tu veux lutter contre les pucerons…
On choisit souvent la solution la plus simple.
Tu choisis souvent la solution la plus simple.
On prend des produits efficaces contre les prédateurs.
Tu prends des produits efficaces contre les prédateurs.
Si vous voulez lutter contre les pucerons…
Vous choisissez souvent la solution la plus simple.
Vous prenez des produits efficaces contre les prédateurs.
Elle finit le matin.
Je finis le matin.
Ils voient un village.
Je fais la toilette des chiens.
Il prend un bâton.
Ils prennent un bâton.
Je peux courir plus vite à travers les herbes.
Il peut courir plus vite à travers les herbes.
Je viens tomber aux pieds de mon maitre.
Il vient tomber aux pieds de son maitre.

Présent 3

Et elle ne va jamais près de la tanière.

Et elles ne vont jamais près de la tanière.

Le tailleur est très fier de son exploit.

Les tailleurs sont très fiers de leur exploit.

C'est là que je vais.

C'est là que nous allons.

On va dans une jardinerie.

On a pourtant une autre solution.

Tu vas dans une jardinerie.

Tu as pourtant une autre solution.

Vous allez dans une jardinerie.

Vous avez pourtant une autre solution.

Il a un chapeau.

J'ai un chapeau.

Je suis debout sur mon pied.

Je suis dans le mot « tant ».

Qui suis-je ?

Ils vont droit devant eux.

Il a beaucoup de mal à y parvenir.

J'ai beaucoup de mal à y parvenir.

Ils ont beau ouvrir les yeux.

Compléments 1

Chaque matin, les soigneuses font le tour de l'enclos.

Tous les deux jours, les soigneuses nourrissent les loups.

Peu à peu, elles habituent les loups à leur présence.

Dans leur poche, les deux petits tailleurs emportent un fromage et un oiseau.

Au sommet d'une montagne, les tailleurs rencontrent un géant.

Autour du feu, les géants dévorent un monstrueux rôti.

À notre arrivée dans la grotte, autour du feu, nous voyons les autres géants.

Il y a quelques années, des paysans ont recueilli un enfant abandonné.

Un jour, des paysans vendent Rémi à Vitalis.

Rémi fait la toilette des chiens avec soin.

Pour défiler dans le village, Joli-Cœur enfile son habit de général.

Ils ont marché toute la journée.

Il gravit la pente courageusement.

Au loin, ils aperçoivent une grande ombre au-dessus des genêts.

Aujourd'hui, Vitalis et sa troupe rencontrent un géant.

À cause de la brume, Rémi voit des choses étranges.

Quand il arrive en haut du monticule, Rémi entend du bruit.

Attributs

Le soigneur est prudent. La soigneuse est prudente. Les soigneurs sont prudents. Les soigneuses sont prudentes.

Le loup reste calme. La louve reste calme. Les loups restent calmes. Les louves restent calmes.

Les tailleurs sont fiers de leur exploit. Le tailleur est fier de son exploit.

Le tailleur est énervé. Les tailleurs sont énervés. La géante est énervée. Les géantes sont énervées.

Il est fatigué. Elle est fatiguée. Ils sont fatigués. Elles sont fatiguées.

Joli-Cœur est un animal intelligent. Joli-Cœur et Capi sont des animaux intelligents

Capi est fatigué. Capi et Joli-Cœur sont fatigués.

Les genêts deviennent plus forts. Le genêt devient plus fort. Les herbes deviennent plus fortes.

La souris était morte. Les souris étaient mortes.

Le bouc était fier. Les boucs étaient fiers. La chèvre était fière. Les chèvres étaient fières.

Tom est un orphelin. Tom et Sid sont des orphelins.

L'atterrissage est brutal. La pose sur le sol est brutale.

Les atterrissages sont brutaux. Les poses sur le sol sont brutales.

Mowgli était agile et habile. Les singes étaient agiles et habiles.

Compléments 2

Tous les jours, les hommes tendaient des pièges.

Un matin, Bagheera la Panthère montre la « Fleur Rouge » à Mowgli.

Ce matin, Tom repeint la palissade en bois.

Tom maniait son pinceau avec désinvolture.

Aussitôt, le jeune orphelin a pris un air désolé.

Tu as percé un petit trou au centre du disque.

Tu as découpé huit fentes.

Le 25 juillet 1909, Louis Blériot a entrepris la traversée

À travers la brume, quelques bateaux lui indiquaient la direction de Douvres.

Pour faire des toupies magiques, j'ai pris un bouchon de liège.

J'ai percé le disque avec une épingle.

Ensuite, je taille les trois allumettes.

Ensuite, je les taille.

Groupes nominaux 1

chaque matin
les soigneuses
la meute
les loups
la tanière
une naissance
Morgane – Tiphaine
deux tailleurs
les mouches
un fromage
un oiseau
sa poche – leur poche
un géant
ces mots
la grotte
leur lit – notre lit
notre caverne
ces guerriers
ces insectes
un chapeau
son pied – mon pied
les bois
l'année
le singe
des chiens
un village
l'oeil

Groupes nominaux 2

le vaillant petit tailleur
le vaste monde
un monstrueux rôti
les petits hommes
l'équilibre naturel
une entrée triomphale
les terres cultivées
les poils hérissés
la gueule menaçante
le Tigre boiteux
les Loups rebelles

Groupes nominaux 3

une tartine de crème
une pièce d'étoffe
un coin de la chambre
une barre de fer
ces insectes ravageurs du jardin
des produits efficaces contre les prédateurs
une belle plante vivace aux fleurs jaunes
les jolies petites bêtes rouges à pois noirs
un hôtel à insectes
l'oeil de Capi
le rôle d'un vieux soldat
son habit de général
la toilette des chiens
les malices du singe
le Clan des loups
les frères de Mowgli
la lisière de la forêt
le village des Hommes
le langage des bêtes
le centre du disque
un capuchon de stylo
le radiateur de la classe
l'immensité de la mer
la direction de Douvres
un avion de sa conception

Passé 1

Le mien ne mangeait pas les souris.

Il n'aimait pas ça.

Il lui faisait grâce de la vie.

Il allait rêver ailleurs.

La souris était morte.

Tu ne mangeais pas les souris.

Vous ne mangiez pas les souris.

Tu n'aimais pas ça.

Vous n'aimiez pas ça.

Tu lui faisais grâce de la vie.

Vous lui faisiez grâce de la vie.

Tu allais rêver ailleurs.

Vous alliez rêver ailleurs.

Toute la journée, je grimpais aux arbres.

J'étais habile et agile comme les singes.

Je parlais le langage des bêtes.

Des jeunes loups écoutaient le Tigre boiteux.

Shere Khan me haïssait.

Il essayait de dresser la meute contre moi.

Je ne bougeais pas, j'observais le village.

Nous ne bougions pas, nous observions le village.

Il n'y voyait plus très bien.

Certains Loups hurlaient avec Shere Khan.

Ils fouettaient rageusement l'espace avec leur queue.

Le Maitre des loups vieillissait.

Ils ne bougeaient pas, ils observaient le village.

Passé 2

Père Loup m'a enseigné la jungle et la chasse.

J'ai porté le pot à la caverne. Nous avons porté le pot à la caverne.

J'ai sauté, j'ai arraché ce talisman. Nous avons sauté, nous avons arraché ce talisman.

Tous les animaux ont reculé de terreur.

Ils ont sauté, ils ont arraché ce talisman.

Ils ont porté le pot à la caverne.

Il a avancé jusqu'à lui.

Tom a tourné la tête vers Ben.

Vous avez plié trois fois ce disque en deux. Tu as plié trois fois ce disque en deux.

Vous avez percé un petit trou. Tu as percé un petit trou.

Vous avez appuyé pour bien marquer les plis. Tu as appuyé pour bien marquer les plis.

Il a volé pour la première fois dans un avion de sa conception.

Ensuite, nous avons taillé en pointe les trois allumettes.

Ensuite, j'ai taillé en pointe les trois allumettes.

Passé 3

J'ai eu de la chance.

J'ai grandi parmi les louveteaux.

Il a dit : …

Oui, a fait Tom.

Ben a vu Tom.

Tom a réfléchi.

Vous avez fait attention. Tu as fait attention.

La traversée de la Manche en avion a eu un retentissement mondial.

Il a fait un aller-retour de 26 km au-dessus de la Beauce.

Le 25 juillet 1909, il a entrepris la traversée.

Louis Blériot a voulu relever le défi.

L'avion a subi des remous.

J'ai fait un trou au centre de chacune d'elle.

Nous avons pris une toupie.

On a vu le bleu et le jaune.

La toupie a fini de tourner.

J'ai fait un trou au centre de chacune d'elle.

Passé 4

Je suis retourné dans la jungle en courant. Nous sommes retournés dans la jungle en courant.

Ils sont retournés dans la jungle en courant.

Un matin, il est allé sur le port de Bassora. Un matin, ils sont allés sur le port de Bassora.

Il est monté à bord d'un navire. Ils sont montés à bord d'un navire.

Un jour, le navire est passé près d'une petite ile très verte.

Le vent est tombé.

Au matin, il est arrivé sur une ile. Au matin, ils sont arrivés sur une ile.

Je suis revenu sur le port. Nous sommes revenus sur le port.

Le navire est arrivé.

Passé 5

Des rivières débordèrent.

De nombreuses personnes abandonnèrent leurs maisons.

Les enfants ne fréquentèrent pas l'école.

Deux acrobates installèrent une barre entre deux montgolfières.

Elles montèrent à environ trente mètres du sol.

Il escalada une grille et il brisa une vitre.

Il emporta l'objet volé.

Ils décidèrent de voyager.

Ils montèrent à bord d'un grand voilier.

Le navire passa près d'une petite ile très verte.

Le vent tomba.

L'ile trembla.

L'ile baleine plongea.

Leurs compagnons plongèrent et nagèrent jusqu'au bateau.

Ils arrivèrent sur une ile.

Passé 6

Il fit une vidéo.

Et elles parcoururent les 18 mètres entre les deux nacelles en 38 secondes.

Ils firent escale dans plusieurs iles.

Sinbad et Hinbad furent contents.

Il dut s'arrêter.

Sinbad et Hinbad comprirent alors que ce n'était pas une ile.

Ils eurent juste le temps d'attraper une planche de bois.

Ils virent, avec désespoir, le navire hisser les voiles.

Alors, il dit adieu à sa mère Louve.

Les petits voulurent l'accompagner jusqu'à l'orée de la forêt.

Passé 7

J'étais arrivé depuis plusieurs heures.

Nous étions arrivés depuis plusieurs heures.

Ils étaient arrivés depuis plusieurs heures.

À Bagdad, Sinbad avait reçu une grande fortune.

Rapidement, il avait dépensé une grande partie de l'argent.

Puis il avait décidé de voyager.

Sinbad et Hinbad avaient reçu une grande fortune.

Rapidement, ils avaient dépensé une grande partie de l'argent.

Puis ils avaient décidé de voyager.

Il y a deux mois, des inondations avaient déjà dévasté plusieurs villages.

Personne n'avait réussi cet exploit avant elle.

Futur 1

Le Japon organisera les Jeux Olympiques.
L'organisation des jeux nécessitera parfois des travaux.
Les athlètes séjourneront dans un village satellite.
La voiture sans conducteur arrivera bientôt !
Les voitures sans conducteur arriveront bientôt !
Elle fonctionnera grâce à des capteurs.
Elles fonctionneront grâce à des capteurs.
Je porterai des vêtements clairs.
Tu porteras des vêtements clairs.
Je marcherai face à la circulation.
Tu marcheras face à la circulation.
Je ne crierai pas.
Tu ne crieras pas.
Je ne les jetterai pas dans la nature.
Tu ne les jetteras pas dans la nature.
Nous porterons des vêtements clairs.
Nous marcherons face à la circulation.
Vous respecterez le silence.
Vous ne crierez pas.
Puis, ils plieront trois fois ce disque en deux.
Ensuite, ils découperont huit fentes en suivant les plis.

Futur 2

Ce stade sera accessible à tous les types de public.

Les épreuves de VTT auront lieu sur un parcours existant.

De nombreux spectateurs viendront à Tokyo pour l'événement.

Le parcours aura pour toile de fond le spectaculaire Mont Fuji.

La première voiture autonome pourra circuler sur les routes.

La voiture sans pilote aura les autorisations pour circuler.

Tu seras peut-être un jour un utilisateur assidu de ce genre d'engin.

Les premières voitures autonomes pourront circuler sur les routes.

Les voitures sans pilote auront les autorisations pour circuler.

Vous serez peut-être un jour des utilisateurs assidus de ce genre d'engin.

Ces véhicules réagiront en fonction des informations qui leur seront transmises.

Ce véhicule réagira en fonction des informations qui lui seront transmises.

Je n'irai pas dans les champs.

Tu n'iras pas dans les champs.

Je ne ferai pas peur aux animaux.

Tu ne feras pas peur aux animaux.

Je verrai les voitures.

Tu verras les voitures.

Je serai vigilant(e).

Tu seras vigilant(e).

Des bandes réfléchissantes pourront me rendre plus visible.

Les voitures viendront vers moi.

Nous verrons les voitures.

Nous n'irons pas dans les champs.

Vous ne ferez pas peur aux animaux.

Vous serez vigilants.

Les élèves prendront du papier Canson.

Ils feront attention de ne pas couper jusqu'au centre du disque.

Le verbe

- **Le verbe change avec la personne :**

Ils arrivent. Nous arrivons.
Tu prends. Vous prenez.
Elle fait le tour. Elles font le tour.
Ils voient les géants. Nous voyons les géants.

- **Le verbe, à la forme négative, est encadré par les mots de la négation :**

Il voit le géant.
*Il **ne** voit **pas** le géant.*

- **Le verbe change avec le temps :**

Elle fait le tour des enclos. Hier, elle a fait le tour des enclos. Demain, elle fera le tour des enclos.

- **Le verbe a un infinitif :** *avoir*, *aller*, *être*, *arriver*, *prendre…*

- **Les verbes peuvent être classés suivant leur groupe :**

– verbes du 1er groupe : *manger*, *observer*, *arriver*, *utiliser*, etc.
– verbes du 2e groupe : *choisir*, *nourrir*, etc.
– verbes du 3e groupe : *aller*, *venir*, *prendre*, *faire*, *dire*, *voir*, *pouvoir*, *vouloir*, *entendre*, *vendre*, *lire*, *sourire*, *écrire*, *connaitre*, etc.

- Les verbes *être* et *avoir* sont des verbes dont la conjugaison est très irrégulière. Ce sont des auxiliaires.

Le sujet

- **Le sujet indique de qui ou de quoi on parle dans une phrase :**

La soigneuse *nourrit les loups.*

On peut encadrer le sujet avec *c'est … qui, ce sont … qui* ou poser la question *Qui est-ce qui ?*
C'est la soigneuse qui nourrit les loups.
Qui est-ce qui nourrit les loups ?

- **Le sujet commande l'accord du verbe :**

La soigneuse *nourrit les loups.* ***Les soigneuses*** *nourrissent les loups.*

- **Le sujet peut être séparé du verbe par un mot ou un groupe de mots :**

Les soigneuses*, chaque matin, font le tour de l'enclos.*

Le géant leur indique un lit.

- **Le sujet peut être situé derrière le verbe :**

Tout à coup, sous un arbre, apparaissent deux géants.

Qui suis-je ?

- **Le sujet peut être composé de :**
- **un groupe nominal :** *le petit tailleur – les géants*
- **un nom propre :** *Morgane*
- **deux groupes nominaux :** *les soigneurs et les soigneuses*
- **deux noms propres :** *Morgane et Tiphaine*
- **un pronom personnel :** *je, tu, il, elle, nous, vous, ils, elles*
- **un autre pronom :** *on*

Les compléments circonstanciels

• Dans une phrase, des mots ou groupes de mots peuvent être **déplacés** ou **supprimés** : ce sont des compléments circonstanciels.

Chaque matin, *les soigneuses* *font le tour de l'enclos.*

Les soigneuses, *chaque matin*, *font le tour de l'enclos.*

Les soigneuses *font le tour de l'enclos*, *chaque matin*.

Les soigneuses *font le tour de l'enclos.*

• Les compléments circonstanciels donnent des **renseignements supplémentaires** dans la phrase, ils ne sont pas obligatoires.

• Il y a des compléments circonstanciels de temps (*chaque matin*), des compléments circonstanciels de lieu (*au sommet d'une montagne*), des compléments circonstanciels de cause (*à cause de la brume*, *parce qu'il pleut*).

• Le complément circonstanciel peut être :
– un **groupe nominal** introduit ou non par une **préposition** :
vers *minuit*, ***dans*** *leur poche*, ***autour du*** *feu*, ***à cause de*** *la brume*, *un jour*, *chaque matin* ;
– un **adverbe** : *aujourd'hui* ;
– une partie de phrase : *quand il arrive en haut du monticule*.

Le groupe nominal

- Le **nom** est le mot principal du **groupe nominal** :
les mouches, *un oiseau*, *la tanière*, *les loups*.
Il y a des **noms communs** : *mouches*, *oiseau*, *tanière*,
et des **noms propres** : *Tiphaine*, *Morgane*.
Les noms propres commencent par une majuscule. Ils désignent des êtres, des lieux uniques.

- Le **déterminant** accompagne le **nom** :
le, *la*, *les*, *l'* sont des articles définis, *un*, *une*, *des* sont des articles indéfinis, *mon*, *ma*, *mes*, *ton*, *ta*, *tes*, *son*, *sa*, *ses*, *notre*, *votre*, *nos*, *vos*, *leur*, *leurs* sont des déterminants possessifs, *ces*, *ce*, *cet*, *cette* sont des déterminants démonstratifs.

- Le **déterminant** a le même **genre** (masculin ou féminin) et le même **nombre** (singulier ou pluriel) que le **nom** qu'il précède.

	Masculin	Féminin
Singulier	**un** fromage, **l'**oiseau, **le** géant **notre** lit, **mon** pied, **leur** lit **ce** guerrier, **cet** insecte	**la** meute, **une** naissance, **l'**année **ton** écharpe, **sa** poche, **notre** caverne, **cette** année
Pluriel	**les** oiseaux, **des** chiens **nos** lits, **leurs** pieds **ces** insectes	**les** soigneuses, **des** grottes, **mes** poches, **leurs** poches, **ces** cavernes

- **L'adjectif qualificatif** est placé auprès du nom pour apporter des précisions sur le nom. Il est **épithète** du nom.
*un **monstrueux** rôti – la gueule **menaçante** – le **vaillant petit** tailleur.*
L'adjectif prend le genre (masculin ou féminin) et le nombre (singulier ou pluriel) du nom.
masculin singulier : *un champ cultivé* ;
masculin pluriel : *des champs cultivés* ;
féminin singulier : *une terre cultivée* ;
féminin pluriel : *des terres cultivées*.

- Dans un groupe nominal, un **complément du nom** apporte des précisions sur le nom principal :
*une tartine **de crème** – des produits **contre les prédateurs***.

- Le complément du nom est introduit par un petit mot (une préposition) : *à*, *de*, *sans*, *en*, *au*, *aux*, *en*, *avec* :
une bête à pois rouges – une barre de fer – une pièce sans meuble – une chaise en fer.

Le complément d'objet

- Proche du verbe, il y a souvent un **complément** qui ne peut être ni supprimé ni déplacé. C'est un **complément d'objet**.

Chaque matin, les soigneuses font le tour de l'enclos.
Les petits tailleurs rencontrent un géant au sommet d'une montagne.
Dans leur poche, les deux petits tailleurs emportent un fromage et un oiseau.

- **Le complément d'objet** peut être rattaché directement au verbe : c'est un **COD**.

Des paysans ont recueilli un enfant abandonné.

- **Le complément d'objet** peut être rattaché indirectement au verbe par une préposition : c'est un **COI**.

Vous téléphonez à votre sœur.
Tu rêves de ton chien.

- Le verbe peut être complété par un COD et un COI.

Un jour, des paysans vendent Rémi à Vitalis.

- **Le COD** peut être remplacé par un **pronom personnel** : *le*, *la*, *les*, *l'*.

Des paysans ont recueilli un enfant abandonné. Des paysans l' ont recueilli.
Elles inspectent les clôtures. Elles les inspectent.

- **Le COI** peut être remplacé par un **pronom personnel** : leur, lui

Vous téléphonez à votre sœur. Vous lui téléphonez.
Vous téléphonez à vos parents. Vous leur téléphonez.

L'attribut

- L'attribut du sujet ne peut pas être supprimé.

Il est situé **juste après le verbe *être* ou un autre verbe d'état**. Par exemple :
*La soigneuse **semble** prudente. La soigneuse **parait** prudente. La soigneuse **reste** prudente. La soigneuse **a l'air** prudente. La soigneuse **devient** prudente. La soigneuse **demeure** prudente.*

- L'attribut du sujet apporte des **précisions sur le sujet**. Il s'accorde avec le sujet.

*Le bouc était **fier**. Les boucs étaient **fiers**. La chèvre était **fière**. Les chèvres étaient **fières**.*

Tableaux de conjugaison

PRÉSENT

TROUVER je trouve tu trouves il, elle, on trouve nous trouvons vous trouvez ils, elles trouvent	**NAGER** je nage tu nages il, elle, on nage nous nageons vous nagez ils, elles nagent	**COMMENCER** je commence tu commences il, elle, on commence nous commençons vous commencez ils, elles commencent	**DISTINGUER** je distingue tu distingues il, elle, on distingue nous distinguons vous distinguez ils, elles distinguent
ACHETER j'achète tu achètes il, elle, on achète nous achetons vous achetez ils, elles achètent	**JETER** je jette tu jettes il, elle, on jette nous jetons vous jetez ils, elles jettent	**PELER** je pèle tu pèles il, elle, on pèle nous pelons vous pelez ils, elles pèlent	**APPELER** j'appelle tu appelles il, elle, on appelle nous appelons vous appelez ils, elles appellent
NETTOYER je nettoie tu nettoies il, elle, on nettoie nous nettoyons vous nettoyez ils, elles, nettoient	**ESSUYER** j'essuie tu essuies il, elle, on essuie nous essuyons vous essuyez ils, elles essuient	**ESSAYER** j'essaye tu essayes il, elle, on essaye nous essayons vous essayez ils, elles essaient	

ÊTRE je suis tu es il, elle, on est nous sommes vous êtes ils, elles sont	**AVOIR** j'ai tu as il, elle, on a nous avons vous avez ils, elles ont	**ALLER** je vais tu vas il, elle, on va nous allons vous allez ils, elles vont

FAIRE je fais tu fais il, elle, on fait nous faisons vous faites ils, elles font	**PRENDRE** je prends tu prends il, elle, on prend nous prenons vous prenez ils, elles prennent	**VOIR** je vois tu vois il, elle, on voit nous voyons vous voyez ils, elles voient	**DIRE** je dis tu dis il, elle, on dit nous disons vous dites ils, elles disent
VOULOIR je veux tu veux il, elle, on veut nous voulons vous voulez ils, elles veulent	**POUVOIR** je peux tu peux il, elle, on peut nous pouvons vous pouvez ils, elles peuvent	**VENIR** je viens tu viens il, elle, on vient nous venons vous venez ils, elles viennent	

IMPARFAIT

TROUVER je trouvais tu trouvais il, elle, on trouvait nous trouvions vous trouviez ils, elles trouvaient	**NAGER** je nageais tu nageais il, elle, on nageait nous nagions vous nagiez ils, elles nageaient	**COMMENCER** je commençais tu commençais il, elle, on commençait nous commencions vous commenciez ils, elles commençaient	**DISTINGUER** je distinguais tu distinguais il, elle, on distinguait nous distinguions vous distinguiez ils, elles distinguaient
ACHETER j'achetais tu achetais il, elle, on achetait nous achetions vous achetiez ils, elles achetaient	**JETER** je jetais tu jetais il, elle, on jetait nous jetions vous jetiez ils, elles jetaient	**CHANCELER** je chancelais tu chancelais il, elle, on chancelait nous chancelions vous chanceliez ils, elles chancelaient	**APPELER** j'appelais tu appelais il, elle, on appelait nous appelions vous appeliez ils, elles appelaient
EMPLOYER j'employais tu employais il, elle, on employait nous employions vous employiez ils, elles employaient	**ESSUYER** j'essuyais tu essuyais il, elle, on essuyait nous essuyions vous essuyiez ils, elles essuyaient	**PAYER** je payais tu payais il, elle, on payait nous payions vous payiez ils, elles payaient	

ÊTRE j'étais tu étais il, elle, on était nous étions vous étiez ils, elles étaient	**AVOIR** j'avais tu avais il, elle, on avait nous avions vous aviez ils, elles avaient	**ALLER** j'allais tu allais il, elle, on allait nous allions vous alliez ils, elles allaient

FAIRE je faisais tu faisais il, elle, on faisait nous faisions vous faisiez ils, elles faisaient	**PRENDRE** je prenais tu prenais il, elle, on prenait nous prenions vous preniez ils, elles prenaient	**VOIR** je voyais tu voyais il, elle, on voyait nous voyions vous voyiez ils, elles voyaient	**DIRE** je disais tu disais il, elle, on disait nous disions vous disiez ils, elles disaient
VOULOIR je voulais tu voulais il, elle, on voulait nous voulions vous vouliez ils, elles voulaient	**POUVOIR** je pouvais tu pouvais il, elle, on pouvait nous pouvions vous pouviez ils, elles pouvaient	**VENIR** je venais tu venais il, elle, on venait nous venions vous veniez ils, elles venaient	

PASSÉ COMPOSÉ

TROUVER j'ai trouvé tu as trouvé il, elle, on a trouvé nous avons trouvé vous avez trouvé ils, elles ont trouvé	**NAGER** j'ai nagé tu as nagé il, elle, on a nagé nous avons nagé vous avez nagé ils, elles ont nagé	**COMMENCER** j'ai commencé tu as commencé il, elle, on a commencé nous avons commencé vous avez commencé ils, elles ont commencé	**DISTINGUER** j'ai distingué tu as distingué il, elle, on a distingué nous avons distingué vous avez distingué ils, elles ont distingué

ÊTRE j'ai été tu as été il, elle, on a été nous avons été vous avez été ils, elles ont été	**ACHETER** j'ai acheté tu as acheté il, elle, on a acheté nous avons acheté vous avez acheté ils, elles ont acheté	**JETER** j'ai jeté tu as jeté il, elle, on a jeté nous avons jeté vous avez jeté ils, elles ont jeté	**CHANCELER** j'ai chancelé tu as chancelé il, elle, on a chancelé nous avons chancelé vous avez chancelé ils, elles ont chancelé
APPELER j'ai appelé tu as appelé il, elle, on a appelé nous avons appelé vous avez appelé ils, elles ont appelé	**EMPLOYER** j'ai employé tu as employé il, elle, on a employé nous avons employé vous avez employé ils, elles ont employé	**ESSUYER** j'ai essuyé tu as essuyé il, elle, on a essuyé nous avons essuyé vous avez essuyé ils, elles ont essuyé	**PAYER** j'ai payé tu as payé il, elle, on a payé nous avons payé vous avez payé ils, elles ont payé

FAIRE j'ai fait tu as fait il, elle, on a fait nous avons fait vous avez fait ils, elles ont fait	**PRENDRE** j'ai pris tu as pris il, elle, on a pris nous avons pris vous avez pris ils, elles ont pris	**VOIR** j'ai vu tu as vu il, elle, on a vu nous avons vu vous avez vu ils, elles ont vu	**DIRE** j'ai dit tu as dit il, elle, on a dit nous avons dit vous avez dit ils, elles ont dit
AVOIR j'ai eu tu as eu il, elle, on a eu nous avons eu vous avez eu ils, elles ont eu	**VOULOIR** j'ai voulu tu as voulu il, elle, on a voulu nous avons voulu vous avez voulu ils, elles ont voulu	**POUVOIR** j'ai pu tu as pu il, elle, on a plu nous avons pu vous avez pu ils, elles ont pu	

ALLER je suis allé / allée tu es allé / allée il, on est allé elle est allée nous sommes allés / allées vous êtes allés / allées ils sont allés elles sont allées	**TOMBER** je suis tombé / tombée tu es tombé / tombée il, on est tombé elle est tombée nous sommes tombés / tombées vous êtes tombés / tombées ils sont tombés elles sont tombées	**VENIR** je suis venu(e) tu es venu(e) il, on est venu elle est venue nous sommes venu(e)s vous êtes venu(e)s ils sont venus elles sont venues

FUTUR

TROUVER	JOUER	NAGER	COMMENCER
je trouverai tu trouveras il, elle, on trouvera nous trouverons vous trouverez ils, elles trouveront	je jouerai (e muet) tu joueras il, elle, on jouera nous jouerons vous jouerez ils, elles joueront	je nagerai tu nageras il, elle, on nagera nous nagerons vous nagerez ils, elles nageront	je commencerai tu commenceras il, elle, on commencera nous commencerons vous commencerez ils, elles commenceront

ÊTRE	AVOIR	ALLER
je serai tu seras il, elle, on sera nous serons vous serez ils, elles seront	j'aurai tu auras il, elle, on aura nous aurons vous aurez ils, elles auront	j'irai tu iras il, elle, on ira nous irons vous irez ils, elles iront

ACHETER	JETER	CHANCELER	APPELER
j'achèterai tu achèteras il, elle, on achètera nous achèterons vous achèterez ils, elles achèteront	je jetterai tu jetteras il, elle, on jettera nous jetterons vous jetterez ils, elles jetteront	je chancèlerai tu chancèleras il, elle, on chancèlera nous chancèlerons vous chancèlerez ils, elles chancèleront	j'appellerai tu appelleras il, elle, on appellera nous appellerons vous appellerez ils, elles appelleront
EMPLOYER	**ENVOYER**	**ESSUYER**	**PAYER**
j'emploierai tu emploieras il, elle, on emploiera nous emploierons vous emploierez ils, elles emploieront	j'enverrai tu enverras il, elle, on enverra nous enverrons vous enverrez ils, elles enverront	j'essuierai tu essuieras il, elle, on essuiera nous essuierons vous essuierez ils, elles essuieront	je paierai tu paieras il, elle, on paiera nous paierons vous paierez ils, elles paieront

FAIRE	PRENDRE	VOIR	DIRE
je ferai tu feras il, elle, on fera nous ferons vous ferez ils, elles feront	je prendrai tu prendras il, elle, on prendra nous prendrons vous prendrez ils, elles prendront	je verrai tu verras il, elle, on verra nous verrons vous verrez ils, elles verront	je dirai tu diras il, elle, on dira nous dirons vous direz ils, elles diront

VOULOIR	POUVOIR	VENIR
je voudrai tu voudras il, elle, on voudra nous voudrons vous voudrez ils, elles voudront	je pourrai tu pourras il, elle, on pourra nous pourrons vous pourrez ils, elles pourront	je viendrai tu viendras il, elle, on viendra nous viendrons vous viendrez ils, elles viendront

PASSÉ SIMPLE

TROUVER	**NAGER**	**COMMENCER**	**DISTINGUER**
je trouvai	je nageai	je commençai	je distinguai
tu trouvas	tu nageas	tu commenças	tu distinguas
il trouva	il nagea	il commença	il distingua
nous trouvâmes	nous nageâmes	nous commençâmes	nous distinguâmes
vous trouvâtes	vous nageâtes	vous commençâtes	vous distinguâtes
ils trouvèrent	ils nagèrent	ils commencèrent	ils distinguèrent

ACHETER	**JETER**	**CHANCELER**
j'achetai	je jetai	je chancelai
tu achetas	tu jetas	tu chancelas
il acheta	il jeta	il chancela
nous achetâmes	nous jetâmes	nous chancelâmes
vous achetâtes	vous jetâtes	vous chancelâtes
ils achetèrent	ils jetèrent	ils chancelèrent
EMPLOYER	**ESSUYER**	**PAYER**
j'employai	j'essuyai	je payai
tu employas	tu essuyas	tu payas
il employa	il essuya	il paya
nous employâmes	nous essuyâmes	nous payâmes
vous employâtes	vous essuyâtes	vous payâtes
ils employèrent	ils essuyèrent	ils payèrent

ÊTRE	**AVOIR**	**ALLER**
je fus	j'eus	j'allai
tu fus	tu eus	tu allas
il fut	il eut	il alla
nous fûmes	nous eûmes	nous allâmes
vous fûtes	vous eûtes	vous allâtes
ils furent	ils eurent	ils allèrent

FAIRE	**PRENDRE**	**VOIR**	**DIRE**
je fis	je pris	je vis	je dis
tu fis	tu pris	tu vis	tu dis
il fit	il prit	il vit	il dit
nous fîmes	nous prîmes	nous vîmes	nous dîmes
vous fîtes	vous prîtes	vous vîtes	vous dîtes
ils firent	ils prirent	ils virent	ils dirent
VOULOIR	**POUVOIR**	**VENIR**	
je voulus	je pus	je vins	
tu voulus	tu pus	tu vins	
il voulut	il put	il vint	
nous voulûmes	nous pûmes	nous vînmes	
vous voulûtes	vous pûtes	vous vîntes	
ils voulurent	ils purent	ils vinrent	

Achevé d'imprimer en mai 2020, en France par Sepec
Numéro d'impression : 06601200401
Numéro d'éditeur : 10253283
Dépôt légal : mai 2020

MIXTE
Papier issu de sources responsables
FSC® C022030

Nathan est un éditeur qui s'engage pour la préservation de son environnement et qui utilise du papier fabriqué à partir de bois provenant de forêts gérées de manière responsable.